Go – Das Praxisbuch

Andreas Schröpfer ist seit über zehn Jahren in der IT-Beratung tätig und seit 2015 begeisterter Gopher. Er ist Contributor bei mehreren Open-Source-Projekten – darunter Go Buffalo. Er gibt Workshops zu Go, ist Mentor bei excercism.io und unterrichtet auch auf Udemy.

Andreas Schröpfer

Go – Das Praxisbuch

Einstieg in Go und das Go-Ökosystem

Andreas Schröpfer
andreas.schroepfer@gmail.com

Lektorat: Melanie Feldmann
Copy-Editing: Alexander Reischert, *www.aluan.de*
Satz: Da-TeX Gerd Blumenstein, Leipzig, *www.da-tex.de*
Herstellung: Stefanie Weidner
Umschlaggestaltung: Helmut Kraus, *www.exclam.de*
Druck und Bindung: mediaprint solutions GmbH, 33100 Paderborn

Bibliografische Information der Deutschen Nationalbibliothek
Die Deutsche Nationalbibliothek verzeichnet diese Publikation in der Deutschen Nationalbibliografie; detaillierte bibliografische Daten sind im Internet über *http://dnb.d-nb.de* abrufbar.

ISBN:
Print 978-3-86490-713-5
PDF 978-3-96088-848-2
ePub 978-3-96088-849-9
mobi 978-3-96088-850-5

1. Auflage 2020

Wieblinger Weg 17
69123 Heidelberg

Hinweis:
Dieses Buch wurde auf PEFC-zertifiziertem Papier aus nachhaltiger Waldwirtschaft gedruckt. Der Umwelt zuliebe verzichten wir zusätzlich auf die Einschweißfolie.

Schreiben Sie uns:
Falls Sie Anregungen, Wünsche und Kommentare haben, lassen Sie es uns wissen: hallo@dpunkt.de.

5 4 3 2 1 0

Vorwort

Als ich Ende 2012 das erste mal Go ausprobierte, war ich auf der Suche nach einer Alternative zu meinen Python-Skripten. Diese halfen mir bisher dabei, dass meine Programme auf unterschiedlichen Systemen liefen. Ich wollte aber nichts mehr installieren müssen. Für dieses Szenario war Go ideal und ich fing an, mich mehr und mehr mit Go zu beschäftigen. Besonders die einfach Syntax half mir dabei, schnell Fortschritte zu machen. Bei Fragen fand ich immer sehr schnell Hilfe in der Community. Vor allem der freundliche und geduldige Umgang miteinander haben mich dabei besonders beeindruckt. Das hat mich auch dazu ermutigt, anderen Menschen Go beizubringen. Neben kleinen Workshops und Vorträgen hatte ich mich auch entschlossen Udemy-Kurse zu erstellen, um meine Reichweite zu erhöhen. Als ich dann vom dpunkt.verlag gefragt wurde, ob ich über Go auch ein Buch schreiben würde, musste ich nicht lange zögern. Das Ergebnis siehst Du hier!

Dieses Buch ist eine Mischung aus Theorie und mehreren kleinen Projekten. Mit den Projekten möchte ich Dich an die Hand nehmen und Dir zeigen, wie Du verschiedene Aufgaben mit Go lösen kannst. Die Projekte sind so gewählt, dass Du sie schnell eigenständig nachprogrammiert kannst. Ich würde jedem empfehlen, die Beispiele einmal selbst abzutippen.

Alle Ungeduldigen können den Code von GitHub herunterladen. Das Repository hat folgende URL: *https://github.com/gobuch/code*

Das Maskottchen von Go ist der Gopher. Dieser taucht hin und wieder in den Kapiteln auf. Die Abbildungen wurden von mir nach einem Vorbild von Renee French erstellt.

Das Buch zu konzipieren und zu schreiben hat viel Zeit eingenommen, deshalb möchte im mich ganz besonders bei meiner Familie bedanken, die mir diese Zeit gegeben hat. Ein großes Dankeschön geht auch an Alex und Marcel für das technische Feedback. Ein ganz besonderer Dank geht an meine Lektorin Melanie Feldman, ohne die dieses Buch sicher gar nicht zustande gekommen wäre.

Troisdorf im März 2020
Andreas Schröpfer

Inhaltsverzeichnis

Vorwort ..... **v**

1 Einleitung **1**
1.1 Ziel dieses Buches 1
1.2 Die Geschichte von Go 2
1.3 Installation 3
1.4 Sicherheit und Patches 4
1.5 Editoren für den Go-Werkzeugkasten 5
1.6 Der Spielplatz für Gopher 5
1.7 Hello World 6
1.8 Eine lesbare technische Spezifikation 8
1.9 Ausgabe mit dem fmt-Paket 9

2 Vorstellung der Syntax **13**
2.1 Wörter, Funktionen und Typen von Go 13
2.2 Variablen 15
2.3 Konstanten 17
2.4 Pointer 20
2.5 Eigene Typen 21
2.6 Typumwandlung 22
2.7 Zusammengesetzte Strukturen 23
2.8 Funktionen 26
2.9 Objektorientierung mit Methode 34
2.10 Exportiert und nicht exportiert 36
2.11 Arrays 38
2.12 Slices 40
2.13 Das Slice als Pointer 47
2.14 Maps 49
2.15 if 50
2.16 switch 51
2.17 for 54
2.18 Labels und goto 57
2.19 Blank Identifier 59
2.20 UTF-8, strings und runes 60

3 Projekt: Command Line Interface ... 61
3.1 Einleitung ... 61
3.2 gocat – File-Ausgabe ... 62
3.3 Den md5-Hash erzeugen ... 67
3.4 Dateien und HTTP-Server als Quellen für gomd5 ... 70

4 Go Tooling ... 78
4.1 Schnelle Hilfe mit go help ... 78
4.2 Kompilieren und Installieren ... 80
4.3 Umgebungsvariablen mit go env ... 82
4.4 Ein Programm für jede Gelegenheit – Build Tags ... 84
4.5 Wie Code formatiert wird – gofmt ... 88
4.6 Automatische Imports mit goimports ... 89
4.7 Dokumentation immer dabei – godoc ... 89

5 Projekt: Ein einfacher Webloader ... 94
5.1 Einleitung ... 94
5.2 CLI – unser Interface ... 94
5.3 HTTP-Request erstellen ... 96
5.4 Implementierung des File-Outputs ... 97
5.5 Ausgabe des HTTP-Headers ... 99
5.6 Gültigkeit der übergebenen URL ... 103

6 Eigene Pakete und Module ... 106
6.1 Go-Code lebt in Paketen ... 106
6.2 Paketnamen ... 107
6.3 Die init()-Funktion ... 108
6.4 Semantic Versioning ... 110
6.5 Pakete leben in Modulen ... 111
6.6 Der Workflow, seit es Module gibt ... 114
6.7 Neuer bedeutet nicht immer besser ... 120
6.8 Update unserer Abhängigkeit ... 121
6.9 Neue Major-Version mit Modulen ... 122

7 Projekt: Code generieren ... 125
7.1 Einleitung ... 125
7.2 Ein Tool, um Code zu generieren ... 126
7.3 Template erstellen ... 131
7.4 Anwenden von go generate ... 135

8 Concurrency-Grundlagen ... 137
8.1 Concurrency mit Go ... 137
8.2 Parallelität im echten Leben ... 139
8.3 Goroutinen ... 141

8.4 Channels ... 142
8.5 Einen Channel schließen ... 149
8.6 Select ... 153
8.7 Race Conditions und Data Races ... 158

9 Concurrency Patterns ... 162
9.1 Checkliste zu Goroutinen ... 162
9.2 Goroutinen melden, wenn sie fertig sind ... 164
9.3 Beenden von Goroutinen ... 165
9.4 Context ... 167
9.5 Prüfung eines geschlossenen Channels ... 173
9.6 Pipelines ... 173
9.7 Generator ... 175
9.8 Fan-In und Fan-Out ... 176
9.9 Channel of Channels ... 179
9.10 Worker Pool ... 181
9.11 Semaphore mit einem Buffered Channel ... 185
9.12 State Machine ... 186

10 Projekt: Go Concurrency ... 190
10.1 Einleitung ... 190
10.2 Command Line Interface ... 190
10.3 Argumente parsen ... 191
10.4 Befehle ausführen ... 195
10.5 Abbruch mit context ... 198
10.6 Verbesserung des Tools ... 200

11 Testen und Benchmarks ... 203
11.1 Tests in Go ... 203
11.2 Subtests ... 206
11.3 Tabellarische Tests ... 207
11.4 Eigenes Testpaket ... 209
11.5 Testen mit Beispielen ... 211
11.6 Ein ganzes Projekt testen ... 212
11.7 Benchmarks ... 214
11.8 Syntax der Benchmarks ... 215
11.9 Subbenchmarks ... 216

12 Projekt: Image Resizer ... 220
12.1 Einleitung ... 220
12.2 Command Line Interface – Erstellen der Flags ... 221
12.3 Größe erzeugen ... 223
12.4 Bild verkleinern ... 227
12.5 Filename prüfen ... 229

12.6 Funktionen zusammenführen ... 230
12.7 Refactoring in eine zusätzliche Funktion ... 234
12.8 Eigener Fehlertyp ... 236
12.9 Von sequentieller Ausführung zu nebenläufiger Ausführung . 239

13 Interfaces ... 245
13.1 Bessere Abstraktion mit Interfaces ... 245
13.2 Die richtige Interface-Erstellung ... 248
13.3 Interne Abbildung der Interface-Typen ... 251
13.4 Leeres Interface ... 254
13.5 Vom Interface zum konkreten Typ ... 255
13.6 Interface in andere Interfaces einbinden ... 258
13.7 Interfaces in Strukturen einbinden ... 259
13.8 Mocking und Tests mit io.Reader und io.Writer ... 261

14 Projekt: Kopieren mit Reflection ... 266
14.1 Einleitung ... 266
14.2 Reflection in Go ... 267
14.3 Beschreibung des Pakets ... 270
14.4 Testfälle für unser Paket ... 271
14.5 Umsetzung ... 273
14.6 Verwenden von Tags ... 276

15 Fehlerbehandlung ... 278
15.1 Grundlagen ... 278
15.2 Variablen und Konstanten ... 281
15.3 Eigene Fehlertypen ... 283
15.4 Einem Fehler Kontext hinzufügen ... 285
15.5 Keine Panik ... 288

16 Projekt: Ein einfacher Webserver ... 290
16.1 Einleitung ... 290
16.2 Das Modell für unseren Blog ... 290
16.3 Der Webserver und seine Handler ... 294
16.4 Templates erstellen ... 297
16.5 Kommentarfunktion ... 303
16.6 Files ausliefern ... 309
16.7 API bereitstellen ... 310
16.8 Template nur einmal parsen ... 312
16.9 Nebenläufiger Job für den Index ... 314
16.10 Ein paar kleine Verbesserungen ... 316

1 Einleitung

1.1 Ziel dieses Buches

Willkommen in diesem Buch über die Programmiersprache Go. Hier wirst Du mit praktischen Beispielen und Übungen lernen, wie Du Programme in dieser Sprache erstellt. Zu Beginn der theoretischen Kapitel stehen ein paar Fragen, die Dir bereits verraten, welche Inhalte wichtig sind. In diesem allerersten Kapitel werde ich folgende Fragen beantworten:

- Worum geht es in diesem Buch?
- Was sind die Ziele dieses Buches?
- Warum habe ich dieses Buch geschrieben?

In den folgenden Kapiteln möchte ich Dir die Programmiersprache Go vorstellen. Wir beginnen mit der Syntax und ein wenig allgemeiner Theorie. Damit das alles nicht zu trocken wird, gibt es zwischen den theoretischen Kapiteln kleine Projekte. Am Ende des Buches weißt Du, wie Du skalierbaren und nebenläufigen Code mit Go schreibst, wie Du die Dokumentation nutzt und wie Du eigene Pakete und Tools erstellen kannst.

Umfangreiche Werkzeuge erleichtern die Arbeit mit Go.

Go ist eine sehr junge Programmiersprache, zumindest verglichen mit C, C++ oder Java. Die Syntax der Sprache ist überschaubar klein und sehr gut dokumentiert. Außerdem hat das Go-Team neben der Sprache auch gleich noch einen großen Werkzeugkasten angelegt, der wirklich alles beinhaltet, was für professionelles Coding notwendig ist: Dokumentation, Test-Framework, statische Codeanalyse, Race Detector und vieles mehr. Alles ist direkt bei der Go-Installation dabei und steht über eine Open-Source-Lizenz jedermann frei zur Verfügung.

Go macht Spaß.

Dieses Zusammenspiel aus großer Einfachheit und frei zugänglichen Tools hat mich von der Sprache vollends überzeugt. Es macht sehr viel Spaß, Programme in Go zu schreiben und diesen Spaß auch an andere weiterzugeben. Genau diesen Enthusiasmus möchte ich mit diesem Buch vermitteln.

1.2 Die Geschichte von Go

- Wo wurde Go entwickelt?
- Wer sind die Macher von Go?
- Was waren die Ziele bzw. welche Probleme löst Go?

2007 bei Google

Die Sprache Go wurde 2007 bei Google entworfen. Die Personen hinter der Sprache sind Robert Griesemer, Rob Pike und Ken Thompson. Angeblich soll Go während des Kompilierens von C++-Programmen entstanden sein. Ganz so stimmt das nicht, doch die langen Kompilierzeiten waren ein wichtiger Auslöser für das Go-Projekt. In einem Interview hat Rob Pike einmal geschildert, dass er an einem komplexen Stück Code arbeitete und nach jeder Änderung 45 Minuten warten musste, bis das dazugehörige Programm kompiliert war. Ein weiterer Auslöser für Go war die schlechte Unterstützung für Multi-Core-Prozessoren der anderen Programmiersprachen. Denn Rob Pike hatte durch andere Projekte, z. B. Newsqueak, auf dem Gebiet der nebenläufigen Programmierung bereits einige Erfahrung gesammelt.

Über die Macher

Rob Pike und Ken Thompson waren bereits vor Go wichtige Namen der IT-Geschichte. Rob Pike ist z. B. einer der Köpfe hinter UTF-8 und Ken Thompson hatte seinerzeit die Sprache B entwickelt, den Vorgänger von C. Der Dritte im Bunde, Robert Griesemer, ist auch kein unbeschriebenes Blatt. Er arbeitete damals z. B. an der Optimierung der JavaScript-Engine V8.

Nach der initialen Zündung für Go konnten die drei Google davon überzeugen, dass es sinnvoll ist, Go als Sprache für Cloud-Server zu entwickeln. Wenn wir uns in späteren Kapiteln an manchen Stellen fragen, warum gewisse Features so in der Standardbibliothek implementiert sind und nicht anders, dann liegt das am ursprünglichen Verwendungszweck als Serversprache für Google.

Google hatte 2018 knapp 100.000 Mitarbeiter, wovon geschätzt ca. 60 % Entwickler waren. Bei einer so großen Anzahl von Entwicklern ergeben sich mehrere Probleme. Code wird in großen Organisationen nämlich mehr gelesen als geschrieben. Außerdem kommen bei Google auch laufend viele neue Entwickler ohne große Erfahrung hinzu. Deshalb sollte die neue Programmiersprache Go einfach zu erlernen und einfach zu lesen sein.

Die Syntax von Go ist deswegen an C und Java angelehnt. Dadurch können Entwickler mit Erfahrung in diesen Sprachen Go einfacher lernen. Um die Sprache so einfach wie möglich zu gestalten, wurde nur das Notwendigste in die Sprache aufgenommen. Go erfindet das Rad nicht neu, sondern ist wie C oder Java, aber eben auf das Notwendigste reduziert.

Go soll schnell zu lernen sein.

Seit 2009 sind die Sprache und die dazugehörigen Werkzeuge Open Source und können somit kostenlos sowohl privat als auch professionell genutzt werden. Seit diesem Zeitpunkt gibt es eine aktive weltweite Community, die gemeinsam Go weiterentwickelt.

Seit 2009 ist Go Open Source.

2012 erfolgte die Veröffentlichung der Version 1. Damit einher ging auch das Versprechen, dass es keine *Breaking Changes* mit einem neuen Release gibt. Wenn der Code unter 1.10 läuft, dann wird der auch unter 1.15 laufen. Dieses Versprechen gilt sowohl für die Syntax als auch für die Standardbibliothek. Es wird sehr ernst genommen und ist damit auch ein Garant für die Stabilität der Sprache.

1.3 Installation

- Wo finde ich eine Installationsanleitung für Go?

Die Installation der Go-Umgebung ist abhängig vom jeweiligen System. Unter *https://golang.org/doc/install* sind die Installationsanleitungen und die notwendigen Vorraussetzungen für alle System aufgeführt. Eine Go-Installation beinhaltet den Compiler, das Go Tooling (siehe Kapitel 4) und die Standardbibliothek. Für macOS und Windows gibt es bereits vorgefertigte Installer, die bei der Installation alle notwendigen Umgebungsvariablen setzen. Für Linux müssen diese selbst gesetzt werden. Die dafür notwendigen Befehle befinden sich auch auf der Seite.

Achtung: Version prüfen!

In diesem Buch sind die Beispiele und Projekte so aufgebaut, dass sie als Modul initialisiert werden. Go unterstützt dies jedoch erst seit der Version 1.11. Wir müssen also sicherstellen, dass auf Deinem System auch eine Version höher 1.11 installiert ist. Mit dem Befehl `go version` kannst Du die installierte Go-Version auf Deinem System prüfen.

Sollte auf Deinem System 1.10 oder niedriger vorhanden sein, empfehle ich, eine neuere Version zu installieren. Insbesondere bei manchen konservativen Linux-Distributionen kann es sein, dass über die Paketverwaltung im Standard nur ältere Versionen von Go vorhanden sind. Lokal zum Ausprobieren ist eine veraltete Version in Ordnung. Doch spätestens, wenn wir Programme für einen produktiven Betrieb kompilieren, ist es wichtig, immer die aktuellste Version zu besitzen.

1.4 Sicherheit und Patches

- Was müssen wir tun, wenn wir eine Sicherheitslücke entdecken?
- Wie lange wird eine Go-Version mit Updates versorgt?

Das Thema Sicherheit ist für die produktive Nutzung ein entscheidender Aspekt. Denn sobald Sicherheitslücken entdeckt werden, müssen diese so schnell wie möglich geschlossen werden. Da z. B. Docker und Kubernetes mit Go laufen und dies so ziemlich in fast allen Cloud-Diensten eingesetzt werden, sind sehr viele Firmen daran interessiert, auftretende Sicherheitslücken so schnell wie möglich zu beheben. Deswegen sorgt das Go-Team für schnelle Updates und regelmäßige Patches.

Support ist gewährleistet.

Da wir Sicherheitslücken nicht öffentlich als Bug-Report melden sollen, würden wir eine Mail an security@golang.org schicken. Der Public Key für eine PGP-Verschlüsselung findet sich auf der Webseite *https://golang.org/security*. Dort ist auch der gesamte weitere Prozess beschrieben.

ein Jahr Support

Sicherheitsrelevante Updates werden dann für die zwei aktuellsten Go-Versionen veröffentlicht. Der Support für die Version 1.12 endet mit dem Release von 1.14. Der Releasezyklus für Go ist halbjährlich, wodurch die aktuelle Version somit immer ein Jahr lang unterstützt wird.

1.5 Editoren für den Go-Werkzeugkasten

- Warum sollten wir für unseren Editor eine Erweiterung installieren?
- Wo finden wir eine Übersicht der Editoren, die Go unterstützen?

Seitdem Go 2009 als Open-Source-Projekt für die Allgemeinheit freigegeben wurde, ist die Popularität der Sprache konstant gestiegen. Im letzten Quatal 2019 lag Go auf Platz 4 aller Pull-Requests von GitHub[1]. Damit verbunden ist eine immer bessere Unterstützung durch alle gängigen Entwicklungsumgebungen und Editoren.

Es gibt sehr gute Erweiterungen für alle gängigen Editoren wie Vim, Emacs, Eclipse oder Sublime. Eine aktuelle Liste aller Editoren mit den dazugehörigen Erweiterungen wird im Go-Wiki unter *https://github.com/golang/go/wiki/IDEsAndTextEditorPlugins* aufgelistet. Wenn Du also einen bestimmten Editor favorisiert, findest Du dort Informationen bezüglich der Go-Unterstützung. Da Go selbst mit einem großen und mächtigen Werkzeugkasten ausgeliefert wird, ist es sinnvoll, für die Entwicklung in Go auch eine Erweiterung zu benutzen. Das ist beim Coden unglaublich hilfreich. So können wir unseren Code beim Speichern formatieren oder die Importe automatisch ergänzen lassen.

Einbindung der Werkzeuge

Ich persönlich habe ausgezeichnete Erfahrungen mit *Visual Studio Code* von Microsoft gemacht. Dieser kostenlose Editor besitzt eine sehr gute Unterstützung für Go und ist für alle Betriebssysteme verfügbar. Seit 2019 gibt es mit `gopls` auch einen offiziellen *Language Server* für Go. Durch diesen Server können Editoren die gleichen Funktionalitäten wie Auto-Vervollständigung, Anzeige der Dokumentation oder Springen zur Definition verwenden. Die Unterstützung ist (Stand Ende 2019) noch im experimentellen Stadium und wird laufend ausgebaut.

Visual Studio Code

1.6 Der Spielplatz für Gopher

- Was ist Go Playground?
- Wofür kann ich Go Playground verwenden?
- Wie kann ich Code über Go Playground teilen?

Der Go Playground ist eine Webseite, die es uns ermöglicht, kleine Code-Schnipsel auszuprobieren. Die Seite ist über die URL *https://play.golang.org/* erreichbar. Wenn wir die Seite aufrufen, gibt es dort

[1] *https://madnight.github.io/githut/#/pull_requests/2019/4*

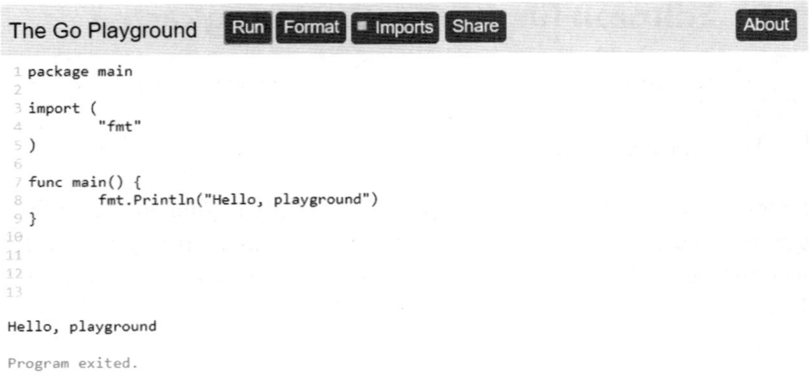

Abb. 1–1
Go Playground

The Go Playground Run Format ▪ Imports Share About

```
package main

import (
	"fmt"
)

func main() {
	fmt.Println("Hello, playground")
}
```

```
Hello, playground

Program exited.
```

bereits ein paar Zeilen Code, die unserem Hello-World-Programm aus Kapitel 1.7 sehr stark ähneln.

Im Playground können wir Code ausführen lassen. Dies ist immer dann hilfreich, wenn wir kleine Sachen schnell und unkompliziert ausprobieren wollen.

Die Seite ist einfach aufgebaut. Oben gibt es die Buttons `Run`, `Format`, `Imports` und `Share`. Mit `Run` führen wir den Code aus. Mit `Format` wird das Tool `gofmt` ausgeführt, das den Code einheitlich formatiert. Mehr dazu gibt es in Kapitel 4.5. Wenn bei `Imports` ein Häkchen gesetzt ist, wird unter dem Button `Format` nicht `gofmt`, sondern `goimports` ausgeführt, und es werden zusätzlich alle fehlenden Importe automatisch ergänzt. Denn intern ruft `goimports` auch den Befehl `gofmt` auf. Über `Share` wird der Code gespeichert und eine URL angezeigt. Über diese URL lässt sich der gespeicherte Code wieder aufrufen. Diese Funktion ist hilfreich, wenn wir mal ein Problem haben. So können wir das Problem im Playground nachstellen und dann per Mail, Forum, Stack Overflow oder Slack teilen.

1.7 Hello World

- Wie legen wir ein erstes Hello-World-Projekt an?
- Wie funktioniert Hello World in Go?

Beginnen wir unsere Reise in die Go-Welt mit *Hello, World!*. Dafür erstellen wir uns ein neues Verzeichnis `hello-world`. Anschließend wechseln wir in das neue Verzeichnis. Nun müssen wir unser Projekt initialisieren. Dafür benötigt Go eine weltweit eindeutige Identifikation. Das klingt erst mal kompliziert, ist aber eigentlich immer die URL für das Repository. Also die URL, die wir auch bei `git clone` verwenden.

```
go mod init github.com/deinUser/hello-world
go: creating new go.mod: module github.com/deinUser/hello-world
```

Wenn wir unser Projekt nur lokal verwenden, können wir auch eine fiktive URL wie `local/meinModul` für die Initialisierung verwenden.

Mit dem `init`-Befehl initialisieren wir das Go-Projekt auf unserem Rechner. Dabei wird die Datei `go.mod` angelegt. Dort ist vorerst nur die Definition unseres Projektes enthalten. In Kapitel 6.9 beschäftigen wir uns dann näher mit dem Thema Module und welche Informationen noch in dieser Datei vorhanden sein können. Anschließend erzeugen wir eine Datei mit dem Namen `main.go` in unserem `hello-world`-Verzeichnis.

Listing 1–1
Hello World

```
package main

import "fmt"

func main() {
    fmt.Println("Hello, World!")
}
```

Gehen wir als Erstes unseren Code Zeile für Zeile durch. Ganz am Anfang geben wir mit `package` an, zu welchem Paket diese Datei gehört. Wenn wir ein ausführbares Programm erstellen, dann ist der Einstieg immer das Paket `main`.

Mit `import` müssen wir alle im Code verwendeten Pakete angeben. Der Go-Compiler ist streng und prüft auch, ob alle aufgeführten Abhängigkeiten im Code verwendet werden. Die Prüfung erfolgt dabei pro Datei. Nicht verwendete Importe erzeugen einen harten Fehler und führen dazu, dass sich das Programm nicht kompilieren lässt.

In Go setzen wir die Importe so gut wie nie selbst. Denn das Programm `goimports` erledigt diese Aufgabe für uns. Neben den Importen wird dabei auch automatisch der Code einheitlich formatiert. Die meisten Editoren rufen dieses Programm nach jedem Speichern auf. Solltest Du bereits Deine Entwicklungsumgebung für Go aufgesetzt haben, dann kannst Du einfach mal die Importe aus dem Code entfernen und die Datei speichern. Die Importe sollten kurz nach dem Speichern wieder erscheinen.

Aber gehen wir zurück zu unserem Code. Für die Ausgabe von *Hello, World!* benötigen wir das `fmt`-Paket. Durch die Import-Anweisung teilen wir zum einen dem Compiler mit, welche Pakete er noch benötigt, und zum anderen definiert dies in unserem Code einen *Namensraum* bzw. *Namespace*. Über diesen Namensraum können wir alle

Namespace der Pakete

Funktionen, Typen, Variablen und Konstanten des Pakets ansprechen. In unserem Fall wäre das also immer `fmt`.

Als Nächstes folgt die Definition der Funktion `main()`. Diese Funktion ist, wie in den meisten anderen Sprachen, der Einstieg in unser Programm. Sie besteht aus `fmt.Println("Hello, World!")`. Damit rufen wir die Funktion `Println()` des Pakets `fmt` auf. Die Funktion selbst sendet den übergebenen String `"Hello, World!"` an die Standardausgabe.

Um unser Hello-World-Programm auch ausführen zu können, müssen wir es kompilieren. Das machen wir mit dem Befehl `go build`. Anschließend gibt es in unserem Verzeichnis die ausführbare Datei `hello_world` bzw. bei Windows `hello_world.exe`. Wenn wir diese Datei über einen Terminal ausführen, wird der String `Hello, World!` ausgegeben.

Wenn wir nicht den Umweg über eine kompilierte Datei gehen möchten, können wir unser Programm auch direkt mit `go run main.go` ausführen. Dies liefert die gleiche Ausgabe wie vorher, nur ohne kompilierte Datei. Streng genommen wird mit `go run` das Programm auch kompiliert, jedoch wird die Datei in einem temporären Verzeichnis gespeichert und dann ausgeführt. Nachdem das Programm durchgelaufen ist, wird alles wieder gelöscht. Da Go sehr schnell kompiliert, fühlt es sich so an, als ob wir den Code direkt ausführen würden.

1.8 Eine lesbare technische Spezifikation

- Was ist das Besondere an der Go-Spezifikation?
- Wo finde ich die Spezifikation?

Bevor eine Programmiersprache tatsächlich implementiert wird, steht die Spezifikation an. Diese beschreibt das Verhalten und die Sprachsyntax. Für Go finden wir die Spezifikation unter *https://golang.org/ref/spec*. Im Vergleich zu anderen Spezifikationen ist diese verständlich geschrieben und mit Beispielen angereichert. Besonders für Umsteiger aus anderen Sprachen ist es sinnvoll, am Anfang immer wieder einen Blick in dieses Dokument zu werfen.

Auf *https://golang.org/* gibt es noch viele weitere sehr hilfreiche und nützliche Ressourcen. Auch die Blog-Einträge sind für jeden Go-Neuling Gold wert. Selbst die älteren Artikel von 2010 sind heute noch relevant. Die Autoren dieser Beiträge sind erfahrene Entwickler des Go-Teams und die Artikel spiegeln auch deren großen Erfahrungsschatz wider. Darauf aufbauend gibt es *Effective Go*[2], das beschreibt, wie wir Go-Code schreiben sollen.

Effective Go

[2] *https://golang.org/doc/effective_go.html*

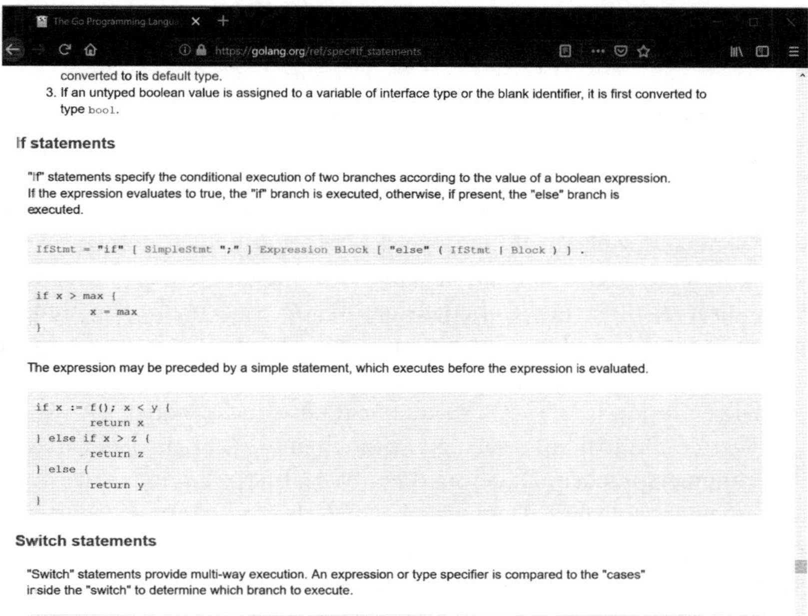
converted to its default type.
3. If an untyped boolean value is assigned to a variable of interface type or the blank identifier, it is first converted to type bool.

If statements

"If" statements specify the conditional execution of two branches according to the value of a boolean expression. If the expression evaluates to true, the "if" branch is executed, otherwise, if present, the "else" branch is executed.

```
IfStmt = "if" [ SimpleStmt ";" ] Expression Block [ "else" ( IfStmt | Block ) ] .
```

```
if x > max {
	x = max
}
```

The expression may be preceded by a simple statement, which executes before the expression is evaluated.

```
if x := f(); x < y {
	return x
} else if x > z {
	return z
} else {
	return y
}
```

Switch statements

"Switch" statements provide multi-way execution. An expression or type specifier is compared to the "cases" inside the "switch" to determine which branch to execute.

Abb. 1–2
Ausschnitt aus der Spezifikation

1.9 Ausgabe mit dem fmt-Paket

- Wofür verwenden wir das fmt-Paket?
- Welche Verben gibt es für `fmt.Printf()`?
- Was ist der Unterschied zwischen `fmt.Print()`, `fmt.Fprint()` und `fmt.Sprint()`?

Das `fmt`-Paket ist uns bereits in Kapitel 1.7, bei der Ausgabe von `Hello World` begegnet. Der Name des Pakets ist die Kurzform von *Format*, und wird *Fammt* ausgesprochen. Die Aufgabe des Pakets ist die formatierte Aus- und Eingabe von Werten. An dieser Stelle wollen wir uns jedoch nur mit den Print-Funktionen beschäftigen, die für die Ausgabe zuständig sind. Denn diese Funktionen werden uns in den kommenden Kapiteln überall wieder begegnen.

Es gibt drei unterschiedliche Print-Funktionen:

```
func main() {
    fmt.Print("Hallo ", "Print()\n")
    fmt.Println("Hallo Println()")
    var s = "Printf()"
    fmt.Printf("Hallo, %s\n", s)
}
```

Listing 1–2
Die drei unterschiedlichen Print-Funktionen

```
// Output:
// Hallo Print()
// Hallo Println()
// Hallo, Printf()
```

Ausgabe in den Standardoutput

Alle Funktionen, die mit der Bezeichnung `Print` beginnen, schreiben die Werte in den Standardoutput. Das heißt, wenn wir das Programm über die Kommandozeile ausführen, werden die Werte auch dort ausgegeben. Alle Funktionen können beliebig viele Eingabewerte verarbeiten. Dabei gibt `fmt.Print()` die übergebenen Werte einfach aus. Die Funktion `fmt.Println()` funktioniert genauso, nur dass am Ende des Outputs automatisch ein Zeilenumbruch ausgegeben wird.

Die Funktion `fmt.Printf()` ermöglicht uns eine formatierte Ausgabe von Werten. Printf-Funktionen gibt es auch in so ziemlich allen anderen Programmiersprachen. Dabei wird ein Ausgabestring durch sogenannte *Verben* angereichert. Dem jeweiligen Verb wird dann eine Variable zugeordnet, deren Wert in den String eingefügt wird. Das Tolle daran ist, dass wir über das Verb die Ausgabe formatieren können.

Listing 1–3
Formatierte Ausgabe mit fmt.Printf()

```
func main() {
    var nr = 2
    var name = "Till"
    fmt.Printf("%03d: Hallo, %s\n", nr, name)
}
// Output:
// 002: Hallo, Till
```

In unserem Beispiel ist der Ausgabestring `"%03d: Hallo, %s\n"`. Mit dem Verb `%03d` geben wir eine Zahl mit drei Ziffern aus, wobei fehlende Stellen mit `0` gefüllt werden. Das Verb `%s` steht für die Ausgabe als String.

wichtige Verben

In unseren Beispielen und Projekten werden uns folgende Verben begegnen:

- `%v`: Die Ausgabe des Wertes einer beliebigen Variablen. Dabei kann jeder Typ über dieses Verb ausgegeben werden.
- `%+v`: Gibt bei Strukturen zusätzlich die Namen der einzelnen Felder aus.
- `%#v`: Die Ausgabe erfolgt so, wie wir diese als Go-Code definieren würden.
- `%T`: Gibt den Typ der Variablen aus.
- `%b`: Ausgabe zur Basis 2, also als binäre Zahl. Dieses Verb ist nur für Integer zulässig.
- `%d`: Ausgabe zur Basis 10
- `%03d` oder `%03b`: Zahlen werden mit `0` aufgefüllt.

- `%p`: Gibt die Adresse im Speicher aus, also den Pointer der Variablen.
- `%s`: Direkte Ausgabe eines String
- `%x`: Ausgabe eines Strings als hexadezimaler Wert

weitere Verben

Das fmt-Paket unterstützt auch noch viele weiteren Verben. Die vollständige Aufstellung aller hier möglichen Ausgabevarianten befindet sich gleich am Anfang der Dokumentation des Pakets unter *https://golang.org/pkg/fmt/*.

Ausgabe als String

Es kann aber auch sein, dass wir die erzeugten Strings nicht sofort ausgeben möchten. Auch dafür gibt es passende Funktionen in diesem Paket. Es gibt auch die Möglichkeit, die Werte direkt als String zu erhalten. Dafür bekommen die Print-Funktionen das Präfix `S`. Die Funktionen heißen somit `fmt.Sprint()`, `fmt.Sprintln()` und `fmt.Sprintf()`.

Listing 1–4
fmt.Sprintf() liefert einen String.

```
func main() {
    var nr = 2
    var name = "Till"
    s := fmt.Sprintf("%03d: Hallo, %s\n", nr, name)
    fmt.Print(s)
}
// Output:
// 002: Hallo, Till
```

In beliebige Datenziele schreiben

Es ist auch möglich, direkt in ein Datenziel zu schreiben. Hierfür verwendet die Standardbibliothek das Interface `io.Writer`. Dem Thema Interfaces wenden wir uns noch ausführlich in Kapitel 13 widmen. An dieser Stelle ist vorerst nur wichtig, dass wir damit in bestimmte Datenziele direkt schreiben können. So können wir darüber entscheiden, ob wir Daten in eine Datei, als Antwort eines Webservers oder in den Standardoutput schreiben. Diese Funktionen besitzen das Präfix `F`. Somit sind `fmt.Fprint()`, `fmt.Fprintln()` und `fmt.Fprintf()` die Funktionen, für das Schreiben in bestimmte Datenziele. Als erste Variable wird dabei das Datenziel angegeben.

Listing 1–5
String wird in ein File geschrieben.

```
func main() {
    file, _ := os.Create("datei.txt")
    var nr = 2
    var name = "Till"
    fmt.Fprintf(file, "%03d: Hallo, %s\n", nr, name)
    file.Close()
}
```

Das obige Beispiel funktioniert, jedoch ignorieren wir beim Erzeugen der Datei einen möglichen Fehler. Im Kapitel 15 werden wir besprechen, warum das Ignorieren von Fehlern keine gute Idee ist. Da wir hier nur die Funktionsweise von `fmt.Fprintf()` ausprobieren möchten, wollen wir den Code nicht unnötig aufblähen. Anstatt von `file` könnten wir als Datenziel hier auch `os.Stdout` angeben. In diesem Fall würden wir das Ergebnis direkt in den Standardoutput schreiben.

2 Vorstellung der Syntax

2.1 Wörter, Funktionen und Typen von Go

- Welche Wörter sind von Go reserviert?
- Welche vordefinierten Funktionen gibt es?
- Welche Basistypen gibt es?

Als Einstieg in die Sprachsyntax beginnen wir mit den reservierten Wörter und vordefinierten Funktionen. Go wurde von Anfang an als C-ähnliche Sprache designt. Da C viele anderen Programmiersprachen beeinflusst hat, sollten uns die meisten Wörter bekannt vorkommen. Dieser Einstieg erlaubt uns einen ersten Überblick, was die Sprache alles zu bieten hat.

```
break       default      func     interface  select
case        defer        go       map        struct
chan        else         goto     package    switch
const       fallthrough  if       range      type
continue    for          import   return     var
```

Listing 2–1
reservierte Wörter

Neben den reservierten Wörtern gibt es vordefinierte Funktionen, die direkt in die Sprache integriert sind.

Listing 2–2 *vordefinierte Funktionen*

```
close   new         panic   complex     delete
make    recover     real    len         append
print   imag        cap     copy        println
```

Go besticht durch Einfachheit.

Vielleicht ist mancher jetzt ein wenig enttäuscht, dass Go gar nicht so viel zu bieten hat. Aber weniger ist in diesem Sinne definitiv mehr. Denn durch diese Einfachheit ist Go leicht zu erlernen. Bei der Konstruktion der Sprache wurde auf alles verzichtet, was nicht unbedingt notwendig ist. Wo es in anderen Sprachen viele unterschiedliche Lösungsmöglichkeiten gibt, ist Go beschränkter und ermöglicht meistens nur einen Weg. Das ist auch den wenigen reservierten Wörtern und Funktionen geschuldet. Es wurde auf alle unnötigen Schnörkel verzichtet. Ein weiterer Aspekt ist die Lesbarkeit des Codes. Weil die wenigen eingebauten Funktionen meistens nur eine Lösung zulassen, sieht Go-Code fast immer gleich aus, unabhängig davon, wer diesen geschrieben hat. Das steigert die Lesbarkeit.

Als Nächstes wollen wir uns die Basistypen ansehen. Auch diese sollten uns bereits aus anderen Sprachen bekannt sein. Go geht auch hier eher den konservativen Weg.

Listing 2–3 *Basistypen*

```
bool string
int  int8  int16  int32  int64
uint uint8 uint16 uint32 uint64 uintptr
byte rune float32 float64
complex64 complex128
```

Bezüglich der Operatoren und der Zeichensetzung unterscheidet sich Go auch nicht von anderen Sprachen. Die meisten der in der Spezifikation aufgeführten Einträge dürften uns deshalb bekannt sein.

Listing 2–4 *Operatoren*

```
+    &     +=    &=     &&    ==    !=    (    )
-    |     -=    |=     ||    <     <=    [    ]
*    ^     *=    ^=     <-    >     >=    {    }
/    <<    /=    <<=    ++    =     :=    ,    ;
%    >>    %=    >>=    --    !     ...   .    :
     &^          &^=
```

Das sind die Elemente, die Go als Sprache mitbringt und es uns erlauben, daraus unsere Programme zu erstellen.

2.2 Variablen

- Wie können Variablen definiert werden?
- Wann sollten wir Variablen als Gruppe definieren?

In Go werden Variablen mit dem Schlüsselwort `var` definiert. Die Syntax verlangt, dass der Typ immer nach dem Variablennamen angegeben wird. Wenn der Variablen gleich ein Wert zugewiesen wird, kann auch auf den Typ verzichtet werden, da der Wert den Typ bestimmt.

```
var nummer int                // Definition ohne Wert
var name string = "Rob Pike" // Definition mit Wert und Typ
var anzahl = 10              // Definition ohne Typ
```

Listing 2–5
Definition von Variablen mit var

Nullwert

Wenn eine Variable ohne Wert definiert wird, besitzt diese von Anfang an einen initialen Nullwert. Wenn wir später den Wert prüfen, können wir dabei nicht mehr feststellen, ob wir diesen Wert bewusst gesetzt haben oder ob dieser seit der Initialisierung besteht.

```
var nummer int          // 0
var txt string          // ""
var checked bool        // false
var meinUser *user      // nil - Pointer
var liste []string      // nil - Slice
```

Listing 2–6
Nullwerte von Variablen

Listing 2–6 enthält bereits einen Pointer und ein Slice. Hier ist der Nullwert `nil`. Darauf werden wir in den Kapiteln 2.4 und 2.12 eingehen.

Variablen können bei der Deklaration gruppiert werden. Diese Gruppierung macht den Code lesbarer, da wir so auf einen Blick sehen, welche Variablen thematisch zusammenpassen, wie das folgende Beispiel aus *Effective Go* anschaulich zeigt.

```
var (
    home   = os.Getenv("HOME")
    user   = os.Getenv("USER")
    gopath = os.Getenv("GOPATH")
)
```

Listing 2–7
Definition einer Gruppe von Variablen

Wenn der Variablen gleich ein Wert zugewiesen wird, kann die sogenannte *Kurzdeklaration* verwendet werden. Hierfür wird vor dem Gleichheitszeichen ein Doppelpunkt gesetzt. Dadurch erfolgt die Definition des Typs der Variablen über den Wert.

Listing 2–8
Kurzdeklaration

```
nummer := 10       //  int
name := getName() // string
```

In Go können auch mehrere Variablen mit einer Anweisung verarbeitet werden. Hierfür trennen wir die jeweiligen Teile mit einem Komma.

Listing 2–9
Mehrere Variablen in einer Anweisung

```
a, b := 12, 34
a, b = b, a // Werte tauschen
```

Wir müssen beachten, dass wir einmal deklarierte Variablen im Code auch verwenden müssen. Sogenannte verwaiste Variablen führen sonst zu einem Fehler beim Kompilieren. Besonders am Anfang kann dieser Umstand ganz schön nervig sein. Aber unser Code wird dank dieser Logik nicht durch unnötige Variablen zugemüllt.

Variablennamen

Für die Namen unserer Variablen gibt es ein paar Regeln, die wir beachten müssen.

- Variablennamen bestehen aus einem Wort, d. h., es darf kein Leerzeichen verwendet werden.
- Variablennamen dürfen nur aus Buchstaben, Ziffern und Unterstrichen bestehen.
- Variablennamen dürfen nicht mit einer Ziffer beginnen.

öffentliche Variablen

Innerhalb dieser Regeln sind technisch alle Namen zulässig. Wenn wir eigene Pakete erstellen, ist es außerdem entscheidend, ob eine Variable mit einem großen oder einem kleinen Buchstaben beginnt. Denn darüber wird die Sichtbarkeit für andere Pakete gesteuert. Alle Bezeichner in Go, die mit einem Großbuchstaben beginnen, sind öffentlich für andere Pakete. Mehr zu diesem Thema behandelt Kapitel 2.10.

kurz ist besser

Für das Erstellen von Variablen gibt es auch eine Empfehlung: Die Länge der Variablen sollte sich nach deren Verwendung richten. Variablen, die wir nur direkt nach ihrer Deklaration verwenden oder eine begrenzte Gültigkeit haben, sollten kurz sein. Klassisch ist hier der Index. Wir schreiben lieber `i` anstatt `index`.

Listing 2–10
i statt index

```
for i := 0; i < 10; i++ {
    fmt.Println(i)
}
```

Camel Case

Wenn Variablen über längere Abschnitte im Code verwendet werden, dann verwenden wir natürlich einen sprechenderen Namen. Dieser kann auch aus mehreren umschreibenden Wörtern bestehen, die wir mittels *Camel Case* zusammenfügen.

```
var userName string  // idiomatischer Stil
var user_name string // schlechter Stil
```

Listing 2–11
Camel Case für zusammengesetzte Namen

Bei Abkürzungen im Namen sollten diese einheitlich komplett großgeschrieben sein.

```
var userURL string
var HTTPServer server // exportierte Variable
var httpServer server // nicht exportierte Variable
```

Listing 2–12
Abkürzungen

Die Ausnahme von der Regel sind nicht öffentliche Variablen, die mit einem Kleinbuchstaben beginnen müssen. In diesem Fall schreiben wir die komplette Abkürzung klein.

2.3 Konstanten

- Was sind untypisierte Konstanten?
- Wie deklarieren wir typisierte Konstanten?
- Was ist iota?

Konstanten werden wie Variablen deklariert, jedoch verwenden wir dafür das Schlüsselwort `const`. Die Kurzdeklaration mit `:=` ist bei Konstanten nicht möglich. Konstanten können auch keine Strukturen (Kapitel 2.7) aufnehmen. Sobald wir einmal eine Konstante deklariert haben, können wir diese nicht mehr ändern.

```
// einfache Deklaration
const a = 10

// Deklaration als Gruppe
const (
    maxBreite = 100
    maxLaenge = 100
)

// Deklaration über einen Ausdruck
const b = 10 + 4
```

Listing 2–13
Deklaration von Konstanten

Eine Besonderheit von Konstanten ist die Typbehandlung. Denn Konstanten sind in der Regel *untypisiert*. Das heißt, dass bei der Verwendung der Konstante versucht wird, diese in den benötigten Typ umzuwandeln. Sollte eine Typumwandlung nicht möglich sein, erzeugt dies einen Fehler beim Kompilieren.

Folgendes Beispiel zeigt, dass wir eine Konstante, die als Fließkommazahl deklariert wurde, auch als Integer verwenden können. Wenn wir statt einer Konstanten eine Variable verwenden, kommt es zu einem Fehler.

Listing 2–14
Konstanten sind untypisiert.

```
func add2(a int) int {
    return 2 + a
}

func main() {
    const c = 2.0
    fmt.Println(add2(c))
    // Output:
    // 4
    var v = 2.0
    fmt.Println(add2(v))
    // Output:
    // Fehler beim Kompilieren:
    // cannot use v (type float64) as type int
    // in argument to add2

}
```

Wir können eine Konstante natürlich auch typisiert deklarieren. Hierfür müssen wir den Typ einfach bei der Deklaration mitgeben. Auch die Funktion der Typumwandlung (Kapitel 2.6) ist dabei zulässig.

Listing 2–15
typisierte Konstanten

```
const a float64 = 2.0
const b = float64(2.0)
```

iota: der automatische Zähler

Bei numerischen Konstanten können wir diese mit einem automatischen Zähler definieren. Hierfür benötigen wir das Schlüsselwort `iota`. Der Zähler beginnt bei jeder neuen Gruppe von Konstanten bei Null und zählt mit jedem Aufruf um eins hoch. Die Zuweisung von `iota` ist nur für die erste Konstante notwendig. Für die folgenden Konstanten können wir auch auf die Zuweisung verzichten.

Listing 2–16
Verwendung von iota

```
const (
    Montag     = iota // 0
    Dienstag   = iota // 1
    Mittwoch   = iota // 2
    Donnerstag        // 3
    Freitag           // 4
```

```
    Samstag          // 5
    Sonntag          // 6
)

// Beginnt hier wieder bei 0
const (
    _ = iota    // 0 auslassen
    eins
    _           // 2 auslassen
    drei
)
```

Der Zähler zählt immer nur bei einem Aufruf hoch. Das heißt Kommentare oder Leerzeilen werden ignoriert. Wenn wir diesen gezielt um einen Wert hoch setzen möchten, benötigen wir dafür den Blank Identifier _ (Kapitel 2.19).

Die Ausdrücke innerhalb der Deklaration mit `iota` können auch komplexer sein, wie das folgende Beispiel aus *Effective Go* zeigt.

Listing 2–17
Byte-Größen mit iota

```
type ByteSize float64

const (
    _           = iota // ignoriere 0
    KB ByteSize = 1 << (10 * iota)
    MB
    GB
    TB
    PB
    EB
    ZB
    YB
)
```

Wir verwenden hier den Zähler in Verbindung mit einem Left Shift. Hierüber können wir einfach die korrekte Byte-Größe für KB, MB, GB usw. berechnen.

2.4 Pointer

- Wie werden Pointer in Go geschrieben?
- Welches Zeichen wird für die Dereferenzierung verwendet?

Wie bei anderen Sprachen können in Go Variablen auch Zeiger auf bestimmte Bereiche im Arbeitsspeicher sein. Diese *Pointer* beinhalten selbst keinen Wert, sondern zeigen nur auf eine andere Variable.

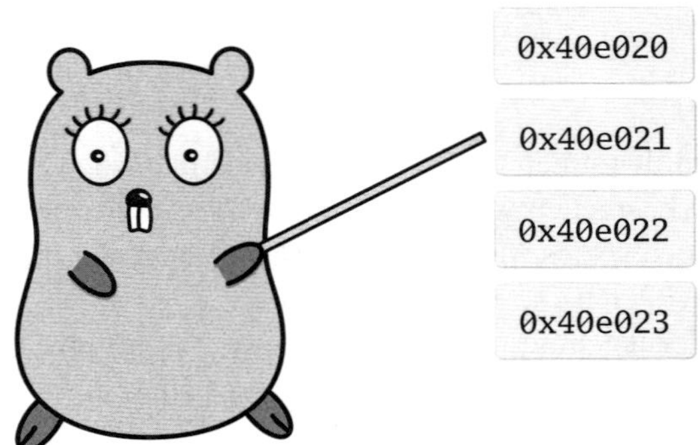

Abb. 2–1 *Der Gopher zeigt auf eine Adresse des Arbeitsspeichers.*

Wenn wir als Typ einen Pointer definieren, dann verwenden wir `*`. Ein Pointer auf `int` wird somit als `*int` geschrieben. Wenn wir von einer bestehenden Variablen die Speicheradresse auslesen, dann setzen wir `&` vor die Variable.

Listing 2–18 *Funktionsweise des Pointers*

```
func main() {
    var a int
    var b *int // Typ Pointer auf int
    a = 123
    b = &a // Speicheradresse mit &
    fmt.Println(b, *b)
    *b = 100 // Dereferenzierung
    fmt.Println(a)
}
// Output:
// 0x40e020 123
// 100
```

In diesem Beispiel wird deutlich, wie einfach ein Pointer zu erzeugen ist. Wenn wir den Wert von `b` ausgeben, erhalten wir somit auch die Adresse im Arbeitsspeicher. Wenn wir den Wert benötigen oder verändern möchten, müssen wir die Variable *dereferenzieren*. Dies erfolgt wieder mit dem vorangestellen `*`. Wenn wir den Wert eines Pointers verändern, ändert sich der Wert im Arbeitsspeicher. In unserem Beispiel ist dies der

Speicher der Variable a. Deshalb können wir über den Pointer auch den Wert von a ändern.

In Go ist es ebenfalls möglich, dass eine Funktion nicht den Wert einer Variablen, sondern einen Pointer zurückmeldet.

```
func foo() *int {
    bar := 123
    return &bar
}

func main() {
    a := foo()
    fmt.Println(a, *a)
}
```

Listing 2–19
Funktion liefert einen Pointer zurück.

Die Variable `bar` ist innerhalb der Funktion `foo()` gültig. Normalerweise werden lokale Variablen nach dem Funktionsaufruf innerhalb des Arbeitsspeichers wieder gelöscht. Da wir diesen Bereich des Arbeitsspeichers innerhalb von `main()` weiter verwenden, bleibt dieser Wert bestehen, solange er benötigt wird.

2.5 Eigene Typen

- Wie werden eigene Typen definiert?
- Was sind die Vorteile von eigenen Typen?

Die durch Go bereitgestellten Basistypen bilden das Grundgerüst. Damit lässt sich schon einiges umsetzen. Wir können natürlich auch eigene Typen definieren und dadurch unseren Programmen weiteren Kontext mitgeben. Schauen wir uns dazu ein einfaches Beispiel an.

```
func MeterToZentimeter(m int) int{
    return m * 100
}
```

Listing 2–20
Umrechnung von Meter nach Zentimeter

Die Funktion `MeterToZentimeter` rechnet eine Länge in Meter nach Zentimeter um. Als Datentyp verwendet sie `int`. Das ist technisch korrekt. Wir könnten hier aber dem Ganzen mehr Kontext geben, wenn wir für Meter und Zentimeter eigene Typen definieren würden.

```
type meter int
type zentimeter int
```

Listing 2–21
Definition eigener Typen

Eigene Typen werden dabei mit `type` definiert, danach folgt der Name des Typs und dann der dazugehörige Basistyp.

Wie schon bei den Variablen ist es möglich, auch Typdefinitionen zu gruppieren.

Listing 2–22
Gruppierung bei der Definition

```
type (
    meter      int
    zentimeter int
)
```

Jetzt ändern wir unsere Funktion so, dass diese mit den unterschiedlichen Typen `meter` und `zentimeter` funktioniert.

Listing 2–23
Funktion mit eigenen Typen

```
func MeterToZentimeter(m meter) zentimeter {
    return zentimeter(m * 100)
}
```

Wenn wir jetzt unsere Funktion nutzen wollen, müssen wir als Input immer `meter` verwenden und erhalten als Output immer `zentimeter`. Der Compiler ist an dieser Stelle sehr streng. Innerhalb der Return-Anweisung benötigen wir für die Umrechnung eine Typumwandlung, die wir in Kapitel 2.6 ausführlich betrachten werden.

2.6 Typumwandlung

- Wie können wir einen Typ in Go umwandeln?
- Wann ist eine Umwandlung möglich?

Wenn wir in unserem Code Variablen unterschiedlichen Typs verarbeiten, wirft der Compiler einen Fehler. Denn wegen der strengen Typisierung dürfen wir keine Typen mischen. *Wir können nicht Äpfel mit Birnen vergleichen.* Wenn wir in Go versuchen, Äpfel und Birnen zu addieren, bekommen wir vom Compiler eins auf die Mütze.

Listing 2–24
Äpfel plus Birnen

```
func main() {
    type äpfel int
    type birnen int
    a := äpfel(10)
    b := birnen(5)
    fmt.Println(a + b)
}

Output:
// invalid operation: a + b (mismatched types äpfel and birnen)
```

Ein direkter Vergleich von Äpfeln und Birnen ist also nicht zulässig. Wenn wir aber z. B. nur die Anzahl an Obst berechnen wollen, dann müssen wir unsere Variablen umwandeln. Hierfür verwenden wir die eingebaute *Typumwandlung*. Da wir sowohl `äpfel` als auch `birnen` als Basistyp `int` verwenden, sollte die Umwandlung problemlos klappen.

Für eine Typumwandlung gibt es zu jedem Typ eine Funktion mit dem Namen des Typs. Das gilt sowohl für Basistypen als auch für eigene Typen.

```
func main() {
    type äpfel int
    type birnen int
    a := äpfel(10)
    b := birnen(5)
    anzahl := int(a) + int(b)
    fmt.Printf("Anzahl Früchte: %d", anzahl)
}
```

Listing 2–25
Anzahl an Obst

Für unser Beispiel wandeln wir `a` und `b` mit `int()` einfach in deren Basistypen um.

Ob eine Typumwandlung möglich ist, hängt von unterschiedlichen Faktoren ab. Laut Spezifikation kann der Wert `x` als Typ `T` in folgenden Fällen umgewandelt werden:

- Der Typ von `x` ist gleich `T`.
- Der Typ von `x` und der von `T` besitzten den gleichen Basistyp.
- `x` ist ein Integer-Wert, ein `rune` oder ein `[]byte` und `T` ein String.
- `x` ist ein String und `T` ein `rune` oder ein `[]byte`.

Wenn wir eine nicht mögliche Umwandlung im Code durchführen möchten, kommt es zu einem Fehler beim Kompilieren.

2.7 Zusammengesetzte Strukturen

- Wie wird eine Struktur definiert?
- Was ist eine anonyme Struktur?
- Was sind `struct`-Tags?

Strukturen sind zusammengesetzte Typen. Das heißt, wir können mehrere Typen in einer Struktur zu einem neuen Typ zusammensetzen. Die Abbildung ist dabei so wie in C oder C++. Mit dem Schlüsselwort `struct` werden Strukturen definiert. Dabei können wir mehrere Felder definieren. Es lassen sich dafür alle in Go definierten Typen ohne Einschränkung verwenden. Bei der Definition der Struktur wird zuerst der Name des Feldes und dann der Typ angegeben.

Listing 2–26
Definition einer Adresse

```
type adresse struct {
    strasse string
    stadt   string
}
```

Wenn wir Variablen deklarieren, dann verwenden wir sogenannte *Composite Literals*. Diese beginnen mit dem Typnamen der Struktur. Danach werden die Werte innerhalb eines Blocks angegeben.

Listing 2–27
Deklaration von Strukturen

```
// Deklaration mit Feldnamen
a := adresse{
    strasse: "Musterstr.",
    stadt:   "Musterstadt",
}

// Deklaration mit allen Feldern
b := adresse{"Bahnhofstr.", "Berlin"}
```

Bei Variable a haben wir die Werte direkt über die Feldnamen zugeordnet. Bei Variable b wurde auf die Namen verzichtet. Dies ist bei kleinen Strukturen in Ordnung. Denn bei dieser Art der Deklaration müssen wir alle Felder der Struktur in der korrekten Reihenfolge befüllen.

Wir können auch Strukturen aus anderen Strukturen zusammenstellen. Dieses Vorgehen wird in der objektorientierten Programmierung als *Komposition* bezeichnet. Wenn wir einen User definieren, können wir dort einfach Adressen einbinden.

Listing 2–28
User mit zwei Adressen

```
type user struct {
    name     string
    adresse1 adresse
    adresse2 adresse
}
```

Wenn wir den Typ adresse nur einmal einbinden, dann müssen wir gar keinen eigenen Namen vergeben. Deshalb bezeichnen wir dieses auch als *anonymes Feld*.

Listing 2–29
Definition eines Users

```
type user struct {
    name string
    adresse
}
```

Das anonyme Feld bekommt den Typnamen als Bezeichner automatisch zugewiesen. Wir können somit bei der Deklaration auch anonyme Felder ansprechen.

```
type adresse struct {
    strasse string
    stadt string
}
```

```
type user struct {
    name string
    adresse
}
```

Abb. 2–2
Zusammengesetzte Struktur

Listing 2–30
Deklaration eines Users

```
a := user{
    name: "Max",
    adresse: adresse{
        strasse: "Musterstrasse",
        stadt:   "Musterstadt",
    },
}
```

Anonyme Struktur

Strukturen können auch direkt bei der Zuweisung einer Variablen definiert werden. Da wir dafür keinen eigenen Typ definieren, werden diese als *anonyme Strukturen* bezeichnet. Sinnvoll ist dies natürlich nur dann, wenn wir die Struktur auch nur einmal benötigen. In der Praxis ist das bei Tests, Templates oder dem Erzeugen von anderen externen Formaten wie JSON der Fall.

anonyme Struktur

Listing 2–31
Definition einer anonymen Struktur

```
testfall := struct {
    Input  string
    Expect string
}{
    "foo",
    "bar",
}
```

Die Variable `testfall` besitzt hier keinen konkreten Typ. Die anonyme Struktur definiert die Felder für die Variable. Anschließend müssen wir auch gleich die Werte über einen eigenen Block definieren. Die Darstellung mag am Anfang vielleicht ein wenig ungewohnt sein, jedoch wird uns dieses Konstrukt noch öfters in diesem Buch bei den automatisierten Tests unserer Projekte begegnen.

Zusätzliche Informationen mit Struct-Tags

Zu jedem Feld können wir auch zusätzliche Informationen definieren. Diese Informationen werden hinter die Typdefinition des jeweiligen

Feldes geschrieben. Dieses Konstrukt wird auch *Tags* genannt. Wir können also den Feldern unserer Adresse noch weitere Metadaten hinzufügen.

Listing 2–32
Andere Namen für den JSON-Export

```
type Adresse struct {
    Strasse string `json:"street"`
    Stadt   string `json:"city"`
}
```

Mit den `struct`-Tags haben wir die Möglichkeit für den JSON-Export andere Feldnamen zu verwenden. In unserem Beispiel haben wir die Felder übersetzt und dabei sowohl den Typ als auch die Felder großgeschrieben. Damit haben wir sowohl Typ als auch Feld `public` gemacht. Ausführlich ist dieses Konzept in Kapitel 2.10 beschrieben.

Tags werden immer dann verwendet, wenn die Felder zusätzliche Informationen benötigen. Das ist meistens dann der Fall, wenn wir Daten umwandeln. In Kapitel 14 werden wir später noch selbst Struct-Tags auslesen.

2.8 Funktionen

- Wie werden Funktionen definiert?
- Wie werden anonyme Funktionen definiert?
- Wofür wird `defer` verwendet?

Für die Definition von Funktionen wir das Schlüsselwort `func` verwendet. Eine typische Definition sieht wie folgt aus:

Listing 2–33
Einfache Funktion

```
func greet(name string) string {
    return fmt.Sprintf("Hallo %s!", name)
}

func main() {
    greeting := greet("Alice")
    fmt.Println(greeting) // Output: Hallo Alice!
}

// Output: Hallo Alice!
```

Wenn eine Funktion mehrere Input-Werte gleichen Typs hat, können wir eine alternative Notation verwenden. Dabei müssen wir den Typ nur einmal angeben.

Listing 2–34
Alternative Notation bei gleichen Typen

```
func add(a, b, c int) int {
    return a + b + c
}
```

Eine Besonderheit in Go ist, dass Funktionen mehrere Rückgabewerte haben können. Der Aufruf erfolgt dann über Komma-separierte Variablen.

Listing 2–35
Funktion mit zwei Rückgabewerten

```
func swap(a, b int) (int, int) {
    return b, a
}

func main() {
    a, b := swap(12, 2)
    fmt.Println(a)
    fmt.Println(b)
}
// Output:
// 2
// 12
```

Sollte unsere Funktion einen Fehler in ihren Rückgabeparametern besitzen, wird der Fehler immer als letzter Parameter gesetzt.

Listing 2–36
Funktion mit Fehlerbehandlung

```
func ReadSomething(r io.Reader) (int, error){
    // ...
    if someError {
        return 0, errors.New("error when reading")
    }
    // ...
    return n, nil
}
```

Benannte Rückgabeparameter

Wir können unsere Rückgabeparameter auch benennen. Das heißt, dass wir innerhalb der Signatur der Funktion gleich einen Variablennamen vergeben. In diesem Fall wird die Variable automatisch deklariert und kann sofort verwendet werden. Eine erneute Deklaration würde hier sogar zu einem Fehler führen.

Listing 2–37
Benannte Rückgabe

```
func foo(s string) (a string, b string) {
    b = s       // keine Deklaration notwendig
    return a, b // a = ""
}
```

```
func main() {
    a, b := foo("Hallo Till!")
    fmt.Println(a) // leer
    fmt.Println(b) // Hallo Till!
}
```

Bei diesen Funktionen können wir auch mit sogenannten *Naked Returns* arbeiten. Das bedeutet, dass wir innerhalb der Return-Anweisung nicht mehr die Rückgabevariablen angeben müssen.

Listing 2–38
Beispiel für ein Naked Return

```
func findItem(items []item, name string) (result item, ok bool){
    for _, i := range items {
        if i.name == name {
            result = i
            ok = true
            return
        }
    }
    return
}
```

Das Verwenden dieser *nackten* Return-Anweisungen hat sich in der Praxis nicht durchgesetzt, da bei längeren Funktionen der Code schwerer zu verstehen ist. Denn die Information, welche Werte zurückgemeldet werden, steht nur am Anfang in der Signatur der Funktion. Die Benennung der Rückgabewerte ist grundsätzlich aber keine schlechte Idee, da diese dem Leser des Codes gleich zu Anfang der Funktion zusätzliche Informationen zur Verfügung stellt. Es ist außerdem nicht verboten, trotz benannter Rückgabewerte die Variablen auch bei der Return-Anweisung anzugeben.

Listing 2–39
Funktion mit explizitem Return

```
func findItem(items []item, name string) (result item, ok bool){
    for _, i := range items {
        if i.name == name {
            result = i
            return result, true
        }
    }
    return result, false
}
```

Variadische Funktionen

In der Standardbibliothek gibt es viele Funktionen, die beliebig viele Input-Parameter verarbeiten können. Diese Art von Funktionen werden auch *variadische Funktionen* genannt. So können z. B. die Print-Funktionen im fmt-Paket mehrere Variablen aufnehmen. Wir können natürlich auch selbst variadische Funktionen definieren.

variadische Funktionen

Listing 2–40
Variadische Funktion add

```
func add(a ...int) int {
    summe := 0
    for _, v := range a {
        summe = summe + v
    }
    return summe
}

func main() {
    fmt.Println(add(1, 2))
    fmt.Println(add())
    fmt.Println(add(1, 2, 4, 5))
}
```

Wenn wir bei der Signatur der Funktion vor den Typen ... schreiben, dann definiert dies eine variadische Funktion. Diese Funktion kann mit beliebig vielen Parametern umgehen. Wir können die Funktion `add()` sogar ohne Parameter aufrufen. Der Typ der Input-Variablen `a` ist bei dieser Definition ein Slice. Im obigen Beispiel ist also `a` vom Typ `[]int`. Slices behandeln wir in Kapitel 2.12 ausführlich.

Eine variadische Funktion kann auch weitere Input-Parameter besitzen, diese müssen wir aber immer als erste Parameter setzen.

Listing 2–41
Variadische Funktion mit zusätzlichen Input

```
func main() {
    printAdd("1+2+3", 1, 2, 3)
}

func printAdd(name string, a ...int) {
    fmt.Println(name)
    fmt.Println(a)
    fmt.Println("= ", add(a...))
}
// Output:
// 1+2+3
// [1 2 3]
// =  6
```

In diesem Beispiel ruft die Funktion `add()` aus dem Listing 2–40 auf. Mit `add(a...)` können wir alle Werte von `a` hier übergeben. Für diesen Fall müsen wir ... nach der Variable schreiben.

First-Class Citizens und anonyme Funktionen

Variablen als Funktion

Funktionen in Go sind außerdem sogenannte *First-Class Citizens*. Das bedeutet, dass Funktionen genauso behandelt werden können wie andere Typen. So können bestimmte Funktionen auch ein Typ sein. Dadurch lassen sich diesen auch Variablen zuweisen. Dabei definiert die Signatur den Typ.

Listing 2–42
Filter-Funktion als Typ

```
type filterFunc func(string)bool
```

Hier definieren wir den Typ `filterFunc`, der über die Signatur einer Funktion definiert wird. Diesen Typ können wir jetzt innerhalb einer anderen Funktion zum Filtern verwenden.

Listing 2–43
Implementierung des Filters

```
func meinFilter(s []string, filter filterFunc) []string {
    var out []string
    for _, str := range s {
        if filter(str) {
            out = append(out, str)
        }
    }
    return out
}
```

Diese Funktion besitzt als zweiten Parameter `filter` nur eine Variable vom Typ `filterFunc`. Da der Typ damit eindeutig definiert ist, können wir die Funktion auch mit `filter(str)` aufrufen.

Jetzt können wir in unserem Hauptprogramm die einzelnen Komponenten zusammenführen:

Listing 2–44
Programm inklusive Filter

```
func main() {
    f := func(s string) bool {
        if len(s) < 3 {
            return false
        }
        return true
    }
    s := []string{"a", "abcd", "abc", "ab"}
    fmt.Println(meinFilter(s, f))
    // Output: [abcd abc]
}
```

Zuerst definieren wir eine Variable f per Kurzdeklaration. Da die Signatur dieser Funktion dem Typ filterFunc entspricht, können wir diese als Filter in meinFilter verwenden. Die Funktion wird als *anonyme Funktion* definiert. Anschließend erzeugen wir uns ein Slice und rufen meinFilter auf.

Closures

Angenommen wir benötigen unterschiedliche Filterfunktionen, die jeweils verschiedene Längen filtern sollen. In diesem Fall können wir eine Funktion definieren, die uns einen Wert vom Typ filterFunc zurückliefert.

Listing 2–45
Funktion zum Erzeugen von Filterfunktionen

```
func laengenFilter(laenge int) filterFunc {
    return func(s string) bool {
        if len(s) < laenge {
            return false
        }
        return true
    }
}
```

Länge von Strings

Strings werden intern über Bytes abgebildet. Wenn wir die Länge eines Strings mit len() bestimmen, erhalten wir nicht die Anzahl der Zeichen, sondern die Anzahl der Bytes. Die Buchstaben von A bis Z benötigen jeweils ein Byte. Sonderzeichen können auch mehrere Bytes benötigen. Um das Beispiel in diesem Kapitel einfach zu halten, verwenden wir die Anzahl der Bytes als Länge. Wenn wir die Anzahl der Zeichen korrekt ermitteln möchten, sollten wir die Funktion utf8.RuneCountInString() aus dem utf8-Paket verwenden.

Die Funktion laengenFilter wird so definiert, dass sie eine Funktion vom Typ filterFunc als Rückgabewert besitzt. Innerhalb der Return-Anweisung definieren wir eine anonyme Funktion mit der passenden Signatur. Anschließend folgt die Implementierung der Funktion. Dabei können wir auch auf die Variable laenge zugreifen, die sich außerhalb der Funktionsdeklaration befindet. Dieses Konzept wird auch als *Closure* bezeichnet.

Closures

Listing 2–46
Alternative Signatur

```
func laengenFilter(laenge int) func(string) bool {
    // ...
}
```

Innerhalb der Signatur unserer Funktion `laengenFilter` können wir den Funktionstyp auch explizit über `func(string) bool` angeben. Die Definitionen von Listing 2–45 und Listing 2–46 führen zum gleichen Ergebnis.

Listing 2–47
Anwenden von unterschiedlichen Filterfunktionen

```
func main() {
    f3 := laengenFilter(3)
    f2 := laengenFilter(2)
    s := []string{"a", "abcd", "abc", "ab"}
    fmt.Println(meinFilter(s, f2))
    fmt.Println(meinFilter(s, f3))
    // Output:
    // [abcd abc ab]
    // [abcd abc]
}
```

Jetzt können wir die einzelnen Funktionen innerhalb eines Programms anwenden. In Listing 2–47 erzeugen wir zwei unterschiedliche Filterfunktionen. Diese wenden wir wieder auf die Funktion `meinFilter` an.

Defer

Innerhalb von Funktionen können wir mit dem Befehl `defer` Anweisungen definieren, die erst nach der eigentlichen Funktion ausgeführt werden. Dabei spielt es keine Rolle, ob die Funktion durch ein Return, das Ende der Anweisungen der Funktion oder eine Panik beendet wird. Aber schauen wir uns erst einmal die Funktionsweise an einem einfachen Beispiel an.

Listing 2–48
Einfaches Beispiel für defer

```
func meineFunktion() {
    defer fmt.Println(1)
    defer fmt.Println(2)
    fmt.Println(3)
}

func main() {
    meineFunktion()
}

// Output:
// 3
// 2
// 1
```

Unsere Beispielfunktion gibt unterschiedliche Zahlen aus. So können wir erkennen, wann welche Anweisung ausgeführt wird. Wir können also feststellen, dass die defer-Anweisungen erst dann ausgeführt werden, wenn die Funktion zu Ende ist. Sollte defer mehrmals innerhalb einer Funktion vorkommen, wird die Anweisung, die als Letztes definiert wurde, als Erstes ausgeführt. Deshalb erhalten wir in unserem Beispiel als Output 3, 2, 1.

Um mehrere Anweisungen am Ende auszuführen, müssen wir aber nicht unbedingt mehrere defer-Anweisungen verwenden. Wir haben auch die Möglichkeit, diese innerhalb einer anonymen Funktion zu bündeln.

Listing 2–49
defer mit einer anonymen Funktion

```
func meineFunktion() {
    defer func() {
        fmt.Println(1)
        fmt.Println(2)
    }()
    fmt.Println(3)
}

func main() {
    meineFunktion()
}

// Output:
// 3
// 1
// 2
```

Die Ausgabe ist nun geringfügig anders. Die Ursache dafür ist, dass innerhalb der anonymen Funktion die Ausführung wieder normal von oben nach unten läuft.

Verändern wir die Funktion nun so, dass wir diese mit return vorzeitig beenden.

Listing 2–50
Vorzeitig beendete Funktion mit defer

```
func meineFunktion() {
    defer func() {
        fmt.Println(1)
        fmt.Println(2)
    }()
    fmt.Println(3)
    return
    fmt.Println(4)
}
```

```
func main() {
    meineFunktion()
}

// Output:
// 3
// 1
// 2
```

Die Ausgabe ist erneut nicht überraschend. Die Anweisungen, die nach dem `return` folgen, werden nicht ausgeführt, die Anweisungen davor inklusive denen innerhalb des `defer` schon. Wir können also festhalten, dass `defer`-Anweisungen immer nach dem Beenden einer Funktion ausgeführt werden.

Der praktische Nutzen von `defer` liegt genau in dieser Eigenschaft. Wenn wir z. B. eine Datei innerhalb einer Funktion öffnen, können wir anschließend mit `defer myFile.Close()` sicherstellen, dass die Datei auf jeden Fall nach dem Ende der Funktion wieder geschlossen wird.

2.9 Objektorientierung mit Methode

- Wie funktionieren Methoden in Go?

Objektorientierung ohne Objekte?

Obwohl es keine echten Klassen und Objekte in Go gibt, ist eine objektorientierte Entwicklung mit Go möglich. Die Sprache verzichtet dabei auf Klassen und Objekte. Wie ist das möglich? Objektorientierung ohne Objekte? In der Tat braucht es für objektorientierte Programmierung nicht zwangsweise Objekte und Klassen. Das Standardwerk zu diesem Thema, *Design Patterns* von Erich Gamma, Richard Helm, Ralph Johnson und John Vlissides, beschreibt zwei Grundsätze für objektorientiertes Design:

- *Programmiere gegen Schnittstellen, nicht gegen Implementierungen.*
- *Die Objektkomposition ist der Klassenvererbung vorzuziehen.*

Go bietet in diesem Kontext eben nur die Schnittstellen und die Komposition an. Deshalb ist eine objektorientierte Entwicklung möglich, auch wenn nicht unbedingt alle Features der Vererbung und Implementierung von Klassen zur Verfügung stehen. Auch hier verzichtet Go wieder auf nicht unbedingt notwendige Elemente mit dem Ziel der größtmöglichen Einfachheit.

Für die Umsetzung echter Objekte verwenden wir in Go keine Klassen, sondern direkt einen konkreten Typ. Wenn ein Objekt mehrere Eigenschaften besitzt, dann bilden wir diese über eine Struktur ab.

```
type rechteck struct {
    laenge int
    breite int
}
```

Listing 2–51
Definition eines Rechtecks

Wenn wir ein Rechteck modellieren möchten, ist das möglich, indem wir `laenge` und `breite` als Eigenschaften definieren. Wenn wir jetzt eine Funktion definieren, die als Eingangsparameter ein Rechteck erwartet, dann können wir damit auf die Eigenschaften des Rechtecks zugreifen.

```
func flaeche(r rechteck) int {
    return r.laenge * r.breite
}
```

Listing 2–52
Flächenberechnung als Funktion

Methoden in Go sind eigentlich nur ein bisschen syntaktischer Zucker zu solchen Funktionen. Dabei wird der Parameter des Typs einfach vor den Methodennamen gezogen.

```
func (r rechteck) flaeche() int {
    return r.laenge * r.breite
}
```

Listing 2–53
Flächenberechnung als Methode

Wenn wir nun eine Methode aufrufen wollen, dann können wir das direkt über die Variable mit dem Typ `rechteck` bewerkstelligen.

```
func main() {
    r := rechteck{laenge: 10, breite: 5}
    fmt.Println(r.flaeche())
}
// Output: 50
```

Listing 2–54
Aufruf der Methode

Bei der Definition der Methoden müssen wir jedoch immer daran denken, dass darunter eigentlich nur eine Funktion steht. Solange wir nur Werte auslesen, funktioniert das auch problemlos.

Jetzt möchten wir jedoch einen Parameter innerhalb unserer Struktur verändern. Dafür erstellen wir die Methode `setBreite()`.

```
func (r rechteck) setBreite(b int) {
    r.breite = b
}
```

Listing 2–55
Methode auf den Wert

```
func main() {
    r := rechteck{laenge: 10, breite: 5}
    r.setBreite(100)
    fmt.Println(r.flaeche())
}
// Output: 50
```

Jetzt sehen wir, dass die Breite durch den Methodenaufruf nicht verändert wurde. Wenn wir eine Methode schreiben, die auf den Typ `rechteck` zugreift, bekommt die Methode auch nur eine Kopie von `rechteck` bei der Ausführung.

Um die Werte der Variablen ändern zu können, müssen wir die Methode für den Typ `*rechteck` erstellen.

Listing 2–56
Methode auf den Pointer

```
func (r *rechteck) setBreite(b int) {
    r.breite = b
}

func main() {
    r := rechteck{laenge: 10, breite: 5}
    r.setBreite(100)
    fmt.Println(r.flaeche())
}
```

Wenn wir für die Methode `setBreite()` nun `*rechteck` als Typ angeben, kann auch die Breite durch die Methode geändert werden. Go bietet an dieser Stelle sogar noch ein paar weitere komfortable Funktionen. Denn beim Aufruf der Methode ist unser `r` eigentlich gar kein Pointer. Der Compiler ergänzt jedoch im Hintergrund diese Angabe automatisch, sodass wir uns vorerst nicht darum kümmern müssen.

2.10 Exportiert und nicht exportiert

- Was bedeuten die Begriffe `exportiert` und `nicht exportiert` in Go?
- Wann ist ein Element `exportiert`?
- Wann ist ein Element `nicht exportiert`?

Viele objektorientierte Sprachen verwenden für die Definition von öffentlichen und nichtöffentlichen Parametern oder Methoden die Schlüsselwörter `public` und `private`. Go verzichtet an dieser Stelle auf eigene Schlüsselwörter und analysiert hierfür den Namen des Elements. Je nachdem, ob der Name groß- oder kleingeschrieben ist, wird ein Element als `exportiert` bzw. `nicht exportiert` bezeichnet.

Alle kleingeschriebenen Variablen, Funktionen, Typen oder Methoden sind *nicht exportiert* bzw. *unexported*. Das bedeutet, dass nur innerhalb des Paketes darauf zugegriffen werden kann. Code außerhalb des eigenen Pakets kann diese Typen nicht sehen oder verändern.

nicht exportiert

Listing 2–57
nicht exportierte Elemente

```
type internerTyp struct{}

var internerName string

func interneFunktion(){
    // ...
}
```

Alle Elemente, die mit einem Großbuchstaben beginnen, werden als *exportiert* bzw. *exported* definiert. Diese Elemente könnten wir auch als *public* oder *öffentlich* bezeichnen. Auch andere Pakete können diese Elemente verwenden.

exportiert

Listing 2–58
exportierte Elemente

```
type Server struct {}

var Name string

func New() Server {
    // ...
}
```

Die *öffentlichen* Elemente definieren die Schnittstelle bzw. die API des Pakets.

Listing 2–59
Paket bar

```
package bar

import "fmt"

var Prefix = ""
var geheim = "meinGeheimnis"

func bar() {
    fmt.Println(Prefix, "bar")
}

func Bar() {
    bar()
}
```

Unser Paket `bar` definiert als Schnittstelle die Variable `Prefix` und die Funktion `Bar()`. Alle anderen Elemente des Codes dienen nur zur internen Verwendung. Natürlich können wir innerhalb der Funktion `Bar()` auch ein nicht exportiertes Element aufrufen.

Listing 2–60
Paket foo

```
package foo

import "beispiel.de/module/bar"

func Foo() {
    bar.Prefix = "Foo"

    bar.Bar() // Zugriff auf exportierte Funktion
    bar.bar() // Fehler

    a = bar.geheim // Fehler
}
```

Das Paket `foo` importiert unser Paket `bar`. Jedoch können wir in diesem Paket nur die API von `bar` verwenden. Der Zugriff auf `bar.Prefix` und `bar.Bar()` funktioniert, jedoch erzeugen die Aufrufe von `bar.bar()` und `bar.geheim` einen Fehler beim Kompilieren. Denn diese Elemente existieren innerhalb von `foo` nicht.

Wenn wir ein eigenes Paket schreiben, sollten wir uns ausführlich Gedanken über die API machen. Die Schnittstelle sollte so klein wie möglich gehalten werden. Denn falls wir irgendwann Änderungen innerhalb des Pakets durchführen müssen, ist für jedes exportierte Element sicherzustellen, dass es nach der Umstellung wieder exakt gleich funktioniert. Deshalb sollten wir zu Beginn alle Funktionen und Variablen kleinschreiben und erst zum Schluss definieren, wie unsere Schnittstelle aussehen soll. Besonders am Anfang tendiert man aber eher dazu, zu viele Elemente als exportiert zu definieren.

2.11 Arrays

- Wie werden Arrays definiert?
- Warum sollte man Arrays normalerweise nicht verwenden?
- Wann ist die Verwendung von Arrays sinnvoll?

Arrays gibt es in vielen anderen Programmiersprachen und dienen dazu, mehrere Elemente speichern zu können. Im Prinzip funktionieren Arrays in den unterschiedlichen Sprachen ähnlich, es gibt aber im Detail immer kleine Unterschiede.

In Go funktionieren Arrays so wie in C. Das heißt, dass mehrere Elemente eines Typs in einem Array gespeichert werden können. Dabei lässt sich die Anzahl der Elemente nicht verändern. Man könnte es somit auch als statisches Array oder Tupel bezeichnen. Bei der Deklaration eines Arrays müssen wir deshalb auch immer die Größe angeben.

```
var a [4]string
var b [5]string
```

Listing 2-61
Deklaration eines Arrays

Die Größe ist dabei Teil des Typs. Das heißt `[4]string` ist ein anderer Typ als `[5]string`. Die einzelnen Elemente des Arrays lassen sich über den Index ansprechen. Der Index beginnt dabei immer bei 0 für das erste Element.

Array
[4]string

0	Alice
1	Bob
2	Chris
3	Doris

Abb. 2-3
Array der Größe 4

```
a[0] = "abc" // Zuweisung eines Strings zu Index 0
a[1] = "def" // Zuweisung eines Strings zu Index 1
a[2] = a[1]  // Index 2 bekommt den Wert von Index 1
```

Listing 2-62
Array-Elemente ansprechen

Ein Array kann für jeden Typ definiert werden. Da ein Array selbst auch ein Typ ist, können wir ein Array aus Arrays erstellen.

```
type rechteck struct {
    laenge int
    breite int
}

var r [10]rechteck

var a [4][4]int
```

Listing 2-63
Beispiele für Arrays

Für idiomatischen Go-Code sollten wir statt Arrays *Slices* verwenden. Diese werden wir im nächsten Kapitel ausführlich behandeln. Die einzige Ausnahmen sind Listen, die von ihrer Größe her fest sind. Wenn wir z. B. immer 4 Bytes auswerten und es auch immer exakt 4 Bytes sein müssen, dann bietet sich die Verwendung eines Arrays an.

```
home := [4]byte{127, 0, 0, 1}
```

Listing 2-64
IP-Adresse als Array

Wenn wir eine IPv4-Adresse abbilden wollen, können wir ein Array mit 4 Bytes verwenden, da wir hierfür immer exakt 4 Bytes benötigen.

2.12 Slices

- Was ist ein Slice und worin besteht der Unterschied zum Array?
- Wie wird ein Slice intern abgebildet?

Slices werden gerne mal mit Arrays verwechselt. Denn beide können verwendet werden, um Listen für unterschiedliche Typen abzubilden. Da Go für Arrays einen festen Bereich im Arbeitsspeicher reserviert, ist die Größe eines Arrays fest definiert. Eine feste Größe ist jedoch nicht immer praktikabel. Deshalb wurden *Slices* in die Sprache integriert.

Der Unterschied zwischen Slice und Array liegt also in der flexiblen Größe des Slices. Slices können somit immer weiter wachsen, wohingegen ein Array am Anfang mit einer festen Größe initialisiert wird. Die Definition eines Slices erfolgt ähnlich wie bei einem Array durch eckige Klammern. Der Typ *Slice of integer* wird als `[]int` dargestellt.

interne Abbildung von Slices

Bevor wir uns näher mit der Syntax befassen, müssen wir verstehen, wie ein Slice intern abgebildet wird. Die Basis für jedes Slice ist ein Array. Das Konstrukt des Slice ist eigentlich nichts anderes als ein Pointer auf ein Array. Die Größe eines Slice wird als *Länge* bzw. *length* bezeichnet und gibt an, wie viele Werte im Slice erfasst sind. Neben der Länge gibt es noch die *Kapazität* bzw. *capacity* als Eigenschaft. Dieser Wert gibt an, wie groß das Array ist, auf welches das Slice zeigt.

In Abbildung 2–4 sehen wir ein `[]byte`, das auf ein Array zeigt. Dabei hat das Array die Größe 4 und ist mit drei Werten gefüllt.

Abb. 2–4 *interne Abbildung eines Slice*

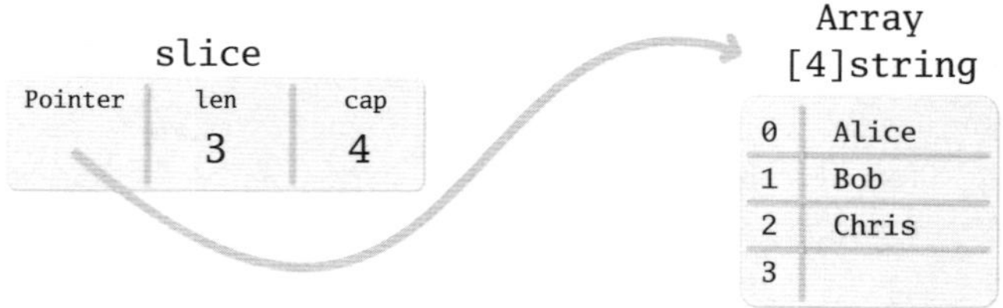

Um Elemente an ein Slice anzuhängen, muss die Funktion `append()` verwendet werden. Denn beim Anhängen muss berücksichtigt werden, dass die neuen Werte auch durch das darunterliegende Array aufgenommen werden können. Sobald dort keine Kapazität mehr übrig ist, wird ein neues Array erzeugt und die bisherigen Werte in dieses Array kopiert. Der Pointer des Slice wird dann auf das neue Array mit der größeren Kapazität umgesetzt.

Wir müssen uns also unbedingt merken, dass ein Slice über einem Array sitzt und die `append()`-Funktion sich um die Verwaltung der darunterliegenden Struktur kümmert. Es kann zu ein paar unerwarteten Effekten führen, wenn wir diese Abbildung aus den Augen verlieren.

Aber schauen wir uns einmal ein paar einfache Beispiele an, in denen wir diese Effekte nachbauen. Mit `printSlice()` bauen wir uns eine kleine Hilfsfunktion, die verschiedene Eigenschaften eines Slice ausgibt: zuerst die Adresse im Speicher, dann die Länge und die Kapazität sowie am Ende den Inhalt des Slices.

Wir definieren uns ein Slice für Integer mit der Variablen a. Dann hängen wir am Ende einzelne Werte an und lassen uns jeweils Werte über `printSlice()` ausgeben.

Listing 2–65
Die Funktion append()

```
func printSlice(s []int) {
    fmt.Printf("%p - len: %d cap: %d %#v\n",
        s, len(s), cap(s), s)
}

func main() {
    var a []int
    printSlice(a)
    a = append(a, 1)
    printSlice(a)
    a = append(a, 2)
    printSlice(a)
    a = append(a, 3)
    printSlice(a)
}

Output:
0x0 - len: 0 cap: 0 []int(nil)
0x414028 - len: 1 cap: 2 []int{1}
0x414028 - len: 2 cap: 2 []int{1, 2}
0x414060 - len: 3 cap: 4 []int{1, 2, 3}
```

Wenn wir am Anfang die Variable definieren und das Slice keine Werte besitzt, wird das Slice als `nil`-Pointer angelegt. Hier zeigt sich, dass unser Slice eigentlich ein Pointer ist. Wenn wir `append()` auf dieses Slice anwenden, wird zuerst ein Array der Größe 2 erzeugt und dem Slice ein Pointer zugeordnet. Wir sehen auch, dass die Adresse des Pointers so lange unverändert bleibt, bis die Kapazität aufgebraucht ist. Sobald wir den dritten Wert hinzufügen, ändern sich die Kapazität und auch die Adresse, da jetzt ein neues Array erzeugt wurde und die bisherigen Werte dort eingefügt wurden.

Listing 2–66
append als variadische Funktion

```
a := []int{}
a = append(a, 0, 1, 2) // [0 1 2]
b := []int{3, 4, 5}
a = append(a, b...)    // [0 1 2 3 4 5]
```

Mit append() lassen sich mehrere Elemente auf einmal anhängen. So können wir entweder beliebig viele einzelne Werte übergeben oder auch ein weiteres Slice.

Listing 2–67
Alternative Definition von Slices

```
// Composite Literal
b := []int{}
printSlice(b)
c := []int{1, 2, 3}
printSlice(c)

d := make([]int, 2, 8)
printSlice(d)

Output:
0x1c4c64 - len: 0 cap: 0 []int{}
0x414040 - len: 3 cap: 3 []int{1, 2, 3}
0x450020 - len: 2 cap: 8 []int{0, 0}
```

Nachdem wir uns append() näher angesehen haben, schauen wir uns weitere Möglichkeiten an, wie Slices in Go definiert werden können. Eine Möglichkeit ist die Kurzdeklaration in Verbindung mit dem *Composite Literal*. Selbst wenn wir das Literal an der Stelle leer lassen, bekommen wir einen validen Pointer.

Die Funktion make() bietet eine weitere Möglichkeit, Slices zu initialisieren. make akzeptiert neben dem Typ noch zwei weitere Input-Werte. Der zweite Input-Parameter definiert die Größe des zu erzeugenden Slices und der dritte die Kapazität. Mit make([]int, 2, 8) erzeugen wir ein Slice der Größe 2, wobei die Kapazität des darunterliegenden Arrays 8 ist.

make verwenden

Die Verwendung von make ist immer dann sinnvoll, wenn wir bereits wissen, wie groß unser Slice am Ende sein wird. Denn auf diese Weise kann bereits beim Initialisieren der am Ende notwendige Speicher reserviert werden. Dies macht unseren Code schneller, da bei der Benutzung von append() kein neues Array erzeugt werden muss.

range im for-Loop

Im nächsten Schritt wollen wir uns ansehen, wie wir über die einzelnen Elemente des Slices iterieren können. Für eine komfortablere Anwendung in Verbindung mit einem for-Loop wird `range` verwendet. In folgendem Beispiel definieren wir uns ein Slice für Strings unter Verwendung eines Composite Literal. Innerhalb des Loops geben wir die Werte mit `Printf()` aus. Für die Ausgabe des Index verwenden wir das Verb `%02d`, das unseren Index als String immer mit mindestens zwei Stellen ausgibt.

```
s := []string{"null", "eins", "zwei"}
for i, v := range s {
    fmt.Printf("%02d: %s\n", i, v)
}

Output:
00: null
01: eins
02: zwei
```

Listing 2–68
Verwendung von range

Der Ausdruck `range` liefert uns zwei Werte zurück. In unserem Beispiel sind das die Variablen `i` und `v`, wobei `i` den Index innerhalb des Slice darstellt und `v` den Wert. Im Normalfall benötigen wir jedoch meistens nur den Wert aus dem Slice. Wenn wir `i` aus Listing 2–68 nicht innerhalb unseres Loops verwenden, erhalten wir beim Kompilieren den Fehler `i declared and not used`. In dem Fall verwenden wir einfach den *Blank Identifier* _.

```
for _, v := range s {
    fmt.Println(v)
}
```

Listing 2–69
range mit Blank Identifier

Wir können die einzelnen Elemente eines Slices natürlich auch direkt über den Index ansprechen. Wie bei den Arrays beginnt der Index beim ersten Element mit 0.

```
a := []int{0, 1, 2, 3, 4, 5}
fmt.Println(a[0])
fmt.Println(a[3])

Output:
0
3
```

Listing 2–70
Abfrage einzelner Slice-Elemente

Es ist aber auch möglich, mehrere Elemente zu selektieren. In dem Fall wird dann ein Slice zurückgeliefert. Diese Technik wird auch *slice a slice* genannt. Auf Deutsch würden wir dazu sagen: *ein Slice zerschneiden*.

Listing 2–71
Ein Slice zerschneiden

```
a := []int{0, 1, 2, 3, 4, 5}
fmt.Println(a[0:3]) // [0 1 2]
fmt.Println(a[:3])  // [0 1 2]
fmt.Println(a[3:5]) // [3 4]
fmt.Println(a[3:])  // [3 4 5]
fmt.Println(a[:])   // [0 1 2 3 4 5]
```

Wenn wir mehrere Elemente aus einem Slice herausschneiden, zeigt das neue Slice jedoch immer noch auf das ursprüngliche darunterliegende Array. Aber schauen wir uns hierzu erst einmal ein Beispiel an.

```
func printSlice(name string, slice ...[]int) {
    fmt.Println(name, ":")
    for _, s := range slice {
        fmt.Printf("%p - len: %d cap: %d - %#v\n",
                   s, len(s), cap(s), s)
    }
}

func main() {
    a := []int{0, 1, 2, 3, 4, 5, 6, 7, 8, 9}
    b := a[1:5]
    printSlice("b := a[1:5]", a, b)
    b = append(b, 11)
    printSlice("nach append", a, b)
    c := a[1:5:5]
    printSlice("c := a[1:5:5]", c)
    c = append(c, 14)
    printSlice("nach c append", a, c)
}

Output:
b := a[1:5] :
0x44e030 - len: 10 cap: 10 - []int{0, 1, 2, 3, 4, 5, 6, 7, 8, 9}
0x44e034 - len: 4 cap: 9 - []int{1, 2, 3, 4}
nach append :
0x44e030 - len: 10 cap: 10 - []int{0, 1, 2, 3, 4, 11, 6, 7, 8, 9}
0x44e034 - len: 5 cap: 9 - []int{1, 2, 3, 4, 11}
c := a[1:5:5] :
0x44e034 - len: 4 cap: 4 - []int{1, 2, 3, 4}
nach c append :
0x44e030 - len: 10 cap: 10 - []int{0, 1, 2, 3, 4, 11, 6, 7, 8, 9}
0x450020 - len: 5 cap: 8 - []int{1, 2, 3, 4, 14}
```

Mit `printSlice()` erstellen wir eine Funktion, die uns Adresse, Länge, Kapazität und Inhalt ausgibt. Die drei Punkte vor dem Typ definieren eine *variadische Funktion*. Dadurch können wir mehrere Slices als Input übergeben. Die Variable `slice` ist somit ein `[][]int`. Im ersten Schritt erzeugen wir eine Variable, schneiden mit `a[1:5]` einen Teil aus dem Slice heraus und weisen den Wert `b` zu. Der Output beinhaltet an der Stelle noch nichts Besonderes. Jetzt sehen wir den Inhalt von `a` und danach unser neues Slice `b`.

```
b := a[1:5]
0x44e030 - len: 10 cap: 10 - []int{0, 1, 2, 3, 4, 5, 6, 7, 8, 9}
0x44e034 - len: 4 cap: 9 - []int{1, 2, 3, 4}
```

Anschließend hängen wir mit der Append-Funktion dem Slice `b` den Wert 11 hinten an. Jetzt würden wir erwarten, dass diese Anweisung sich nur auf `b` auswirkt.

```
nach append :
0x44e030 - len: 10 cap: 10 - []int{0, 1, 2, 3, 4, 11, 6, 7, 8, 9}
0x44e034 - len: 5 cap: 9 - []int{1, 2, 3, 4, 11}
```

Das ist jedoch nicht der Fall. Komischerweise findet sich die 11 nun auch in `a` wieder. Das zeigt, dass sowohl `a` als auch `b` auf das gleiche Array zeigen und sich Änderungen innerhalb des darunterliegenden Arrays auf alle Variablen auswirken, die einen Pointer darauf gesetzt haben. Wenn wir uns die Speicheradresse der beiden Variablen ansehen, überrascht uns dieses Verhalten noch mehr, da diese ja auf unterschiedliche Speicherbereiche zeigen. Das liegt daran, dass der Pointer in diesem Fall immer auf das erste Element des Slices zeigt.

Eine mögliche Lösung für das Problem aus dem Beispiel ist, die Kapazität des neuen Slices zu beschränken. Hierfür können wir einen dritten Parameter setzen, der angibt, bis zu welchem Index die Kapazität des neuen Slices reichen soll.

```
c := a[1:5:5] :
0x44e034 - len: 4 cap: 4 - []int{1, 2, 3, 4}
nach c append :
0x44e030 - len: 10 cap: 10 - []int{0, 1, 2, 3, 4, 11, 6, 7, 8, 9}
0x450020 - len: 5 cap: 8 - []int{1, 2, 3, 4, 14}
```

Mit `a[1:5:5]` erhalten wir ein Slice mit der Größe und der Kapazität von 4. Wenn wir an `c` ein Element 14 anhängen, wird ein neues Array erzeugt und somit gibt es keine Auswirkungen auf die Variable `a`. Anhand des Pointers sehen wir auch, dass `c` jetzt auf einen ganz anderen Speicherbereich zeigt.

Jedoch funktioniert unsere Lösung nur, wenn wir weitere Elemente an unser neues Slice anhängen wollen. Wenn wir einzelne Werte unseres neuen Slices verändern, dann bleibt das Problem bestehen.

```
a := []int{0, 1, 2, 3, 4, 5, 6, 7, 8, 9}
d := a[1:5:5]
d[1] = 100
printSlice("d[1]=100", a, d)
Output:
d[1]=100 :
0x44e030 - len: 10 cap: 10 - []int{0, 1, 100, 3, 4, 5, 6, 7, 8, 9}
0x44e034 - len: 4 cap: 4 - []int{1, 100, 3, 4}
```

Obwohl wir für `d` die Kapazität eingeschränkt haben, ändert sich `a`, wenn wir einzelne Werte von `d` ändern. Das liegt daran, dass beide Variablen auf das gleiche Array zeigen. Wenn wir das vermeiden wollen, müssen wir zuerst ein komplett neues Slice mit `make()` erzeugen und dann die jeweiligen Werte mit `copy()` kopieren.

Bei der Verwendung von `copy()` müssen wir ein paar Dinge beachten. Denn es werden nur so viele Elemente kopiert, wie das Datenziel aufnehmen kann. Dabei gilt nicht die Kapazität, sondern die tatsächliche Größe des Ziels.

```
a := []int{0, 1, 2, 3, 4, 5, 6, 7, 8, 9}
e := make([]int, 2, 4)
n := copy(e, a[1:5])
fmt.Println("kopierte Elemente:", n)
printSlice("copy(e,a[1:5])", a, e)
Output:
kopierte Elemente: 2
copy(e,a[1:5]) :
0x44e030 - len: 10 cap: 10 - []int{0, 1, 2, 3, 4, 5, 6, 7, 8, 9}
0x414020 - len: 2 cap: 4 - []int{1, 2}
```

In diesem Beispiel erzeugen wir mit `make()` ein neues Slice `e`, das die Größe 2 und die Kapazität 4 bekommt. Dadurch wird ein komplett neuer Speicherbereich reserviert. Das darunterliegende Array ist vom Typ `[4]int`, jedoch ist das Slice nur zwei Elemente groß. Wir sehen, dass die Copy-Funktion als Rückgabewert die Anzahl der kopierten Einträge ausgibt. Da das Ziel die Größe 2 besitzt, werden nur zwei Elemente kopiert. Die Kapazität spielt also bei der Verwendung von `copy()` keine Rolle, sondern nur die Größe des Datenziels.

```
a := []int{0, 1, 2, 3, 4, 5, 6, 7, 8, 9}
e := make([]int, 4)
n := copy(e, a[1:5])
fmt.Println("kopierte Elemente:", n)
printSlice("copy(e,a[1:5])", a, e)
Output:
kopierte Elemente: 4
copy(e,a[1:5]) :
0x44e030 - len: 10 cap: 10 - []int{0, 1, 2, 3, 4, 5, 6, 7, 8, 9}
0x414020 - len: 4 cap: 4 - []int{1, 2, 3, 4}
```

Wenn wir das neue Slice in der korrekten Größe erzeugen, werden alle Elemente kopiert. Wir müssen also bei der Verwendung von `copy()` unbedingt darauf achten, wie groß das Datenziel ist.

Die Verwendung eines Slices ist in der Regel einfach, jedoch müssen wir wissen, wie dieses intern abgebildet wird. Da das Slice ein Pointer auf ein Array ist, kann es zu überraschenden Effekten kommen, wenn wir Werte ändern und es mehrere Slices gibt, die auf das gleiche Array zeigen. Aber diese Fälle sind eher die Ausnahme als die Regel.

2.13 Das Slice als Pointer

Warum kann eine Funktion Daten in ein Slice schreiben?

In Kapitel 2.12 haben wir gesehen, wie ein Slice intern abgebildet wird. Es muss uns bei der Verwendung von Slices unbedingt bewusst sein, dass wir es dabei immer mit einem Pointer auf ein Array zu tun haben. Jetzt da wir das wissen, können wir uns diesen Punkt zunutze machen und ein Slice wie einen Pointer verwenden. Mit `copy()` haben wir sogar schon eine Funktion kennengelernt, die genau diese Technik verwendet.

Schauen wir uns einmal an, wie eine Kopierfunktion für `[]int` implementiert werden kann.

```
func intCopy(ziel []int, quelle []int) int {
    n := 0
    for i := range ziel {
        ziel[i] = quelle[i]
        n++
    }
    return n
}
```

Listing 2–72
Eine Implementierung von copy()

```
func main() {
    a := []int{0, 1, 2, 3, 4, 5, 6}
    b := make([]int, 3)
    n := intCopy(b, a)
    fmt.Printf("%d Elemente kopiert: b=%#v", n, b)
}
Output:
3 Elemente kopiert: b=[]int{0, 1, 2}
```

Die Funktion `intCopy()` erwartet für die Variable `ziel` den Typ `[]int`. Da dieses Slice ein Pointer auf ein Array ist, können wir innerhalb unserer Funktion Werte in das übergebene Slice schreiben. Um die einzelnen Werte zu kopieren, iterieren wir über das Datenziel und kopieren mit `ziel[i] = quelle[i]` den jeweiligen Wert zum Index `i`. Damit wir wissen, wie viele Einträge wir kopieren, setzen wir mit `n` einen Zähler.

Unsere Funktion rufen wir dann in `main()` auf. Dafür definieren wir als Quelle die Variable `a`. Das Datenziel `b` erzeugen wir mit `make([]int, 3)`. Wir sehen, dass anschließend drei Elemente aus der Quelle nach `b` kopiert werden.

Die erste Version unserer Copy-Implementierung ist nun fertig. Jedoch haben wir noch ein Problem, wenn das Datenziel größer als die Quelle ist. In diesem Fall würde unser Programm mit einer Panik hart beendet werden. Deshalb sollten wir den Loop rechtzeitig beenden.

```
func intCopy(ziel []int, quelle []int) int {
    n := 0
    for i := range ziel {
        if i >= len(quelle) {
            break
        }
        ziel[i] = quelle[i]
        n++
    }
    return n
}
```

Wir prüfen also die Größe der Quelle und brechen mit `break` die Iteration ab. Wir könnten an dieser Stelle auch gleich die Funktion mit `return n` beenden. Beide Lösungen führen zum gleichen Ergebnis.

2.14 Maps

- Was ist eine Map?
- Mit welcher Funktion wird eine leere Map erzeugt?

Die Go-Spezifikation beschreibt den *Map-Typ* als, *ungeordnete Gruppe von Elementen eines Typs, die über einen eindeutigen Key indiziert sind.* Eine Map ist dabei eine klassische Hashtabelle. Der Typ definiert sich dabei mit `map[int]string`. Der Typ des Schlüssels ist in eckigen Klammern und der der Werte am Ende angegeben. Der Nullwert eines Map-Typs ist dabei immer `nil`. An der Stelle müssen wir aufpassen, da es zu einer Panik kommt, sobald wir einen Wert in oder aus einer `nil`-Map schreiben oder lesen wollen.

```
func main() {
    var m map[int]string
    m[1] = "Eintrag 1"
}
// panic: assignment to entry in nil map
```

Listing 2–73
Verwendung einer nil-Map

Da die Variable `m` noch keinen Speicher zugewiesen bekommen hat, kommt es hier zur Panik. Für die Zuweisung einer leeren Map verwenden wir die `make()`-Funktion.

```
func main() {
    var m map[int]string
    m = make(map[int]string)
    m[1] = "Eintrag 1"
    fmt.Println(m)
}
// Output:
// map[1:Eintrag 1]
```

Listing 2–74
Erzeugen einer leeren Map mit make().

Wir können `make()` auch in Verbindung mit der Kurzdeklaration verwenden.

```
func main() {
    m := make(map[int]string)
    m[1] = "Eintrag 1"
    fmt.Println(m)
}
```

Listing 2–75
Die Verwendung von make() zusammen mit der Kurzdeklaration.

Eine weitere Möglichkeit ist, die Definition mit einem Composite Literal. Da wir in diesem Fall gleich Werte definieren, benötigen wir dabei kein `make()`.

Listing 2–76
Erzeugen einer Map mit einem Composite Literal.

```
func main() {
    m := map[int]string{
        1: "Eintrag 1",
        2: "Eintrag 2",
    }
    fmt.Println(m)
}
```

2.15 if

- Wie sieht eine if-Abfrage aus?
- In welchem Bereich sind Variablen gültig, die mit dem if-Statement deklariert wurden?

Für die Steuerung unseres Programmflusses stehen uns, wie in vielen anderen Sprachen auch, `if`, `else` und `else if` zur Verfügung.

Listing 2–77
if-Abfrage

```
if x > 5 {
    doThis(x)
} else if x > 0 {
    doThat(x)
} else {
    doSomething(x)
}
```

Die if-Abfragen in Go können ein zusätzliches Statement beinhalten. Der Ausdruck muss dabei direkt nach `if` erfolgen. Dort können wir z. B. den Wert aus einer Funktion ermitteln. Danach folgt ein `;` und anschließend die Prüfung.

Listing 2–78
if mit Deklaration

```
if a := getNumber(); a > 10 {
    fmt.Println("a > 10")
} else {
    fmt.Println(a)
}
// ab hier existiert a nicht mehr
```

Die Gültigkeit der Variable `a` ist auf den if-Block beschränkt. Dieser Block beginnt mit dem `if` und endet nach `}` des letzten `else`. Außerhalb dieses Bereiches existiert `a` somit nicht. Die praktische Anwendung des zusätzlichen Statements erfolgt innerhalb der Fehlerbehandlung.

Listing 2–79
Fehlerbehandlung

```
if err := connect(); err == nil {
    handleError(err)
}
// err ist hier nicht mehr gültig
```

Da Funktionen Fehler als Rückgabewert zurückmelden, können wir den Aufruf der Funktion mit der Prüfung auf den Fehler in der if-Abfrage auf einen Rutsch durchführen.

2.16 switch

- Wie sieht eine switch-Abfrage aus?
- Welche unterschiedliche Arten von switch-Abfragen gibt es?

Die Syntax von `switch` ist in Go flexibler gestaltet, als in anderen C-ähnlichen Sprachen. Es gibt generell drei unterschiedliche Möglichkeiten, wie wir eine klassische `switch`-Anweisung aufbauen können. Zusätzlich gibt es als Bonus noch den *Type-Switch*, der mit unterschiedlichen Typen umgehen kann.

Ausdruck nach switch

Beginnen wir aber mit der klassischen switch-Anweisung, wie wir sie auch von C kennen. Nach `switch` folgt ein Ausdruck, der ausgewertet wird, danach folgt die Auswertung innerhalb der `case`-Anweisungen.

Listing 2–80
Ausdruck nach switch

```
switch a {
case 0:
    fmt.Println("a=0")
case 2, 3, 4:
    // mehrere Fälle mit Komma getrennt
    fmt.Println("2, 3 oder 4")
default:
    fmt.Println("alles andere")
}
```

Dabei sind ein paar Details in Go anders, als wir das vielleicht aus andere Sprachen kennen:

- Wir benötigen kein `break` am Ende eines `case`-Blocks.
- Innerhalb einer `case`-Anweisung können wir mehrere Fälle durch Komma getrennt angeben. Diese Verknüpfung entspricht einem `ODER`.
- Die `default`-Anweisung darf an beliebiger Position innerhalb des `switch`-Blocks stehen.

Switch mit Deklaration

Analog wie bei `if` kann vor der Bedingung auch eine Deklaration erfolgen. Die dort deklarierten Variablen sind dann auch nur innerhalb des switch-Blocks gültig.

Listing 2–81
switch mit Deklaration

```
// b wird per Kurzdeklaration für den Block definiert
switch b := a - 1; b {
case 0:
    fmt.Println("b=0")
default:
    fmt.Println("alles andere")
}
// b ist hier nicht mehr gültig
```

Kein Ausdruck nach switch

Der Ausdruck bei `switch` kann weggelassen werden. In dem Fall müssen wir jeweils einen Ausdruck unter `case` angeben.

Listing 2–82
switch mit Ausdruck bei case

```
switch {
case a == 0:
    fmt.Println("a=0")
default:
    fmt.Println("alles andere")
}
```

break

Der Befehl `break` am Ende eines `case`-Blocks ist nicht notwendig. Jedoch gibt es diesen Befehl auch in Go und er bewirkt, dass an der Stelle die `switch`-Anweisung beendet wird.

Listing 2–83
switch mit break

```
switch user.Role {
case "admin":
    // mehr code hier
    if logger == nil {
        break
    }
    // mach was mit logger
    logger.Log("Admin hat sich angemeldet")
default:
    // mach was anderes
}
```

In diesen Beispiel prüfen wir, ob wir `logger` verwenden können. Dies erfolgt über die Prüfung auf `nil`. Das ist der Nullwert von Interfaces. Diese Thematik werden wir in Kapitel 13.5 noch ausführlich behandeln. Sollte `logger` nicht verwendbar sein, dann brechen wir unsere Anweisung mit `break` ab. Denn ansonsten würde unser Programm bei der Verwendung von `logger` mit einer Panik beendet werden.

fallthrough

Am Ende eines ausgeführten `case`-Blocks wird die `switch`-Anweisung automatisch beendet. Wenn wir dieses Verhalten überschreiben wollen, können wir mit der Anweisung `fallthrough` bewirken, dass die weiteren `case`-Blöcke geprüft werden. Dieser Befehl wirkt sich auf den jeweiligen Block mit der `fallthrough`-Anweisung aus.

Listing 2–84
Funktionsweise von fallthrough

```
a := 10
switch {
case a > 3:
    fmt.Println("a > 3")
    fallthrough
case a > 5:
    fmt.Println("a > 5")
case a > 8:
    fmt.Println("a > 8")
case a > 15:
    fmt.Println("a > 15")
}
// Output:
// a > 3
// a > 5
```

Unser `fallthrough` gilt nur für den ersten Block. Da der zweite Block kein `fallthrough` besitzt, wird die `switch`-Anweisung an dieser Stelle beendet.

Type-Switch

Als Letztes schauen wir uns kurz noch den Type-Switch an. In Kapitel 13.5 werden wir uns noch ausführlich mit diesem Thema beschäftigen, deshalb behandeln wir jetzt nur die Syntax.

Listing 2–85
Type-Switch

```
switch i := x.(type) {
case int:
    printInt(i) // type of i is int
case float64:
    printFloat64(i) // type of i is float64
case bool, string:
    printString("type is bool or string")
default:
    printString("don't know the type")
}
```

Dieses Beispiel stamm in Teilen aus der Spezifikation von Go. Bei einem Type-Switch wird ein sogenannter *Type-Switch-Guard* `x.(type)` verwendet. Zusätzlich erzeugen wir eine neue Variable `i` mit einer Kurzdeklaration. Innerhalb der `case`-Blöcke hat dann `i` den geprüften konkreten Typ.

2.17 for

- Welche Arten von `for`-Loops gibt es?
- Was bewirkt der Befehl `break`?
- Wofür wird `continue` verwendet?

Abb. 2–5
Der Gopher kennt nur den for-Loop.

Wenn wir Loops definieren möchten, bietet uns Go hierfür den Befehl `for` an. Dabei können wir `for` auf vier unterschiedliche Arten verwenden. Beginnen wir mit einer klassischen Definition eines `for`-Loops, wie wir ihn auch aus anderen Sprachen bereits kennen.

Listing 2–86
for mit Zähler

```
func main() {
    for i := 0; i <= 4; i++ {
        fmt.Println(i)
    }
}
```

```
// Output:
// 0
// 1
// 2
// 3
// 4
```

Nach dem `for` gibt es drei Anweisungen. Die erste ermöglicht es uns, einen Zähler zu definieren. Dies geschieht mit der Kurzdeklaration `:=`. Die nächste Anweisung beinhaltet eine Bedingung, die den Loop abbricht. Der letzte Teil definiert den Befehl, der am Ende jeder Iteration ausgeführt wird. Hierfür setzen wir in unserem Beispiel den Zähler hoch.

Eine weitere Spielart von `for` ist das Angeben einer Bedingung. Solange diese Bedingung `true` ist, wird der Loop fortgesetzt.

Listing 2–87
for mit Bedingung

```
func main() {
    var i int
    for  i <= 4 {
        fmt.Println(i)
        i++
    }
}
// Output:
// 0
// 1
// 2
// 3
// 4
```

Wir können `for` auch ohne Anweisungen definieren. In diesem Fall läuft unser Loop unendlich, bis dieser manuell mit dem Befehl `break` abgebrochen wird.

Listing 2–88
for ohne Bedingung

```
func main() {
    var i int
    for {
        if i > 4 {
            break
        }
        fmt.Println(i)
        i++
    }
}
```

```
// Output:
// 0
// 1
// 2
// 3
// 4
```

Mit `break` wird der ganze Loop abgebrochen. Mit `continue` können wir sofort zur nächsten Iteration springen.

Listing 2–89
Iteration überspringen mit continue

```
func main() {
    for i := 0; i <= 10; i++ {
        if i%2 == 0 {
            continue
        }
        fmt.Println(i)
    }
}
// Output:
// 1
// 3
// 5
// 7
// 9
```

Eine weitere Verwendung von `for` ist in Verbindung mit `range`. Damit können wir über Arrays, Slices, Strings, Maps oder Channels iterieren. Das Thema Channels werden wir später innerhalb des Themenblocks *Nebenläufigkeit* (Kapitel 8.5) noch ausführlich behandeln. Wenn wir einen `range`-Loop auf die anderen Typen anwenden, dann iterieren wir damit über alle Werte. Dabei besitzt `range` zwei Rückgabewerte.

Listing 2–90
range über ein Slice

```
func main() {
    s := []string{"null", "eins"}
    for i, v := range s {
        fmt.Println(i, v)
    }
}
// Output:
// 0 null
// 1 eins
```

In diesem Beispiel ist `i` der Index und `v` der Wert des jeweiligen Eintrags.

Bei dem Loop über eine Map wird anstatt dem Index, der Key als erster Wert gesetzt. Außerdem ist die Reihenfolge innerhalb der

Map-Iterationen bei jedem Lauf unterschiedlich. Das liegt daran, dass diese ein ungeordneter Typ ist.

Listing 2–91
range über eine Map

```
func main() {
    m := make(map[int]string)
    m[10] = "zehn"
    m[100] = "hundert"
    for k, v := range m {
        fmt.Println(k, v)
    }
}
// Output:
// 10 zehn
// 100 hundert
```

2.18 Labels und goto

- Wie können wir zu einem bestimmten Punkt in unserem Programm springen?
- Wie können wir mit `continue` zu einem Label springen?

Der Befehl `goto` wird älteren Programmierern noch aus den Zeiten von Basic bekannt sein. Damit konnte man innerhalb seines Programms zu einer bestimmten Stelle springen. Genau diese Funktion hat `goto` auch in Go. Dafür müssen wir ein sogenanntes *Label* definieren, wo wir mit `goto` hinspringen wollen. Die Definition erfolgt ganz einfach mit `Labelname:`.

Listing 2–92
Definition eines Labels

```
func main() {
    for zeile := 0; zeile <= 2; zeile++ {
        for spalte := 0; spalte <= 3; spalte++ {
            fmt.Printf("(%d,%d) ", zeile, spalte)
            if zeile+spalte == 4 {
                goto MeinLabel
            }
        }
        fmt.Printf("\n")
    }
MeinLabel:
    fmt.Println("Mein Label")
}
```

```
// Output:
// (0,0) (0,1) (0,2) (0,3)
// (1,0) (1,1) (1,2) (1,3) Mein Label
```

Die Verwendung von goto bringt aber auch mehrere Probleme mit sich. Zum einen wird dadurch der Code komplexer sowie schwerer zu verstehen und zum anderen können wir damit auch wichtige Teile in unserem Code überspringen.

Listing 2–93
Mit goto wird die Deklaration von i übersprungen.

```
func main() {
    fmt.Println("Hallo")
    goto MeinLabel
    var i int
MeinLabel:
    i++
    fmt.Println(i)
}
```

In diesem Beispiel springen wir einfach über die Deklaration von i. Dieser Code wird somit nicht ausgeführt und es kommt zu einem Fehler beim Kompilieren.

Es ist auch möglich, ein Label mit continue zu verwenden. In dem Fall muss nach dem Label ein for-Loop folgen. Wenn wir verschachtelte Loops haben, ist das direkte Springen zu einem Label sehr hilfreich.

Listing 2–94
Ein Label in Verbindung mit continue verwenden

```
func main() {
ZeilenLabel:
    for zeile := 0; zeile <= 4; zeile++ {
        for spalte := 0; spalte <= 3; spalte++ {
            fmt.Printf("(%d,%d) ", zeile, spalte)
            if zeile+spalte == 4 {
                fmt.Printf("\n")
                continue ZeilenLabel
            }
        }
        fmt.Printf("\n")
    }
}
// Output:
// (0,0) (0,1) (0,2) (0,3)
// (1,0) (1,1) (1,2) (1,3)
// (2,0) (2,1) (2,2)
// (3,0) (3,1)
// (4,0)
```

In diesem Beispiel können wir sehr einfach aus dem inneren Loop die nächste Iteration des darüberliegenden for-Loops ansprechen. Hier hilft uns die Verwendung des Labels, unseren Code lesbarer zu machen.

2.19 Blank Identifier

Wofür benötigen wir den Blank Identifier?

In Go haben wir einen Platzhalter, den wir verwenden können, wenn wir einen Wert ins Leere laufen lassen wollen. Dieser Platzhalter heißt *Blank Identifier* und wird durch das Zeichen _ gesetzt. Aber warum sollten wir Werte aus Funktionen einfach ins Nichts laufen lassen? Der hauptsächliche Grund dafür ist die Restriktion des Compilers, alle deklarierten Variablen zu verwenden. Wenn wir z. B. mit range über alle Elemente eines Slice (Kapitel 2.12) iterieren, dann bekommen wir als ersten Wert den laufenden Index und danach den zugehörigen Wert der Iteration zurück geliefert.

```
a := []string{"eins", "zwei", "drei"}
for i, v := range a {
    fmt.Println(v)
}
// Fehler beim Kompilieren
//  i declared and not used
```

Listing 2–95
Nicht verwendete Variable

Der obige Code kompiliert nicht, da die Variable i deklariert ist, aber später nicht verwendet wird. Da wir aber v benötigen, müssen wir irgendwie an den zweiten Rückgabewert kommen. Genau an dieser Stelle verwenden wir dann den Blank Identifier.

```
a := []string{"eins", "zwei", "drei"}
for _, v := range a {
    fmt.Println(v)
}
```

Listing 2–96
range mit blank identifier

Wenn eine Funktion mehrere Rückgabewerte besitzt, können wir die nicht benötigten Werte ins Leere laufen lassen. An dieser Stelle aber vorab eine Warnung: Wir sollten _ niemals für Fehler verwenden. Zwar ist die Versuchung sehr groß, aber wir machen uns das Leben damit nicht leichter.

Eine weitere Anwendung des Blank Identifiers hatten wir auch schon in Kapitel 2.3 bei der Verwendung von iota gesehen. Hier lassen wir auch den Zähler einfach einmal ins Leere laufen, damit dieser um einen Wert nach oben zählt.

2.20 UTF-8, strings und runes

- Wie viele Bytes benötigt ein Unicode-Zeichen?
- Wofür ist rune ein Alias?

In Go wird jeder Text als UTF-8 codiert. Das gilt sowohl für die Go-Datei als auch für die interne Abbildung von Strings. Dies hat den großen Vorteil, dass es keine Probleme mit Umlauten wie ä, ö, ü oder anderen Zeichen gibt.

Listing 2–97
Chinesische Zeichen oder Umlaute als Variablen

```
世界 := 42
ä := 4
fmt.Println(世界, ä)
```

Das Grundprinzip von UTF-8

Da Strings auch in UTF-8 abgebildet werden, sollten wir uns kurz ansehen, wie das Grundprinzip dahinter funktioniert. Ein String besteht aus mehreren Unicode-Zeichen. Je nachdem, in welchem Unicode-Bereich das Zeichen liegt, werden dafür ein bis vier Bytes benötigt. Das bedeutet auch, dass Unicode-Zeichen bezüglich des Speicherbedarfs nicht einheitlich sind. Wie viele Bytes tatsächlich verwendet werden, hängt vom jeweiligen Zeichen ab. Der Typ `string` ist dabei ein Alias für `[]byte`.

Wenn wir mit `range` über einen `string` gehen, werden alle Zeichen ausgegeben. Bezüglich der Position innerhalb der `[]byte` kann es somit Sprünge geben. Aber schauen wir uns dazu ein Beispiel an.

Listing 2–98
range über einen String

```
world := "世界"
fmt.Println(len(world))
for i, v := range world {
    fmt.Println(i, v)
}


6
0 世
3 界
```

Der Wert der Variablen `world` ist sechs Bytes groß und beinhaltet zwei chinesische Zeichen. Die Größe erfahren wir durch `len(world)`. Nun liefert uns `range` jeweils ein Zeichen zurück. Der Index `i` liefert die Position innerhalb der Bytes zurück. Deshalb ist beim zweiten Zeichen der Index nicht `1`, sondern `3`.

Wir fassen also nochmal zusammen: Der Typ `string` ist ein `[]byte`, der jedoch in UTF-8 codiert ist. Wenn wir nun über die einzelnen Zeichen iterieren wollen, zeigt der Index immer das erste Byte des Zeichens an. Die Variable `v` beinhaltet nun ein Zeichen und hat den Typ `rune`. Dieser Typ ist ein Alias von `uint32`, was vier Bytes entspricht.

3 Projekt: Command Line Interface

Nachdem wir jetzt einen Überblick über die Syntax von Go bekommen haben, wollen wir gleich mal etwas Praktisches programmieren. Auch wenn wir noch nicht alle theoretischen Grundlagen behandelt haben.

Das Ziel der Projekte ist es, Go von der praktischen Seite kennenzulernen und zu zeigen, wie Go-Code aussehen soll. Außerdem lernen wir so die Standardbibliothek näher kennen. Das hilft auch bei den späteren theoretischen Kapiteln eine Brücke von der Theorie zur Praxis zu schlagen.

Außerdem ist die Standardbibliothek sehr mächtig und bietet für die meisten Gelegenheiten eine gute und idiomatische Lösung. Zusätzlich können wir sicher sein, dass die hier vorgestellten Lösungen in Zukunft mit allen Go 1.XX-Versionen funktionieren werden. Als niedrigste Version setzen wir hier 1.11 voraus.

Innerhalb der Projekte verzichten wir auf die Fragen am Anfang des jeweiligen Kapitels. Dafür definieren wir zu Begin jedes Projekts Lernziele.

3.1 Einleitung

In diesem Projekt wollen wir uns mit ein paar kleinen Tools beschäftigen, die wir über die *Command Line* bzw. *Kommandozeile* bedienen können. Solche Tools sind ein guter Startpunkt, um in einem Unternehmen mit einem kleinen Go-Projekt zu beginnen. Denn besonders am Anfang stellt sich jeder die Frage, wie sich Go ohne großes Risiko in einer Firma einsetzen lässt. Kleine simple Tools sind hierbei ein guter Einstieg.

Die Programme sollen die Schnittstellen *Standardeingabe* und *Standardausgabe* verwenden, besser bekannt als *stdin* und *stdout*.

In einem ersten Schritt werden wir ein Programm erstellen, das Inhalte aus einer Textdatei nach *stdout* schreibt. Danach bauen wir ein Programm, das diesen Output auswerten kann und daraus einen *md5-Hash* erzeugt. Dabei werden wir uns auch schon das erste Mal mit dem Thema *Tests* beschäftigen.

Das einfache md5-Hash-Programm werden wir dann so erweitern, dass es auch Daten per HTTP lädt und dafür einen Hash erzeugt. Für die Steuerung der jeweiligen Optionen geben wir dem Anwender geeignete Flags an die Hand.

Bei der Umsetzung des Projekts gibt es folgende Lernziele:

- Umsetzung von Command Line Interfaces
- Verwendung des In- und Outputs mit `io.Reader` und den `io.Writer` in einem Programm
- Erzeugen eines md5-Hash
- Laden von Daten per HTTP

3.2 gocat – File-Ausgabe

Unser Programm `gocat` wird eine einfache Umsetzung des Befehl `cat`. Das Programm soll den Inhalt von einer oder mehreren Dateien an den Standard-Output schicken.

Abb. 3–1
Funktion von gocat

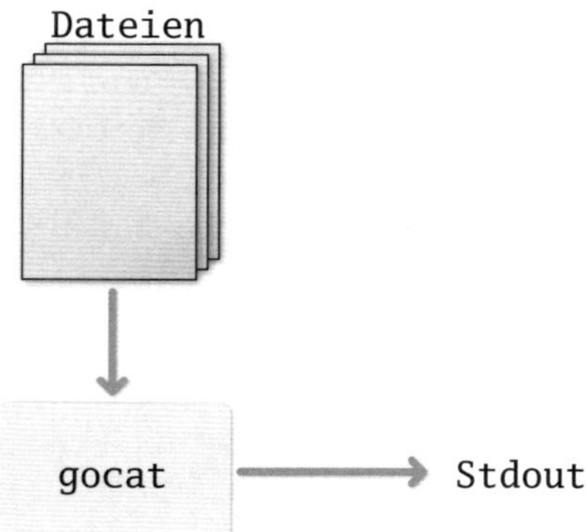

Damit unser Programm funktioniert, legen wir fest, dass wir immer mindestens eine Datei als Argument erwarten. Sollte `gocat` ohne diesen Parameter ausgeführt werden, wollen wir das Programm abbrechen.

Listing 3–1
Aufruf des Programms gocat

```
> gocat dateiname1 dateiname2
```

Als Erstes legen wir ein neues Verzeichnis mit dem Namen `gocat` an. In diesem Verzeichnis erzeugen wir eine leere Datei `main.go`. Seit Go 1.11 können wir unsere Projekte an beliebiger Stelle auf unserem Rechner anlegen und sind unabhängig vom GOPATH.

Nun müssen wir unser Projekt als Modul initialisieren. Weitere Informationen dazu gibt es in Kapitel 6.9. Für die Initialisierung benötigen wir eine eindeutige Kennung für unser Projekt. In der Regel ist dies die URL zum git-Repository. Wir können aber auch eine fiktive Adresse verwenden, wenn wir das Modul nicht veröffentlichen. Für unser kleines Beispielprojekt wählen wir deshalb beispiel.de/gocat als Kennung.

Listing 3–2
Initialisieren des Projekts

```
> go mod init beispiel.de/gocat

go: creating new go.mod: module example.com/gocat
```

Durch diesen Befehl ist in unserem Verzeichnis zusätzlich die Datei go.mod angelegt worden, die Informationen zu unserem Modul beinhaltet. Anschließend legen wir in unserem Projektverzeichnis die Datei main.go an.

In dieser Datei definieren wir in der ersten Zeile package main. Damit legen wir fest, dass unser Paket ein Programm wird. Zusätzlich schreiben wir noch das Gerüst für die Funktion main(). Diese Funktion im Paket main ist immer der Einstiegspunkt für jedes Programm.

Listing 3–3
Definition von main.go

```
package main

func main() {

}
```

Dann kümmern wir uns um die Argumente, die über die Kommandozeile mitgegeben werden. Hierfür gibt es im Paket os die Variable os.Args, die zur Laufzeit alle Argumente aus dem Aufruf beinhaltet. Die Variable ist vom Typ []string, wobei jedes Argument dort einzeln abgelegt ist. Dabei kommt zuerst der Programmname und dann folgen die Argumente des CLI. Um ein besseres Gefühl für den Inhalt zu bekommen, geben wir die Variable einfach mit fmt.Println(os.Args) aus.

Listing 3–4
Ausgabe der Argumente

```
func main() {
    fmt.Println(os.Args)
}
```

Wenn wir die Datei jetzt in unserem Editor speichern, sollten automatisch die Importe hinzugefügt werden. Ist das nicht der Fall, könnte es daran liegen, dass Du vielleicht noch keine Go-Erweiterung für Deinen Editor installiert hast. Falls Du das auch nicht möchtest, kannst Du mit dem Tool goimports (siehe Kapitel 4.6) auch automatisch hinzufügen lassen. Komplett sollte unser Code nach dem Speichern inklusive Importen wie folgt aussehen:

Listing 3–5
Code inklusive ergänzter Importe

```
package main

import (
    "fmt"
    "os"
)

func main() {
    fmt.Println(os.Args)
}
```

Da die Importe durch die Go-Erweiterung automatisch verwaltet werden, gehe ich ab jetzt nicht weiter auf die Importe ein.

go run

Mit `go run` können wir nun unser Programm ganz einfach ausführen. Dieser Befehl kompiliert den Code im Hintergrund in ein temporäres Verzeichnis und führt dann das kompilierte Programm aus. Da Go sehr schnell kompiliert, entsteht fast der Eindruck, dass der Code direkt ausgeführt wird.

In unserem ersten Testlauf wollen wir uns die übergebenen Argumente anzeigen lassen, deshalb packen wir auch gleich ein paar Argumente in unseren Aufruf. Wir rufen also `go run main.go pfad/datei1 pfad/datei2` auf.

Listing 3–6
Ausgabe der Argumente

```
[/tmp/go-build290820212/b001/exe/main pfad/datei1 pfad/datei2]
```

Das erste Argument `os.Args[0]` ist der Name des Programms. In unserem Fall ist das der Pfad zu dem temporär kompilierten Programm. Wir müssen uns also nicht wundern, wenn dieser Wert bei jedem Aufruf anders aussieht. Die Argumente `os.Args[1]` und `os.Args[2]` enthalten die beim Aufruf übergebenen Argumente.

Jetzt passen wir unser Programm so an, dass wir nur die übermittelten Dateipfade verarbeiten. Dafür müssen wir unsere Argumente erst ab Index 1 berücksichtigen. Für den Loop über das Slice verwenden wir `range`.

```
for _, fname := range os.Args[1:]{
    fmt.Println(fname)
}
```

Damit dieses Konstrukt funktioniert, müssen wir sicherstellen, dass es auch immer mindestens ein zusätzliches Argument gibt. Deshalb prüfen wir einfach auf die Länge von `os.Args` und brechen unser Programm mit Status-Code 1 ab, wenn `len(os.Args)==1`.

Listing 3–7
Prüfen der Argumente

```
if len(os.Args) == 1 {
    fmt.Println("Mindestens eine Datei als Parameter erwartet")
    os.Exit(1)
}
```

Um nun eine Datei zu öffnen, verwenden wir `os.Open()`. Die Funktion selbst liefert uns einen *File-Descriptor* und einen Fehler zurück. Die Signatur der Funktion `func Open(name string) (*File, error)` ist eigentlich selbsterklärend. Zum einen erhalten wir die Datei als `*File` (Pointer auf eine Datei) und zum anderen einen Fehler als `error`-Interface. Das Thema Fehlerbehandlung wird dabei in Kapitel 15 behandelt. Sollte die Funktion erfolgreich die Datei öffnen können, lautet der Fehler `nil`.

Listing 3–8
Öffnen der Datei

```
f, err := os.Open(fname)
if err != nil {
    log.Printf(
        "Fehler beim Öffnen der Datei: %s\n%s",
        fname, err)
    f.Close()
    continue
}
```

Unsere Rückgabewerte nennen wir `f` und `err`. Sollte es zu einem Fehler kommen, geben wir diesen aus. Da es verschiedene Ursachen geben kann, warum sich Dateien nicht öffnen lassen, fügen wir der Fehlermeldung noch ein wenig weiteren Kontext hinzu. Für die Ausgabe verwenden wir das `log`-Paket. Hierüber haben wir später die Möglichkeit, das Logging noch umzustellen. Danach schließen wir die Datei mit `f.Close()` und gehen mit `continue` in die nächste Iteration des Loops.

Bevor wir die Daten auslesen, schauen wir uns in der Dokumentation an, welche Methoden der Typ `*File` in Go implementiert. Wichtig ist dabei die Methode `Read()`[1]. Diese Methode implementiert nämlich das `io.Reader`-Interface[2]. Der `io.Reader` bildet in der Go-Standardbibliothek die Basis für das Einlesen von Daten. Wir werden im Laufe dieses Projekts neben der Datei noch weitere Typen kennenlernen, die dieses Interface implementieren.

**File ist ein io..*

Als Datenziel für die Ausgabe soll `gocat` alles an den *stdout* schicken. Dieser wird wieder über `os.Stdout` abgebildet. Wenn wir uns die Dokumentation zu `os.Stdout` ansehen, stellen wir fest, dass diese vom Typ `*File` ist. Wenn wir erneut in die Dokumentation blicken, können wir zum `*File` auch die Methode `Write()` entdecken. Somit implemen-

[1] *https://golang.org/pkg/os/#File.Read*
[2] *https://golang.org/pkg/io/#Reader*

tiert dieser Typ auch das `io.Writer`-Interface. Dieses ist in der Standardbibliothek die Abstraktion für das Schreiben von Daten.

Listing 3–9 *Kopieren der Werte aus dem File*

```
_, err = io.Copy(os.Stdout, f)
if err != nil {
    log.Printf("Fehler bei der Ausgabe von %s\n%s", fname, err)
}
f.Close()
```

Um Werte von einem `io.Reader` zu einem `io.Writer` zu kopieren, verwenden wir die Funktion `io.Copy()`. Die Funktion liefert neben einem Fehler auch die Anzahl der kopierten Bytes zurück. Da uns dieser Wert nicht interessiert, verwenden wir dafür den *blank identifier*. Den Fehler weisen wir wieder der Variablen `err` zu. Sollte es zu einem Fehler kommen, geben wir diesen aus. Da wir sowieso am Ende der Logik sind, können wir die Iteration dieser Datei bis zum Ende durchlaufen lassen. Denn das Einzige, was in diesem Durchlauf noch erfolgt, ist das Schließen dder Datei.

In Listing 3–9 verwenden wir bei `_, err = io.Copy(os.Stdout, f)` keine Kurzdeklaration. Dies liegt daran, dass die Variable `err` bereits beim Öffnen der Datei deklariert wurde. Eine Deklaration der Variablen ist nämlich innerhalb ihres Gültigkeitsbereichs nur einmal zulässig.

Herzlichen Glückwunsch, wir haben zusammen unser erstes kleines Tool geschrieben. Die Datei `main.go` sollte nun wie folgt aussehen:

Listing 3–10 *kompletter Code von gocat*

```
package main

import (
    "fmt"
    "io"
    "log"
    "os"
)

func main() {
    if len(os.Args) == 1 {
        fmt.Println("Mindestens eine Datei als Parameter erwartet")
        os.Exit(1)
    }
    for _, fname := range os.Args[1:] {
        f, err := os.Open(fname)
```

```
        if err != nil {
            log.Printf(
                "Fehler beim Öffnen der Datei: %s\n%s",
                fname, err)
            f.Close()
            continue
        }
        _, err = io.Copy(os.Stdout, f)
        if err != nil {
            log.Printf("Fehler bei der Ausgabe von %s\n%s",
            fname, err)
        }
        f.Close()
    }
}
```

Jetzt kompilieren wir das Programm einmal mit:

```
gc install
```

Mit `install` wird das kompilierte Programm gleich in das `bin`-Verzeichnis geschoben, wodurch wir es sofort auf der Kommandozeile aufrufen können. Wir können z. B. unseren geschriebenen Code ausgeben lassen:

```
gocat main.go
```

Unser Programm kann nun eine oder mehrere Dateien einlesen und deren Inhalt ungefiltert an den Standard-Output umleiten. Dieses Programm werden wir gleich als Input für das nächste kleine Tool benötigen.

3.3 Den md5-Hash erzeugen

Unser nächstes Tool soll für uns md5-Hashes erstellen. Als Input soll unser Programm den *stdin* verwenden. Um Werte an `gomd5` zu senden, verwenden wir unser Programm `gocat` aus dem letzten Kapitel.

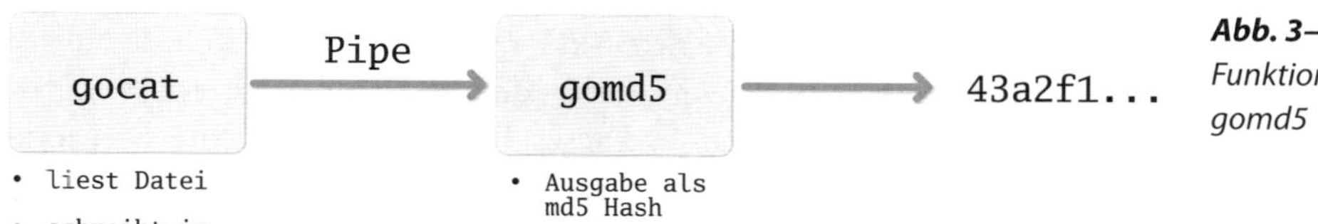

Abb. 3–2
Funktionsweise von gomd5

Als Allererstes erzeugen wir ein leeres Verzeichnis `gomd5`. Anschließend initialisieren wir das Verzeichnis als Modul.

```
> go mod init beispiel.de/gomd5
```

Jetzt legen wir erneut eine Datei `main.go` an, die wiederum die Funktion `main()` beinhaltet.

md5-Hash

Wenn wir eine Datei durch eine Hash-Funktion verarbeiten, bekommen wir immer das gleiche Ergebnis. Der String *go* liefert zum Beispiel als md5-Hash immer `34d1f91fb2e514b8576fab1a75a89a6b`. Das Ergebnis wird dabei als hexadezimaler Wert dargestellt. Dabei ist die Länge des Outputs immer gleich und unabhängig davon, wie groß die Eingangsdaten sind.

Das Ziel dieser Übung ist es, das Zusammenspiel mehrerer Programme über Pipes zu zeigen. Zuerst schauen wir uns einmal an, wie wir mit Go md5-Hashes erzeugen können. Das zugehörige Paket aus der Standardbibliothek heißt *crypto/md5*. Die Dokumentation besitzt für diese Funktion ein eigenes Beispiel[3].

Listing 3–11
Beispiel von md5 in der Dokumentation

```
func main() {
    f, err := os.Open("file.txt")
    if err != nil {
        log.Fatal(err)
    }
    defer f.Close()

    h := md5.New()
    if _, err := io.Copy(h, f); err != nil {
        log.Fatal(err)
    }

    fmt.Printf("%x", h.Sum(nil))
}
```

Anhand des Beispiels aus Listing 3–11 können wir den Code für unser Tool direkt herauskopieren. Als Erstes definieren wir über `md5.New()` ein Interface vom Typ `hash.Hash`[4]. Dieses Interface besitzt eine Methode `Write()`, weshalb wir es wie jeden anderen `io.Writer` verwenden können. Mit der Methode `Sum()` lässt sich dann der Hash-Wert ausgeben.

[3] *https://golang.org/pkg/crypto/md5/#example_New_file*

[4] *https://golang.org/pkg/hash/#Hash*

Wir könnten dieser Methode noch zusätzliche Bytes als []byte übergeben, jedoch benötigen wir nur den Hash-Wert der über den io.Writer geschriebenen Daten. So viel zum Beispiel aus der Dokumentation. Jetzt versuchen wir diese Logik auf unser Programm anzuwenden.

Als Erstes erzeugen wir ein Hash-Objekt. Hierfür rufen wir die Funktion New() aus dem md5-Paket auf. Der Funktionsname allein wäre nicht aussagekräftig, zusammen mit dem Namensraum des Pakets ergibt er den Aufruf md5.New(). Dies ist ein sehr schönes Beispiel, wie wir Funktionsnamen geschickt passend zum Namensraum wählen.

```
h := md5.New()
```

Listing 3–12
Erzeugen eines Hash-Objekts

Als Nächstes kopieren wir alles aus dem Standard-Input in unser Hash-Objekt. Da das Hash-Objekt den io.Writer und der Standard-Input den io.Reader implementiert, kopieren wir die Daten einfach wieder über io.Copy.

```
_, err := io.Copy(h, os.Stdin)
if err != nil {
    fmt.Println("Fehler beim Einlesen:", err)
    os.Exit(1)
}
```

Listing 3–13
Kopieren des Inputs

Da es beim Kopieren zu einem Fehler kommen kann, geben wir hier eine kurze Meldung aus und Beenden das Programm mit os.Exit(1).

Anschließend müssen wir nur noch den Hash ausgeben. Hierfür verwenden wir wie im Beispiel aus der Dokumentation fmt.Printf zusammen mit dem Verb %x. Durch %x erfolgt der Output der Variablen zur Basis 16, also als hexadezimaler Wert.

```
fmt.Printf("%x", h.Sum(nil))
```

Listing 3–14
Ausgabe der md5-Summe

Mehr ist tatsächlich nicht notwendig, um unser Programm umzusetzen. Wir erhalten die Daten aus dem Standard-Input, bilden daraus den md5-Hash und geben diesen dann als Hexadezimalwert wieder aus. Unser Code sieht komplett nun wie folgt aus:

```
package main

import (
    "crypto/md5"
    "fmt"
    "io"
    "os"
)
```

Listing 3–15
kompletter Code zu gomd5

```
func main() {
    h := md5.New()
    _, err := io.Copy(h, os.Stdin)
    if err != nil {
        fmt.Println("Fehler beim Einlesen:", err)
        os.Exit(1)
    }
    fmt.Printf("%x\n", h.Sum(nil))
}
```

Jetzt können wir unser Tool einfach installieren:

```
> go install
```

Um einen md5-Hash für eine Datei zu erzeugen, verbinden wir unsere Programme `gocat` und `gomd5` über eine Pipe. Damit dies auch in jedem Verzeichnis funktioniert, müssen wir `gocat` installieren. Für unseren Aufruf legen wir uns noch schnell eine Testdatei an und schreiben dort einen beliebigen Text hinein.

```
> gocat test.txt | gomd5

File-Output:
456bd929c89f99159be51b09c70af4dc
```

Wir können jetzt ein wenig mit dem Inhalt der Datei spielen und sehen, wie sich der Output verändert.

3.4 Dateien und HTTP-Server als Quellen für gomd5

weitere Datenquellen anbinden

Unser Programm `gomd5` verarbeitet aktuell nur Werte aus dem Standard-Input. Jetzt wollen wir dieses Programm mit ein paar kleinen Veränderungen so erweitern, dass wir auch anderen Input-Quellen direkt in diesem Programm verwenden können. Eine Option soll sein, dass wir direkt einen Dateinamen angeben und dann die Datei direkt in unserem Programm laden. Eine weitere Option soll es uns ermöglichen, die Daten über eine URL laden zu können.

Als Erstes definieren wir die Optionen unseres Programms. Dafür verwenden wir das Paket `flag`. Hierüber kann unser Programm dann unterschiedliche Optionen über Flags parsen.

Definition der Flags

Die Flags gruppieren wir innerhalb einer Variablengruppe. Das heißt wir schreiben nur einmal `var` und setzen die Definitionen der Variablen in Klammern. Die Definition hierzu erfolgt in `main.go`. Selbst bei komplexen Projekten wissen wir dann, an welcher Stelle wir alle möglichen Optionen finden bzw. wo wir weitere Optionen hinzufügen müssen.

Listing 3–16
Definition der Flags

```
var (
    flagFile = flag.String(
        "file",
        "",
        "Wenn gesetzt wird direkt dieses File verwendet")
    flagURL = flag.String(
        "url",
        "",
        "Wenn gesetzt wird von dieser URL geladen.")
)

func init(){
    flag.Parse()
}
```

Mit der Funktion `flag.String()` registrieren wir die Variablen `flagFile` und `flagURL` als Flags. Die Variablen sind vom Typ `*string`, also ein Pointer auf einen String. Wenn wir später auf die Werte zugreifen, benötigen wir dann die Dereferenzierung.

Damit das `flag`-Paket funktioniert, müssen wir, bevor wir ein Flag auslesen, die Funktion `flag.Parse()` ausführen. Dabei werden alle übergebenen Argumente geparst und den jeweiligen Variablen zugeordnet. Die Funktion interpretiert auch das Flag `-h`, das den Hilfetext zu unserem Programm ausgibt.

Refactoring des Codes

Bevor wir nun die unterschiedlichen Input-Möglichkeiten umsetzen, sollten wir unseren Code so umstellen, dass eine Erweiterung einfacher zu implementieren ist. Dieses *Refactoring* ändert nichts an der Funktionalität des Programms.

Listing 3–17
Erstes Refactoring

```
func main() {
    flag.Parse()
    var input io.Reader
    input = os.Stdin
    printMD5(input)
}

func printMD5(r io.Reader) {
    h := md5.New()
    _, err := io.Copy(h, r)
```

```
    if err != nil {
        fmt.Println("Fehler beim Einlesen:", err)
        return
    }
    fmt.Printf("%x\n", h.Sum(nil))
}
```

Da wir an dieser Stelle unser Programm nicht abbrechen sollten, ersetzen wir das `os.Exit(1)` durch ein `return`. In diesem Fall schreiben wir keine Daten nach `r`. Alternativ könnten wir der Funktion auch einen `error` als Rückgabewert spendieren. In diesem Fall müssten wir dann innerhalb der `main()`-Funktion den Fehler behandeln. Für unser erstes Projekt soll diese Logik erstmal ausreichen.

Jetzt schieben wir `flag.Parse()` nach `main()`. Denn eigentlich benötigen wir hier `init()` nicht unbedingt. Der Code aus der ursprünglichen `main()`-Funktion kommt in eine neue Funktion `printMD5(r io.Reader)`. Als Input-Typ verwenden wir nun nicht mehr `*File`, ein Typ von `os.Stdin`, sondern `io.Reader`. Auf Ebene der `main`-Funktion schreiben wir im ersten Schritt drei Zeilen. Das ist vorerst noch ein wenig umständlich, funktioniert jedoch korrekt.

```
var input io.Reader
input = os.Stdin
printMD5(input)
```

Die Input-Variable definieren wir vom Typ `io.Reader`. Dieser Variablen werden wir später je nach gesetztem Flag die unterschiedlichen Input-Typen zuweisen. Damit unser Programm nach dem Umbau weiter funktioniert, setzen wir vorerst `input` gleich dem `os.Stdin`. Anschließend rufen wir `printMD5(input)` mit der Input-Variablen auf.

Unser Programm funktioniert aktuell so wie vorher. Jedoch haben wir die Steuerung des Programms von der Funktion der Hash-Erzeugung getrennt. Bis jetzt gibt unsere Funktion das Ergebnis noch direkt an den Standard-Output aus. Hier können wir die Funktion weiter verbessern, indem wir als zusätzlichen Parameter einen `io.Writer` setzen.

Listing 3–18
Ausgabe direkt in einen io.Writer

```
func printMD5(r io.Reader, w io.Writer) {
    h := md5.New()
    _, err := io.Copy(h, r)
    if err != nil {
        fmt.Println("Fehler beim Einlesen:", err)
        return
    }
```

```
    fmt.Fprintf(w, "%x\n", h.Sum(nil))
}
```

Innerhalb der Funktion können wir statt `Print` den Befehl `Fprint` verwenden. Diese Funktionen erlauben es, das Ziel für die Ausgabe als `io.Writer` separat anzugeben.

Der Aufruf innerhalb `main()` muss nun auch verändert werden. Hierfür übergeben wir `os.Stdout` direkt an die Funktion.

```
printMD5(input, os.Stdout)
```

Nach dem zweiten Refactoring haben wir die einzelnen Funktionalitäten sauber getrennt. Jetzt ist es auch ganz einfach möglich, unsere Funktion zu testen. Wie Tests in Go funktionieren werden wir später in Kapitel 11.1 noch ausführlich behandeln. Da die Tests normaler Go-Code sind, sollten wir diese aber bereits jetzt verstehen können. Sollte das Konzept für dich zu neu sein, kannst Du gerne kurz nach Kapitel 11.1 springen.

Für den Test legen wir eine Datei `main_test.go` an.

Listing 3–19
main_test.go

```
package main

import (
    "bytes"
    "strings"
    "testing"
)

func TestPrintMD5(t *testing.T) {
    in := strings.NewReader("go")
    buf := &bytes.Buffer{}
    printMD5(in, buf)
    want := "34d1f91fb2e514b8576fab1a75a89a6b\n"
    got := buf.String()
    if got != want {
        t.Errorf("printMD5()=%s\nwant:%s\n", got, want)
    }
}
```

Da sowohl unser Input als auch unser Output vom Typ kein `string` mehr ist, müssen wir uns für das Erstellen der Tests anderer Hilfsfunktionen bedienen. Da idiomatischer Go-Code alle Ein- und Ausgaben möglichst immer als `io.Reader` bzw. `io.Writer` definiert, bietet die Standardbibliothek hierzu viele hilfreiche Funktionen und Typen, die uns bei der Erstellung der Tests helfen.

Unsere Input-Variable erstellen wir mit dem `string`-Paket. Dort gibt es die Funktion `strings.NewReader()`, die einen `io.Reader` mit dem gegebenen `String` erstellt. Für das Auslesen der Werte verwenden wir `bytes.Buffer`. Dieser implementiert unter anderem das `io.Writer`-Interface. Das heißt wir lassen uns den Ausgabewert einfach in den Buffer schreiben. Über die Methode `String()` können wir den Wert im Buffer als String ausgeben.

Der Aufruf der Funktion im Test lautet somit:

```
printMD5(in, buf)
```

Bei m Erstellen von Tests wird meistens für den erwarteten Wert eine Variable mit dem Namen `want` und für den Wert der Funktion der Name `got` verwendet.

```
want := "34d1f91fb2e514b8576fab1a75a89a6b\n"
got := buf.String()
if got != want {
    t.Errorf("printMD5()=%s\nwant:%s\n", got, want)
}
```

Sollte der erwartete Wert nicht zurückgeliefert werden, geben wir einen Fehler aus, indem wir die Werte von `got` und `want` ausgeben. Mit `go test -v` führen wir unseren Test einmal aus.

```
go test -v
=== RUN   TestPrintMD5
--- PASS: TestPrintMD5 (0.00s)
PASS
ok      beispiel.de/gomd5       0.021s
```

Wir können auch den Input-String im Test auf *abc* ändern, um zu sehen, ob unser Test auch funktioniert. Das, was wir bis hier geschafft haben, ist die Trennung von Programmoptionen und Programmfunktionalitäten. Das Refactoring hat es uns auch ermöglicht, die Funktionalität einfach separat zu testen.

Unser Code sieht nach dem ganzen Umstellen wie folgt aus:

Listing 3–20
Umgestellter testbarer Code

```
var (
    flagFile = flag.String(
        "file",
        "",
        "File als direkter Input")
```

```
    flagURL = flag.String(
        "url",
        "",
        "URL als direkter Input")
)

func main() {
    flag.Parse()
    var input io.Reader
    input = os.Stdin
    printMD5(input, os.Stdout)
}

func printMD5(r io.Reader, w io.Writer) {
    h := md5.New()
    _, err := io.Copy(h, r)
    if err != nil {
        fmt.Println("Fehler beim Einlesen:", err)
        return
    }
    fmt.Fprintf(w, "%x\n", h.Sum(nil))
}
```

Im nächsten Schritt kümmern wir uns um die einzelnen Optionen. Je nachdem, ob `flagFile` oder `flagURL` einen Wert besitzt, muss von einer anderen Quelle gelesen werden. Nach dem Umstellen des Codes lässt sich dies relativ einfach umsetzen. Denn `input` kann nun alle Typen aufnehmen, die einen `io.Reader` implementieren.

Für das Programm definieren wir, dass wir immer nur eine dieser beiden Optionen unterstützen. Auch wenn beide Flags mitgegeben werden, wird dann nur eine Option ausgeführt. Für die Implementierung können wir deshalb ganz einfach `switch` verwenden.

Listing 3–21
Umsetzung, wenn File-Option gesetzt ist

```
switch {
case *flagFile != "":
    fd, err := os.Open(*flagFile)
    if err != nil {
        fmt.Fprintln(output, "Fehler beim Öffnen des Files: ", err)
        os.Exit(1)
    }
    defer fd.Close()
    input = fd
}
```

Dann wollen wir uns die Umsetzung für das Laden einer Datei ansehen. Hierfür prüfen wir mit `case *flagFile != ""`, ob ein Wert mit dem Flag übergeben wurde. Anschließend öffnen wir die Datei. Sollte es zu einem Fehler kommen, geben wir diesen aus. Da in diesem Fall jedoch `fd` gleich `nil` sein kann, müssen wir das Programm an dieser Stelle abbrechen.

Anschließend können wir mit `defer fd.Close()` definieren, dass die Datei geschlossen wird, nachdem `main()` beendet wurde. Im nächsten Schritt setzen wir `input` einfach gleich der Datei. Wie wir bereits in Kapitel 3.2 gesehen haben, implementiert `os.File` das `io.Reader`-Interface, wodurch wir die Datei gleich dem Input setzen können.

Anschließend definieren wir den Fall für das Laden der Daten unter Angabe einer URL. Dafür verwenden wir `http.Get()`. Danach erfolgt wieder die Fehlerbehandlung. Wir geben im Fehlerfall den Fehler aus und brechen dann unser Programm ab, da wir bei einem Fehler nicht sicherstellen können, dass wir auch Daten innerhalb von `resp` bekommen haben.

Listing 3–22
Umsetzung, wenn URL-Option gesetzt ist

```
switch {
case *flagURL != "":
    resp, err := http.Get(*flagURL)
    if err != nil {
            fmt.Fprintln(output, "Fehler beim Laden: ", err)
            os.Exit(1)
    }
    defer resp.Body.Close()
    input = resp.Body
case *flagFile != "":
// ...
}
```

Ist das Laden erfolgreich, können wir über `resp` die Daten ermitteln. Der Typ von `resp` ist `http.Response`, der alle Informationen zur Rückmeldung des Servers zu unserer Anfrage enthält. Neben Angaben zum Protokoll und zum Status werden innerhalb des Feldes `Body` die tatsächlich übermittelten Daten als `io.ReadCloser` Interface übermittelt.

Ein `io.ReadCloser` enthält die Methoden `Read` und `Close`. Somit implementiert dieses Interface auch immer einen `io.Reader`. Deshalb können wir den Input gleich den `resp.Body` setzen.

Damit die Verbindung auch wieder geschlossen wird, müssen wir mit `defer` sicherstellen, dass nachdem `main()` beendet wird `resp.Body.Close()` ausgeführt wird.

Hier sehen wir, wie flexibel der `io.Reader` eingesetzt werden kann und wie mächtig diese Abstraktion ist, die sich praktisch an jeder Ecke der Standardbibliothek wiederfindet.

Unser Hauptprogramm sieht nun wie folgt aus:

Listing 3–23
Fertiges Programm gomd5

```
flag.Parse()
var input io.Reader = os.Stdin
var output io.Writer = os.Stdout
switch {
case *flagFile != "":
    fd, err := os.Open(*flagFile)
    if err != nil {
        fmt.Fprintln(output, "Fehler beim Öffnen des Files: ", err)
        os.Exit(1)
    }
    defer fd.Close()
    input = fd
case *flagURL != "":
    resp, err := http.Get(*flagURL)
    if err != nil {
        fmt.Fprintln(output, "Fehler beim Laden: ", err)
        os.Exit(1)
    }
    defer resp.Body.Close()
    input = resp.Body
}
printMD5(input, os.Stdout)
```

Mit nur wenigen Zeilen Code konnten wir unser Programm so erweitern, dass dieses entweder Daten per HTTP laden oder direkt mit Dateien umgehen kann. Das Erzeugen des md5-Hash war dabei nur ein einfaches Beispiel. Diese Übung sollte lediglich das Zusammenspiel von unterschiedlichen Input- und Output-Möglichkeiten zeigen, die mit `io.Reader` und `io.Writer` möglich sind. Für den Fall, dass beide Flags gesetzt werden, würde aktuell auch nur die Datei berücksichtigt werden.

4 Go Tooling

In diesem Kapitel beschäftigen wir uns mit Werkzeugen, die uns das Schreiben von Code erleichtern. Der größte Teil des sogenannten *Toolings* ist bereits Teil der Sprache und wird mit dem Befehl `go` aufgerufen. Neben dem Kompilieren und Ausführen können wir unseren Code formatieren oder uns eine Dokumentation generieren lassen.

4.1 Schnelle Hilfe mit go help

- Wofür können wir den Befehl `go help` verwenden?
- Was ist der Unterschied zur Dokumentation?

Mit dem Befehl `go help` erhalten wir eine kurze Übersicht über alle weiteren Tools, die Teil von Go sind.

```
> go help
Go is a tool for managing Go source code.

Usage:

        go <command> [arguments]

The commands are:

        bug         start a bug report
        build       compile packages and dependencies
        clean       remove object files and cached files
        doc         show documentation for package or symbol
        env         print Go environment information
        fix         update packages to use new APIs
        fmt         gofmt (reformat) package sources
        generate    generate Go files by processing source
        get         download and install packages and dependencies
        install     compile and install packages and dependencies
        list        list packages or modules
        mod         module maintenance
        run         compile and run Go program
        test        test packages
        tool        run specified go tool
        version     print Go version
        vet         report likely mistakes in packages
...
```

Für die Hilfe zu den aufgeführten Unterbefehlen, also der Tools, müssen wir einfach `go help <Befehl>` eingeben. Diese Hilfe gibt uns dann eine Übersicht über die möglichen Optionen und zeigt, wie der Befehl korrekt aufgerufen wird.

```
> go help fmt
usage: go fmt [-n] [-x] [packages]

Fmt runs the command 'gofmt -l -w' on the packages named
by the import paths. It prints the names of the files that are
modified.

For more about gofmt, see 'go doc cmd/gofmt'.
For more about specifying packages, see 'go help packages'.

The -n flag prints commands that would be executed.
```

```
The -x flag prints commands as they are executed.

To run gofmt with specific options, run gofmt itself.

See also: go fix, go vet.
```

Wie wir am Beispiel `go fmt` sehen, ersetzt `go help` nicht die ausführliche Dokumentation, sondern ist nur eine erste schnelle Hilfe.

4.2 Kompilieren und Installieren

- Was sind die Vorteile von kompilierten ausführbaren Dateien?
- Wie können Programme für andere Betriebssysteme kompiliert werden?
- Wie kann ein Programm installiert werden?

Damit ein in Go geschriebenes Programm auf einem System ausgeführt werden kann, muss es kompiliert werden. Der Nachteil des Kompilierens ist, dass wir zusätzlich zum Programmieren und Ausführen noch einen weiteren Schritt benötigen. Dem gegenüber steht der Vorteil, dass das erzeugte Programm direkt auf dem Zielsystem läuft. Wir müssen also keine zusätzlichen Interpreter oder virtuelle Maschinen installieren. Denn in einem kompilierten Go-Programm sind alle notwendigen Teile bereits enthalten. Deshalb muss nur dieses eine *Binary* auf das jeweilige System kopiert und unser Programm kann dort dann ausgeführt werden.

einfache Installation auf dem Zielsystem

Grundsätzlich wird Go-Code immer in Paketen angelegt. Jeder Code beginnt deshalb mit `package`, gefolgt von dem jeweiligen Paketnamen. Damit ein Programm erzeugt werden kann, benötigt es einen Einstiegspunkt. Per Definition ist dies immer die Funktion `main()` im Paket `main`. Um so ein Programm zu kompilieren, wechseln wir in das entsprechende Verzeichnis.

```
> go build
```

Der Befehlt erzeugt dann eine ausführbare Datei. Die Datei selbst hat den gleichen Namen wie das Verzeichnis, in dem das `main`-Paket liegt. Es ist jedoch auch möglich, mit dem Flag `-o` den Namen selbst zu setzen.

```
> go build -o neuername
```

Wenn wir unser Go-Programm als Tool verwenden wollen, ist es sinnvoll, dieses auch auf unserem Rechner zu installieren. Auf diese Weise können wir dann über unser Terminal darauf zugreifen. Damit das funktioniert, müssen wir das Programm in ein Verzeichnis für ausführ-

Fehler beim Kompilieren

Der Compiler hat neben dem Erzeugen des Maschinencodes auch noch die Aufgabe einer ersten Fehlerprüfung. Wenn der Code nicht syntaktisch korrekt ist, ist es nicht möglich, diesen zu kompilieren. Da Go eine statisch typisierte Sprache ist, werden durch den Compiler die verwendeten Typen geprüft. Wenn ich also eine Funktion oder Methode mit einem falschen Typ aufrufe, bekomme ich sofort die Rückmeldung, dass diese nicht zulässig ist. Bei dynamisch typisierten Sprachen wie JavaScript kann es zu überraschenden Effekten kommen, wenn Variablen vom falschen Typ übergeben werden. Wenn wir in Go eine Funktion `foo()` mit der Variablen `a` aufrufen, die jedoch einem falschen Typ hat, erhalten wir als Meldung: `cannot use a (type int) as type string in argument to foo`

Insbesondere bei komplexeren Typen wie Interfaces ist diese Prüfung durch den Compiler sehr hilfreich, denn so kann es bezüglich des Typs bei der Programmausführung nicht mehr zu Überraschungen kommen. Das Tückische an Laufzeitfehlern ist, dass diese dazu führen können, dass unser Programm abbricht. Insbesondere bei Servern im produktiven Betrieb sollte das nicht vorkommen. Aus diesem Grund müssen wir beim Schreiben unseres Codes immer darauf achten, an welcher Stelle es zu Problemen zur Laufzeit kommen kann. Fehler beim Kompilieren sind in diesem Kontext etwas Gutes.

bare Dateien schieben. Diese Verzeichnisse werden über die Systemvariable `PATH` definiert und heißen meistens `bin` für *Binaries*.

go install

Der Befehl `go install` übernimmt genau diesen Teil für uns. Innerhalb des `GOPATH` gibt es das Verzeichnis `bin`. Bei der Installation von Go wird dieses Verzeichnis der `PATH`-Variablen hinzugefügt. Somit können die dort abgelegten Programme direkt im Terminal ausgeführt werden. Mit `go install` wird unser Programm zuerst kompiliert und dann direkt in dem `bin`-Verzeichnis im `GOPATH` abgelegt.

In einem Projekt können auch mehrere `main`-Pakete angelegt werden. Wenn wir z. B. einen Server und einen Client benötigen, dann wären beides eigene Programme, die jeweils über ein `main`-Paket kompiliert werden. Um hier den Überblick zu behalten, hat es sich dafür durchgesetzt, alles in einem Verzeichnis mit dem Namen `cmd` anzulegen.

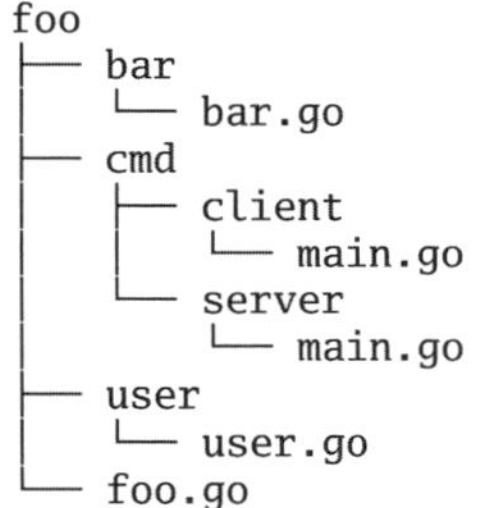

```
foo
├── bar
│   └── bar.go
├── cmd
│   ├── client
│   │   └── main.go
│   └── server
│       └── main.go
├── user
│   └── user.go
└── foo.go
```

Abb. 4–1
Projektstruktur

Cross-Compiling

Cross-Compiling

Mit `go build` wird das Programm immer für das eigene Betriebssystem kompiliert, also das System, das wir gerade verwenden. Es ist jedoch auch möglich, unser Programm für andere Systeme zu kompilieren, etwa wenn wir auf einem Mac einen Server für ein Linux-System entwickeln. Dieser Vorgang wird auch *Cross-Compiling* genannt.

Hierfür sind nur die Umgebungsvariablen `GOOS` für das Betriebssystem und `GOARCH` für die Prozessorarchitektur anzupassen. Je nachdem, auf welchem System wir arbeiten, müssen wir die Variablen anders setzen. Unter Linux würden wir für ein Windows-System über `env` die Umgebungsvariablen anpassen.

Listing 4–1 *In Linux für Windows kompilieren*

```
> env GOOS=windows GOARCH=amd64 go build
```

Wenn wir auf Windows 10 die Power-Shell verwenden, sieht der Befehl geringfügig anders aus.

Listing 4–2 *In Windows für Linux kompilieren*

```
> $Env:GOOS = "linux"; $Env:GOARCH = "amd64"; go build
```

Go unterstützt alle gängigen Systeme und Architekturen. Auf der Go-Webseite[1] werden die gültigen Kombinationen für `GOOS` und `GOARCH` angegeben.

4.3 Umgebungsvariablen mit go env

Wie lassen sich die Umgebungsvariablen anzeigen?

Go besitzt mehrere Umgebungsvariablen, über die Einstellungen für den Compiler gesetzt werden können. Sollte es also vorkommen, dass der Befehl `go install`, `go test` oder `go build` nicht mehr korrekt funktioniert, müssen wir diese Variablen prüfen. Mit `go env` können wir uns alle Einstellungen anzeigen lassen.

Listing 4–3 *Ausgabe der Umgebungsvariablen*

```
> go env
GOARCH="amd64"
GOBIN=""
GOCACHE="/home/as27/.cache/go-build"
GOEXE=""
GOFLAGS=""
GOHOSTARCH="amd64"
GOHOSTOS="linux"
GOOS="linux"
```

[1] *https://golang.org/doc/install/source#environment*

```
GOPATH="/home/as27/go"
GOPROXY=""
GORACE=""
GOROOT="/usr/local/go"
GOTMPDIR=""
GOTOOLDIR="/usr/local/go/pkg/tool/linux_amd64"
GCCGO="gccgo"
CC="gcc"
...
```

Dabei sind die wichtigsten Variablen GOPATH und GOROOT. Denn GOPATH sollte ein Pfad sein, für den wir Lese- und Schreibberechtigung haben. Idealerweise liegt dieser Pfad innerhalb unseres Home-Verzeichnisses. GOROOT zeigt auf die Installation von Go innerhalb unseres Systems. Dort sind der Compiler und auch die komplette Standardbibliothek abgelegt.

Sollte uns die Liste aus Listing 4–3 zu lang sein, können wir auch nur bestimmte Variablen ausgeben.

```
> go env GOPATH GOROOT
/home/as27/go
/usr/local/go
```

Eine Dokumentation aller Variablen können wir mit go help environment aufrufen. Die zugehörige Ausgabe ist sehr umfangreich, weshalb in Listing 4–4 nur ein Teil der Ausgabe dargestellt ist.

Listing 4–4
Gekürzte Ausgabe zu den env-Variablen

```
...
General-purpose environment variables:
...
    GOCACHE
        The directory where the go command will store cached
        information for reuse in future builds.
    GOFLAGS
        A space-separated list of -flag=value settings to apply
        to go commands by default, when the given flag is known by
        the current command. Flags listed on the command-line
        are applied after this list and therefore override it.
    GOOS
        The operating system for which to compile code.
        Examples are linux, darwin, windows, netbsd.
    GOPATH
        For more details see: 'go help gopath'.
...
```

4.4 Ein Programm für jede Gelegenheit – Build Tags

- Was sind Build Tags?
- Wofür können Build Tags verwendet werden?
- Wann ist es sinnvoll, Build Tags bei Tests zu verwenden?

Wenn wir ein Programm kompilieren, wird normalerweise immer der komplette Code in die ausführbare Datei geschrieben. Es gibt jedoch ein paar Ausnahmen, bei denen das nicht sinnvoll ist. Wenn wir z. B. bestimmte Parameter oder Funktionen eines Betriebssystems nutzen wollen, haben wir Bereiche im Code, die nur für ein System relevant sind. Der Go-Compiler bietet uns an dieser Stelle die Möglichkeit, *Build Tags* zu verwenden. Damit können wir einzelne Dateien unsers Go-Codes so kennzeichnen, dass diese nur in bestimmten Fällen beim Kompilieren verwendet werden.

Betrachten wir aber zuerst einmal ein einfaches Beispiel. Im Paket `myPackage` haben wir eine Funktion `ipCmd()`, welche die IP-Konfiguration ausgeben soll. In Unix benötigen wir dafür den Befehl `ifconfig` und in Windows `ipconfig`. Eine Lösungsmöglichkeit wäre, dass wir zur Laufzeit das Betriebssystem abfragen und dann den richtigen Befehl aufrufen. Eleganter ist jedoch, dass wir nur den Teil kompilieren, der tatsächlich für das jeweilige Betriebssystem relevant ist.

Vordefinierte Tags

Für Build Tags können verschiedene Arten von Wörtern verwendet werden. Diese gliedern sich in folgende Typen:

- Das Zielbetriebssystem, das über die erlaubten Werte der Umgebungsvariablen `GOOS` angegeben wird.
- Die Zielarchitektur, die über die möglichen Werte der Umgebungsvariablen `GOARCH` angegeben wird.
- Der verwendete Compiler, entweder `gc` oder `gccgo`.
- Mit `cgo` wird die Datei nur dann verwendet, wenn auch `cgo`-Dateien beim Kompilieren verwendet werden.
- eine Einschränkung über die Go-Version, z. B. `go1.13`.

Dafür erstellen wir zuerst die Datei `net_win.go`. Gleich in der ersten Zeile kennzeichnen wir diese mit dem Build Tag `// +build windows`. Das Build Tag hat eine einfache Syntax. Da Tags kein ausführbarer Code sind, beginnt die Zeile mit einem Kommentar, danach ein Leerzeichen gefolgt von +build. Anschließend kommt das jeweilige Tag. In unserem Fall schreiben wir windows.

Listing 4–5
net_win.go
für Windows

```
// +build windows

package myPackage

func ipCmd() {
    // ...
    out, err := exec.Command("ipconfig", "/all").Output()
    // ...
}
```

Jetzt funktioniert unser Paket für Windows. Für alle anderen Systeme ist es aktuell nicht möglich, unser Paket zu kompilieren, denn die Funktion ipCmd() existiert wegen des Build-Flag nur für Windows. Deshalb legen wir jetzt eine weitere Datei net_other.go an.

Listing 4–6
net_other.go
für Darwin- und Linux-Systeme

```
// +build darwin linux

package myPackage

func ipCmd() {
    // ...
    out, err := exec.Command("ifconfig", "-a").Output()
    // ...
}
```

Diese Datei ist aktuell für die Systeme darwin und linux gekennzeichnet. Wir haben jedoch auch die Möglichkeit, für diese Datei das Tag windows pauschal auszuschließen.

Listing 4–7
net_other.go
für Nicht-Windows-Systeme

```
// +build !windows

package myPackage

func ipCmd() {
    // ...
    out, err := exec.Command("ifconfig", "-a").Output()
    // ...
}
```

Die Regeln der Build Tags

Build Tags können über folgende Regeln miteinander verknüpft werden:

- Wenn Tags mit einem Leerzeichen aufgeführt sind, werden diese mit `OR` verknüpft.

  ```
  // +build linux darwin
  ```

- Wenn Tags mit einem Komma aufgeführt sind, werden diese mit `AND` verknüpft.

  ```
  // +build linux,386
  ```

- Wenn die Tags in einer neuen Zeile stehen, werden diese mit `AND` verknüpft.

  ```
  // +build linux
  // +build 386
  ```

- Wenn vor dem Tag ! steht, so wird dieses verneint, also mit `NOT` verknüpft.

  ```
  // +build !windows
  ```

Die Tags für das Kennzeichnen von Systemen entsprechen den Umgebungsvariablen `GOOS` und `GOARCH`. Die Definition muss vor der Paketdefinition mit *mindestens einer Leerzeile* erfolgen.

Build Tags sind aber nicht nur auf die Umgebungsvariablen beschränkt. Es ist auch möglich, eigene Tags zu vergeben. In diesem Fall müssen wir beim Kompilieren angeben, welche Tags verwendet werden sollen. Auch dafür schauen wir uns mal ein Beispiel an.

In unserem Paket haben wir eine Konstante `DEBUG` definiert. Je nach Build Tag soll nun diese Konstante `true` oder `false` sein.

Listing 4–8
conf_debug.go

```
// +build debug

package myPackage

const DEBUG = true
```

Damit dieses Build Tag beim Kompilieren verwendet wird, müssen wir dieses mit dem Flag `-tags` angeben.

```
> go build -tags debug
```

Wir haben die Konstante nun in der Datei mit dem Tag `debug` definiert. Das heißt die Konstante existiert auch nur dann, wenn wir beim Kompilieren dieses Tag angeben. Für jeden anderen Fall gibt es die Konstante für den Compiler nicht. Deshalb benötigen wir noch eine weitere Datei.

```
// +build !debug

package myPackage

const DEBUG = false
```

Listing 4–9
conf.go

Build Tags gelten für alle Dateien. Das gilt dabei auch für Tests. Der Befehl `go test` besitzt dafür das Flag `-tags`. Hierüber lässt sich definieren, welche Build Tags für diesen Test verwendet werden.

```
> go test ./... -tags integration
```

Damit lassen sich Tests, die viel Zeit oder Ressourcen benötigen, aus der normalen Testroutine herausnehmen.

Ein Nachteil an den Build Tags ist, dass man es der Datei von außen nicht ansieht, welche Tags sie nutzt. Hier sollten wir beschreibende Dateinamen wählen. Dies macht es für uns später leichter, die Dateien schnell zu identifizieren.

```
loader_integration_test.go
loader_debug.go
loader_production.go
```

File-Suffixe

Eine weitere Möglichkeit, eine Datei für ein bestimmtes System und eine bestimmte Architektur zu kennzeichnen, ist die Verwendung von File-Suffixen. Vor die Endung `.go` können wir die Werte von `GOOS` und `GOARCH` setzen. Mögliche Dateinamen wären somit:

```
loader_darwin.go
loader_linux.go
loader_windows_amd64.go
```

Das Elegante an dieser Lösung ist die hohe Transparenz. Denn ohne eine Datei öffnen zu müssen, können wir anhand des Namens alles Relevante ablesen. Der Nachteil ist, dass wir darüber immer nur ein System und eine Architektur angeben können.

Wenn wir die Datei für Windows-Systeme als `net_windows.go` benennen, benötigen wir auch kein Build Tag im Code.

```
package myPackage

out, err := exec.Command("ipconfig", "/all").Output()
```

Listing 4–10
net_windows.go
ohne Build Tags

Wenn wir für alle anderen Systeme die Datei als `net_other.go` bezeichnen, müssen wir in der Datei mit Build Tags das Windows-System ausschließen.

Listing 4–11
net_other.go für alle anderen Systeme

```
// +build !windows

package myPackage

out, err := exec.Command("ifconfig", "-a").Output()
```

4.5 Wie Code formatiert wird – gofmt

- Warum sieht Go-Code immer gleich aus?
- Was sind die Vorteile?
- Wofür kann man `gofmt` sonst noch benutzen?

Das Tool `gofmt` formatiert Go-Code nach einer einheitlichen Logik. Besonders zu Anfang war dieses Vorgehen umstritten, denn viele Entwickler wollten sich nicht durch das Go-Team vorschreiben lassen, wie am Ende ihr Code aussehen soll. Doch über die Jahre hat die Community genau diese Einschränkung zu schätzen gelernt. Denn ein Tool, das sich um die Formatierung des Codes kümmert, hat viele Vorteile.

- Das Schreiben von Code wird leichter, da wir nicht mehr auf die Formatierung achten müssen.
- Die Lesbarkeit wird besser, da jeder Code einheitlich aussieht.
- Da der Code technisch einheitlich formatiert wird, lassen sich Unterschiede zwischen zwei Code-Versionen besser vergleichen, da Umbrüche oder Einrückungen immer exakt gleich gesetzt werden.
- Es gibt keine nervigen Diskussionen über Tabs oder Leerzeichen mehr.

Der Ansatz hat sich über die Jahre bewährt. Mitlerweile haben auch andere Sprachen ähnliche Tools eingeführt, so gibt es z. B. `rustfmt` für Rust.

Wenn wir einen Editor mit Go-Unterstützung verwenden, wird dort in der Regel nach jedem Speichern einer Datei automatisch `gofmt` ausgeführt. Das heißt, nach jeder gespeicherten Änderung lassen wir den Code komplett formatieren. Für das Formatieren des Codes wird zuerst die komplette Datei geparst und intern als *Syntax Tree* abgebildet. Anschließend wird aus diesem Baum wieder der Code erzeugt. Auf diese Weise wird erreicht, dass der formatierte Code wirklich immer gleich aussieht. Auf einen Punkt müssen wir dabei jedoch achten: Der Code muss für das Formatieren auch syntaktisch korrekt sein, da er sonst nicht geparst werden kann.

Wenn wir `gofmt` im Terminal ausführen, sollten wir noch das Flag `-w` mitgeben. Dort können wir eine Datei angeben, in die der formatierte Code geschrieben werden soll. Ansonsten würde der formatierte Code an den Standard-Output gesendet werden.

```
> gofmt -w meineDatei.go
```

Es ist auch möglich, alle Dateien eines Paketes zu formatieren:

```
> gofmt pfad/zum/paket
```

4.6 Automatische Imports mit goimports

Was ist der Unterschied zwischen `goimports` und `gofmt`?

Im letzten Kapitel haben wir mit `gofmt` das Tool für das Formatieren von Code kennengelernt. Wenn wir einen Editor mit einer Go-Erweiterung verwenden, wird bei jedem Speichern der Code formatiert. Jedoch wird für das Formatieren als Standardeinstellung das Tool `goimports` verwendet.

Das Tool `goimports` ist eine Erweiterung des Befehls `go fmt`, nur das zusätzlich zur Formatierung auch noch die Importe aktualisiert werden. Dabei werden nicht verwendete Importe gelöscht und fehlende hinzugefügt. Dieses Programm ist nicht Teil der Go-Installation und muss manuell nachinstalliert werden.

Zuerst prüfen wir mit `goimports -h`, ob das Tool vorhanden ist. Sollte `goimports` noch nicht auf unserem System installiert sein, können wir dieses ganz einfach mit `go get` durchführen:

```
> go get golang.org/x/tools/cmd/goimports
```

Damit wird `goimports` auf unserem System installiert und kann dann sofort verwendet werden.

4.7 Dokumentation immer dabei – godoc

Wie kann ich eine Dokumentation für meinen Code erzeugen?

Die Go-Werkzeugkiste beinhaltet mit *godoc* ein Tool für das Generieren der Dokumentation. Als Basis für die Generierung dienen Kommentare innerhalb des Quellcodes. Vorlage für `godoc` ist *Docstring* oder *Javadoc*, jedoch ist das Tool einfacher gestrickt.

Kommentare im Code

Seit der Version 1.13 ist dieses wichtige Tool nicht mehr automatisch dabei. Jedoch können wir es sehr einfach mit folgendem Befehl nachinstallieren:

```
> go get golang.org/x/tools/cmd/godoc
```

Dieser Befehl lädt `godoc` und kompiliert das Programm auf unserem System. Anschließend wird das kompilierte Programm in das Verzeichnis `$GOPATH/bin` verschoben.

Textausgabe von godoc

Wir können uns mit `godoc` die Dokumentation direkt auf der Konsole ausgeben. Dafür rufen wir `godoc [paketname]` im Terminal auf. Mit dem Ausdruck `godoc fmt` können wir uns zum Beispiel die Dokumentation des `fmt`-Pakets ausgeben lassen. Zum Filtern der Ausgabe kann auf Unix-ähnlichen Systemen `grep` verwendet werden.

HTML-Ausgabe

Eine weitere Form für die Ausgabe der Dokumentation ist HTML. Durch Setzen des Flags `-http` muss nur noch eine Portnummer für den integrierten Webserver angegeben und die Dokumentation kann über einen Webbrowser betrachtet werden. Mit `godoc -http=:6060` wird beispielsweise der Server auf Port 6060 gestartet. Über die URL *http://localhost:6060/* kann über den Browser darauf zugegriffen werden.

Abb. 4–2
godoc im Browser

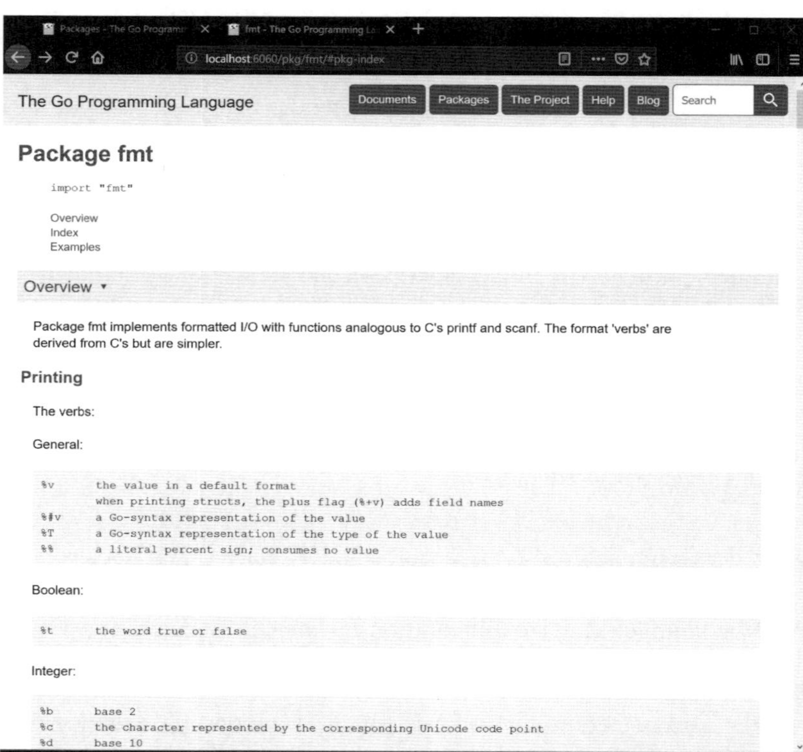

Die Dokumentation selbst gliedert sich nach dem gleichen Schema. Als Erstes kommt die Beschreibung des Pakets, dann alle Konstanten und Variablen, danach Variablen und anschließend die Typen und dazugehörigen Funktionen. Innerhalb der HTML-Ansicht wird nach der Beschreibung zusätzlich ein Index generiert, der auf die einzelnen Elemente verlinkt. Der Index erlaubt es uns somit, ganz einfach einen ersten Überblick über die Funktionen des Pakets zu bekommen.

Die HTML-Dokumentation enthält alle auf dem Rechner vorhandenen Pakete. Neben den eigenen Paketen werden auch die über `go get` installierten und die Standardbibliothek dargestellt. Somit sind die Dokumentationen für alle Pakete ohne Zugang zum Internet aufrufbar. Dies kann z. B. im Zug oder Flugzeug hilfreich sein, wenn gerade kein Empfang vorhanden ist.

Schauen wir uns aber einmal an, welche Kommentare für die Dokumentation verwendet werden. Die Dokumentation bezieht sich immer auf die Schnittstelle (API) des jeweiligen Pakets. Das heißt, nicht exportierte Elemente tauchen auch nicht innerhalb der Dokumentation auf, da diese außerhalb des Pakets nicht aufrufbar sind.

Grundsätzlich erfolgt die Dokumentation eines Elements immer oberhalb der Definition im Code. In Listing 4–12 wird der Typ `Server` definiert. Die Kommentare dürfen dabei umgebrochen werden. Es darf nur keine Leerzeile zwischen Dokumentation und Definition stehen.

Listing 4–12 *Dokumentation eines Typs*

```
// Server beinhaltet die Parameter für einen HTTP-Server
// Der Nullwert ist dabei auch eine gültige Konfiguration.
type Server struct{
...
}
```

ganze Sätze als Kommentar

Damit wir die Dokumentation *idiomatisch* aufbauen, soll diese immer mit dem Namen des jeweiligen Elements beginnen und als ganzer Satz formuliert sein. Diese Vorgabe hat den Vorteil, dass wir einfacher das dokumentierte Element finden können. Wenn wir in der Dokumentation von Listing 4–12 z. B. nach HTTP suchen, finden wir den ganzen Satz. Wenn dieser immer mit dem dokumentierten Element beginnt, müssen wir nicht mehr groß danach im Satz suchen. Für den Typ `Server` muss der Kommentar also auch mit *Server* anfangen.

Für unseren Server aus Listing 4–12 würde die textbasierte Suche nach *Parameter* die Beschreibung finden. Da das erste Wort gleich dem Typ ist, können wir sofort sehen, das es sich in diesem Fall um den Typ `Server` handelt.

keine Formatierung

Die Kommentare sollen nicht formatiert werden. Es sollten keine sogenannten *Banner of Stars* oder Markdown-Formatierungen verwendet werden. Denn die Dokumentation kann auf unterschiedliche Weise dargestellt werden. Sowohl Schriftart als auch Breite des Textes können jedes Mal anders sein. Die einzige Ausnahme sind Einrückungen, die mit einer Monospace-Schrift dargestellt werden, bei der jeder Buchstabe die gleiche Breite aufweist. In der HTML-Darstellung werden diese Teile in eine graue Box gepackt, wie auch in Abbildung 4–2 zu sehen ist.

Variablen und Konstanten können, wie in Kapitel 2.2 bereits beschrieben, bei der Deklaration gruppiert werden. Diese Gruppen lassen sich zusammen kommentieren, indem der Kommentar direkt über `var` bzw. `const` gesetzt wird. Die Anzeige erfolgt dann in der Dokumentation auch zusammenhängend.

Listing 4–13
Dokumentation einer Variablen-Gruppe

```
// Server related errors
var (
  ErrConnectingServer = errors.New("can not connect to the server")
  ErrRequestTimeout   = errors.New("request took to long")
  ErrAccessDenied    = errors.New("access denied calling the server")
)
```

Abb. 4–3
Darstellung eines Beispiels aus der Standardbibliothek

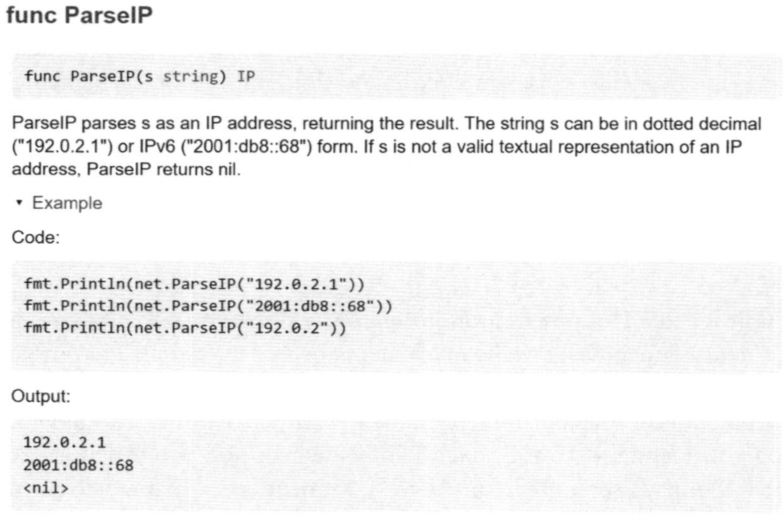

func ParseIP

```
func ParseIP(s string) IP
```

ParseIP parses s as an IP address, returning the result. The string s can be in dotted decimal ("192.0.2.1") or IPv6 ("2001:db8::68") form. If s is not a valid textual representation of an IP address, ParseIP returns nil.

▾ Example

Code:

```
fmt.Println(net.ParseIP("192.0.2.1"))
fmt.Println(net.ParseIP("2001:db8::68"))
fmt.Println(net.ParseIP("192.0.2"))
```

Output:

```
192.0.2.1
2001:db8::68
<nil>
```

Beispiel in der Dokumentation

Innerhalb der Dokumentation werden auch Beispiele dargestellt. Wie wir Beispiele für unsere Dokumentation erstellen, werden wir in Kapitel 11.5 noch ausführlich behandeln. `godoc` stellt die Verknüpfung zu der relevanten Funktion oder Methode automatisch her und bindet diese an der korrekten Stelle der Dokumentation ein.

Neben der Dokumentation der Schnittstellen sollten wir auch eine Beschreibung des Pakets anlegen. Diese erfolgt oberhalb der Paketdefinition `package meinPaket` in einer Datei des Pakets. Es spielt dabei keine Rolle, in welcher Datei diese Beschreibung stattfindet; `godoc` verwendet die erste Beschreibung, die es findet. Bei umfangreicheren Paketen und längeren Beschreibungen kann eine separate Datei verwendet werden. In dem Fall gibt es die Konvention, diese `doc.go` zu nennen.

Für eine *idiomatische* Dokumentation muss die Beschreibung mit *Package meinPaket* beginnen. Diese Vorgabe geht davon aus, dass die Dokumentation auf Englisch erfolgt.

```
// Package changelog handles all changes of the page
package changelog
```

Listing 4–14
kurzer Paketkommentar

...

Die Beschreibung des Pakets wird dann als Einleitung innerhalb der Dokumentation generiert.

5 Projekt: Ein einfacher Webloader

5.1 Einleitung

In diesem Projekt wollen wir ein Tool für das Laden von Inhalten über das HTTP-Protokoll erstellen. Als Basis verwenden wir das `http`-Paket, das uns hierfür schon die wichtigsten Funktionen liefert.

Wir übergeben unserem Programm eine URL, die anschließend geladen wird. Im nächsten Schritt geben wir die Seite über *stdout* aus. Anschließend werden wir noch ein Flag hinzufügen, damit wir den zurückgemeldeten Header auswerten können. Als Letztes erweitern wir das Programm so, dass dieses die Daten in eine gegebene Datei schreibt.

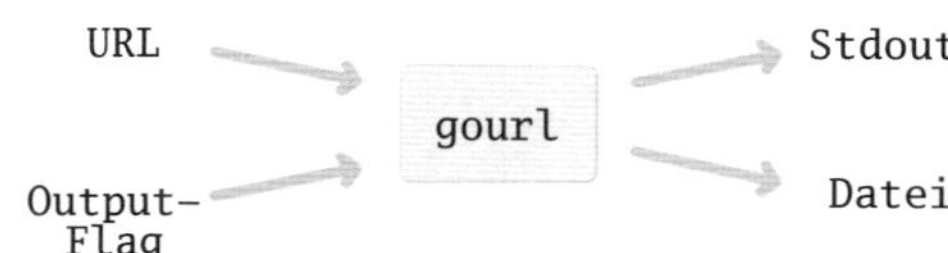

Abb. 5–1 *Schematische Darstellung des In- und Outputs*

Die Lernziele für dieses Projekt sind:

- Erstellen eines einfachen Command Line Interface
- Auswerten des HTTP-Header
- Anwenden von `io.Reader` und `io.Writer`

5.2 CLI – unser Interface

Für unser Programm benötigen wir als Erstes einen Namen. Dafür wählen wir `gourl`. Der einfachste Aufruf für unser Programm wäre nun:

```
> gourl http://example.com
```

Als Flag für die Umleitung der Daten in eine Datei setzen wir `-o`:

```
> gourl -o datei.htm http://example.com
```

Wir erzeugen also im ersten Schritt wieder ein Verzeichnis mit dem Namen `gourl`. Anschließend initialisieren wir unser Projekt mit `go mod init example.com/gourl`. Dann erstellen wir die Datei `main.go` mit der Funktion `main()` und gleich noch die Variablengruppe für unser Flag.

```
package main

import (
    "flag"
)

var (
    flagOutput = flag.String("o", "", "output file")
)

func main(){

}
```

Im nächsten Schritt kümmern wir uns um die weiteren Argumente. In unserem ersten Projekt haben wir beim Tool `gocat` in Kapitel 3.2 die Argumente direkt über `os.Args` ausgewertet. Diese Auswertung funktioniert jedoch nur dann, wenn wir keine Flags verwenden. Genau das haben wir jedoch für `gourl` vor. Deshalb benötigen wir hier eine andere Lösung. Das `flag`-Paket bietet dafür die Funktion `flag.Args()`.

Als Argument erwarten wir, neben den Flags, eine URL. Deshalb prüfen wir, ob wir die korrekte Anzahl an Argumenten bekommen.

```
func main() {
    flag.Parse()
    args := flag.Args()
    if len(args) != 1 {
        fmt.Println("bitte nur eine url angeben")
        os.Exit(1)
    }
    url := args[0]
}
```

Listing 5–1
Grundgerüst für unser CLI

Am Ende schreiben wir den ersten Wert aus der Variablen `args` nach `url`. Damit wird unser Code lesbarer, weil wir sofort sehen, dass wir diesen Wert als URL verwenden werden.

5.3 HTTP-Request erstellen

Den Teil für das Laden der Daten nimmt uns das `http`-Paket komplett ab. Wir übergeben der Funktion `http.Get()` einfach eine URL und der Rest passiert im Hintergrund. Diese Funktion kann dabei sowohl Anfragen per HTTP als auch HTTPS verarbeiten.

Die Funktion liefert neben `err` auch noch die Rückmeldung (*Response*) des Servers, die wir in die Variable `resp` schreiben. In unserem Server-Response finden wir mehrere Informationen über die Antwort des Servers. An dieser Stelle interessiert uns vorerst nur der `Body`.

Listing 5–2
http-Request

```
resp, err := http.Get(url)
if err != nil {
    fmt.Printf("Fehler beim Lesen von %s\n%#v", url, err)
}
defer resp.Body.Close()

io.Copy(os.Stdout, resp.Body)
```

Den Inhalt aus dem Body kopieren wir mit `io.Copy` in einen `io.Writer`. In diesem Fall ist dies mit `os.Stdout` der Standard-Output.

Unser kompletter Code sieht aktuell wie folgt aus:

Listing 5–3
gourl ohne Flag-Unterstützung

```
func main() {
    flag.Parse()
    args := flag.Args()
    if len(args) != 1 {
        fmt.Println("bitte nur eine url angeben")
        os.Exit(1)
    }
    url := args[0]
    resp, err := http.Get(url)
    if err != nil {
        fmt.Printf("Fehler beim Lesen von %s\n%#v", url, err)
    }
    defer resp.Body.Close()

    io.Copy(os.Stdout, resp.Body)
}
```

Damit haben wir ein lauffähiges Programm. Wir können dieses kompilieren bzw. mit `go install` installieren und gleich mal die Go-Seite laden.

```
go install
gourl https://golang.org
```

Die geladene Seite wird uns nun direkt über `stdout` ausgegeben.

5.4 Implementierung des File-Outputs

Im nächsten Schritt fügen wir die Unterstützung für das Flag `-o` hinzu. Das Flag soll den Pfad für die Output-Datei als `string` enthalten. Wir haben die zugehörige Variable bereits in Kapitel 5.2 definiert.

Wenn wir über unser Flag einen Dateipfad übergeben bekommen, dann müssen wir als Ziel für die geladenen Daten die angegebene Datei verwenden. Das gelingt uns am besten, wenn wir eine Variable vom Typ `io.Writer` definieren und diese per Default dem `os.Stdout` zuordnen.

Listing 5–4
io.Writer *als Datenziel*

```
var w io.Writer
w = os.Stdout
io.Copy(w, resp.Body)
```

Im nächsten Schritt können wir die Variante hinzufügen, dass unser -o-Flag gesetzt ist. In diesem Fall erzeugen wir eine Datei mit `os.OpenFile()`. Mit `defer f.Close()` stellen wir sicher, dass die Datei am Ende wieder geschlossen wird. Als Letztes setzen wir die Variable `w` gleich unserem File.

Listing 5–5
Wenn File als Input gesetzt wird

```
if *flagOutput != "" {
    f, err := os.OpenFile(
        *flagOutput,
        os.O_RDWR|os.O_CREATE,
        0755)
    if err != nil {
        fmt.Printf("Fehler beim Anlegen von %s\n%#v",
        *flagOutput,
        err)
        os.Exit(1)
    }
    defer f.Close()
    w = f
}
```

Jetzt können wir erneut unser Programm kompilieren. Zuerst rufen wir alles ohne Output-Flag auf. Wir können z. B. wieder mit `gourl https://golang.org` die Go-Seite laden.

Anschließend laden wir die Seite in eine Datei.

```
> gourl -o go.htm https://golang.org
```

Jetzt sollte die Homepage von golang.org lokal im aktuellen Verzeichnis unter `go.htm` gespeichert sein.

Ein kleines Problem gibt es an dieser Stelle noch. Wenn unsere Datei in einem noch nicht existierenden Verzeichnis liegen soll, kann dieses nicht mit `os.OpenFile()` angelegt werden. Mit der Funktion `os.MkdirAll()` können wir Verzeichnisse in beliebiger Tiefe anlegen. Sollte der Pfad bereits vorhanden sein, passiert nichts. Diese Funktion benötigt den Pfad zu einem Verzeichnis. Mit `filepath.Dir()` können wir den Dateinamen am Ende des Pfades einfach entfernen.

Listing 5–6 *Anlegen des Verzeichnisses der Output-Datei*

```
err := os.MkdirAll(filepath.Dir(*flagOutput), 0755)
if err != nil {
    fmt.Printf("Fehler beim Anlegen des Ordners: %v", err)
    os.Exit(1)
}
```

Mit dieser Ergänzung ist unser Programm vorerst fertig. Der komplette Code sieht nun wie folgt aus:

Listing 5–7 *gourl als komplettes Programm*

```
package main

import (
    "flag"
    "fmt"
    "io"
    "net/http"
    "os"
    "path/filepath"
)

var (
    flagOutput = flag.String("o", "", "output file")
)

func main() {
    flag.Parse()
    args := flag.Args()
    if len(args) != 1 {
        fmt.Println("bitte nur eine url angeben")
        os.Exit(1)
    }
```

```
    url := args[0]
    resp, err := http.Get(url)
    if err != nil {
        fmt.Printf("Fehler beim Lesen von %s\n%#v", url, err)
    }
    defer resp.Body.Close()
    var w io.Writer
    w = os.Stdout
    if *flagOutput != "" {
        err := os.MkdirAll(filepath.Dir(*flagOutput), 0755)
        if err != nil {
            fmt.Printf("Fehler beim Anlegen des Ordners: %v", err)
            os.Exit(1)
        }
        f, err := os.OpenFile(*flagOutput,
            os.O_RDWR|os.O_CREATE, 0755)
        if err != nil {
            fmt.Printf("Fehler beim Anlegen von %s\n%#v",
                *flagOutput, err)
        }
        defer f.Close()
        w = f

    }
    io.Copy(w, resp.Body)
}
```

Unser Programm kann nun Webseiten laden und deren Inhalt in einer Datei ablegen. Das Verhalten des Programms können wir einfach über ein Flag steuern.

5.5 Ausgabe des HTTP-Headers

Unser Tool kann nun den Inhalt einer Seite ausgeben. Die interne Struktur des `http.Response` enthält aber noch ein paar weitere interessante Daten. Da wäre z. B. der HTTP-Header. Hierauf haben wir in Go auch Zugriff. Der Typ des `http.Header` wird dabei als einfache `map` definiert.

```
type Header map[string][]string
```

Listing 5–8
Definition des HTTP-Headers

Wenn wir also eine Anfrage an einen Server schicken, bekommen wir weitere Informationen über den Header übermittelt. Diese werden wir in unserem Tool ausgeben. Zuerst müssen wir dazu unser Programm um das Flag -header erweitern.

Listing 5–9
Flags von gourl

```
var (
    flagOutput = flag.String("o", "", "output file")
    flagHeader = flag.Bool("header", false, "print HTTP-header")
)
```

Unser Flag ist vom Typ bool, d. h. sobald das Flag gesetzt ist, geben wir den Header aus. Unter der Definition unserer Variable w erstellen wir dafür ein if-Statement. Die Ausgabe des Headers erfolgt dann in den durch den Nutzer gewählten Output. Das heißt wir können somit auch den Header-Output in eine Datei schreiben.

Listing 5–10
Ausgabe des Headers

```
var w io.Writer
w = os.Stdout
if *flagHeader {
    fmt.Fprintf(w, "%#v", resp.Header)
    os.Exit(0)
}
```

Mit fmt.Fprintf() können wir den Print-Output in einen beliebigen io.Writer schreiben. Mit dem Verb %#v wird die Variable so ausgegeben, wie sie im Go-Code definiert wird. Wenn wir den Header ausgeben, soll aber nicht mehr die Seite selbst ausgegeben werden, deshalb beenden wir mit os.Exit(0) unser Programm.

Wenn wir jetzt kompilieren und wieder die Go-Webseite laden, dann sehen wir den Header.

Listing 5–11
unformatierte Ausgabe des Headers

```
> gourl -header https://golang.org

http.Header{"Alt-Svc":[]string{"quic=\":443\"; ma=2592000; v
    =\"46,43\",h3-Q049=\":443\"; ma=2592000,h3-Q048=\":443\"; ma
    =2592000,h3-Q046=\":443\"; ma=2592000,h3-Q043=\":443\"; ma
    =2592000"}, "Content-Type":[]string{"text/html; charset=utf
    -8"}, "Date":[]string{"Sat, 02 Nov 2019 08:31:53 GMT"}, "Strict
    -Transport-Security":[]string{"max-age=31536000;
    includeSubDomains; preload"}, "Vary":[]string{"Accept-Encoding
    "}, "Via":[]string{"1.1 google"}}
```

Die Darstellung ist noch nicht optimal. Deshalb machen wir ein range über alle Elemente des Headers und setzen noch einen sauberen Umbruch.

Listing 5–12
formatierter Header

```
if *flagHeader {
    for k, v := range resp.Header {
        fmt.Fprintf(w, "%s :\n", k) // Key des Eintrags
        for i, l := range v {
            // Zeilen des Eintrags
            fmt.Fprintf(w, "  %03d: %s \n", i+1, l)
        }
    }
    os.Exit(0)
}
```

Wenn wir die einzelnen Zeilen eines Header-Eintrags ausgeben, fügen wir mit `%03d` eine Zeilennummerierung hinzu. Dabei werden Zahlen mit mindestens drei Stellen ausgegeben und fehlende Stellen mit `0` aufgefüllt. Da unser Index `i` mit 0 beginnt, rechnen wir für die Ausgabe immer `i+1`. Wir kompilieren und lassen uns noch einmal den Header ausgeben.

Listing 5–13
formatierte Header-Ausgabe

```
Date :
  001: Sat, 02 Nov 2019 08:53:21 GMT
Content-Type :
  001: text/html; charset=utf-8
Vary :
  001: Accept-Encoding
Strict-Transport-Security :
  001: max-age=31536000; includeSubDomains; preload
Via :
  001: 1.1 google
...
```

Die Reihenfolge der Einträge ist dabei immer unterschiedlich, da wir über eine `map` iterieren. Die Ausgabe ist aber jetzt schon um einiges lesbarer. Schauen wir uns noch einmal unseren Code im Ganzen an.

Listing 5–14
Kompletter Code

```
package main

import (
    "flag"
    "fmt"
    "io"
    "net/http"
    "os"
    "path/filepath"
)
```

```
var (
    flagOutput = flag.String("o", "", "output file")
    flagHeader = flag.Bool("header", false, "print HTTP-header")
)

func main() {
    flag.Parse()
    args := flag.Args()
    if len(args) != 1 {
        fmt.Println("bitte nur eine url angeben")
        os.Exit(1)
    }
    url := args[0]
    resp, err := http.Get(url)
    if err != nil {
        fmt.Printf("Fehler beim Lesen von %s\n%#v", url, err)
    }
    defer resp.Body.Close()
    var w io.Writer
    w = os.Stdout
    if *flagOutput != "" {
        err := os.MkdirAll(filepath.Dir(*flagOutput), 0755)
        if err != nil {
            fmt.Printf("Fehler beim Anlegen des Ordners: %v", err)
            os.Exit(1)
        }
        f, err := os.OpenFile(*flagOutput,
            os.O_RDWR|os.O_CREATE, 0755)
        if err != nil {
            fmt.Printf("Fehler beim Anlegen von %s\n%#v",
                *flagOutput, err)
        }
        defer f.Close()
        w = f
    }
```

```
    if *flagHeader {
        for k, v := range resp.Header {
            fmt.Fprintf(w, "%s :\n", k)
            for i, l := range v {
                fmt.Fprintf(w, "  %03d: %s \n", i+1, l)
            }
        }
        os.Exit(0)
    }
    io.Copy(w, resp.Body)
}
```

Mit nur ein paar zusätzlichen Zeilen Code konnten wir nun auch den Header der Server-Antwort ausgeben.

5.6 Gültigkeit der übergebenen URL

Unser Tool kann nun schon Seiten laden und den Header ausgeben. Bisher haben wir nur geprüft, ob wir einen String erhalten haben, aber wir haben nicht dessen Gültigkeit geprüft. Deswegen werden wir den String mit einem regulären Ausdruck prüfen. Anschließend wollen wir uns noch eine bessere Lösung für diese Aufgabe ansehen, bei der wir das `url`-Paket der Standardbibliothek verwenden.

Wir legen uns also als Erstes die Hülle für die Funktion in `main.go` an.

Listing 5–15
Hülle für validateURL

```
func validateURL(s string) bool {
    return false
}
```

Anschließend legen wir die Datei `main_test.go` an. Dort erstellen wir ein paar Testfälle und den dazugehörigen Test.

Listing 5–16
Testfälle für validateURL

```
func TestValidateURL(t *testing.T) {
    tests := []struct {
        s    string
        want bool
    }{
        {"https://golang.org", true},
        {"http://golang.org", true},
        {"http://golang.org/abc", true},
        {"http://golang.org/abc?id=123", true},
        {"http//golang.org", false},
        {"golang.org", false},
    }
```

```
    for _, tt := range tests {
        t.Run(tt.s, func(t *testing.T) {
            if got := validateURL(tt.s); got != tt.want {
                t.Errorf("validateURL() = %v, want %v",
                    got, tt.want)
            }
        })
    }
}
```

An der Stelle möchten wir unser Beispiel einfach halten und nicht in die Tiefen von allen gültigen URLs eintauchen. Wir wollen uns nur ansehen, wie wir reguläre Ausdrücke in Go anwenden. Deshalb soll unsere URL einfach mit `http://` oder `https://` beginnen.

Listing 5–17
Validierung mit regulärem Ausdruck

```
func validateURL(s string) bool {
    validURL := regexp.MustCompile("^http(s)?://[[:graph:]]+")
    return validURL.MatchString(s)
}
```

Jetzt können wir unsere Funktion anpassen. Im ersten Schritt erstellen wir den Ausdruck über die Funktion `regexp.MustCompile()`. Das *Must*, also Müssen, bewirkt dabei, dass bei einem Fehler innerhalb des Ausdrucks unser Code mit einer Panik beendet wird.

Wenn unser Programm stabil laufen soll, darf es während der produktiven Ausführung zu keiner Panik kommen. Das können wir in diesem Fall auch ausschließen. Denn unser regulärer Ausdruck ist bei jeder Ausführung des Programms gleich. Wenn also unsere Tests erfolgreich sind, können wir sicher sein, dass es durch das `regexp.MustCompile()` nicht zu einer Panik kommt. Die Syntax für reguläre Ausdrücke[1] unterscheidet sich in Go nicht groß von anderen Sprachen.

Für die Aufgabe der URL-Validierung können wir jedoch eine bessere Lösung implementieren. Denn die Standardbibliothek bietet mit dem `url`-Paket eine Abstraktion für alle nur denkbaren URLs an. Die Funktion `url.ParseRequestURI()` erzeugt dabei eine gültige URL vom Typ `url.URL`. Jedoch interessiert uns an der Stelle nur der Fehlerfall. Wenn der übergebene String keine gültige URL ist, wird durch diese Funktion ein Fehler gemeldet, und genau diesen Umstand nutzen wir aus.

[1] *https://golang.org/s/re2syntax*

Listing 5–18
URL-Validierung über die Standardbibliothek

```
func validateURL(s string) bool {
    _, err := url.ParseRequestURI(s)
    if err != nil {
        return false
    }
    return true
}
```

Da wir in Go Fehler wie jeden anderen Wert verwenden können, ist diese Umsetzung sauber und erfüllt nun auch alle unsere Tests. Anschließend müssen wir diese Funktion nur noch in unser Programm einbauen.

Listing 5–19
Die main()-Funktion mit URL-Validierung

```
func main() {
    flag.Parse()
    args := flag.Args()
    if len(args) != 1 {
        fmt.Println("bitte nur eine url angeben")
        os.Exit(1)
    }
    url := args[0]
    if !validateURL(url) {
        fmt.Printf("nicht valide URL: %s\n", url)
        os.Exit(1)
    }
    // ...
```

Jetzt wird unser Programm mit einem Fehler beendet, wenn wir keine valide URL angeben.

6 Eigene Pakete und Module

6.1 Go-Code lebt in Paketen

- Wie wird Go-Code organisiert und gegliedert?

Die wichtigste Gliederungsebene für unseren Code ist das Paket. Ohne Paket ist es nicht möglich, den Code zu kompilieren. Denn jedes Programm hat seinen Einstiegspunkt im Paket `main`. Je nachdem, wie umfangreich unser Code wird, ist es relativ schnell nötig, dass wir ihn in weitere Einheiten aufteilen. Dafür können wir in Go Funktionen, Typen und Variablen zu eigenen Paketen zusammenfassen.

Abb. 6–1
Aufbau eines Pakets

github.com/foo/foo

Ein Paket definiert sich immer über ein einziges Verzeichnis. Der Verzeichnisname ist dabei in der Regel auch der Namensraum des Pakets, wenn wir von *außerhalb* auf Elemente des Pakets zugreifen. Damit wir unser Paket nicht mit anderen Paketen verwechseln, besitzt jedes Paket eine eindeutige Identifizierung. Hierfür wird die URL zum jeweiligen Repository verwendet. Diese ID geben wir dann auch innerhalb der Importe als Pfad an. Durch diese Logik kann das Build-Tool auch ggf. Abhängigkeiten nachladen, wenn diese innerhalb unseres Moduls noch nicht verfügbar sind.

Listing 6–1
Verwendung eines externen Paketes

```
package main

import (
    "fmt"

    "github.com/google/uuid"
)

func main() {
    u := uuid.New()
    fmt.Println(u)
}
```

Wenn wir z. B. das Paket `uuid` von Google verwenden wollen, dann schreiben wir bei unseren Importen `github.com/google/uuid`. Dies ist auch der gleiche Pfad, den wir angeben, wenn wir das Paket mit `go get` installieren. Die Pakete der Standardbibliothek haben keinen Pfad, sondern werden, wie hier `fmt`, direkt importiert.

6.2 Paketnamen

- Was macht einen guten Paketnamen aus?

Die schwierigste Aufgabe bei der Erstellung eines Pakets ist es, einen geeigneten Namen zu finden. Denn der Name hat viele Aufgaben:

- Er grenzt das Paket ab. Ein guter Name zeigt auf, welcher Code in das Paket soll und welcher nicht.
- Er beschreibt die Funktion des Pakets, also wofür das Paket verwendet wird.
- Er liefert zusätzlichen Kontext bei der Verwendung. So heißt der Typ für den HTTP-Server im `http`-Paket nur `Server`. Der Typ wird so mit `http.Server` aufgerufen.

Was macht nun einen guten Paketnamen aus? Schauen wir uns dafür ein paar Beispiele aus der Standardbibliothek an:

- `time`: Alles, was mit Zeit und Datum zu tun hat. Alles vom Auslesen der aktuellen Zeit bis zum Stoppen von Zeiträumen wird über dieses Paket abgebildet.
- `http`: Funktionalitäten von Client bis zum Server
- `sort`: Sortieren von Slices und eigenen Typen
- `strings`: Funktionen zum Umgang mit Strings
- `fmt`: Alles für die formatierte Ausgabe von Text
- `io`: Abbildung für In- und Output

Die Namen der Pakete sind alle kurz und präzise und bringen deren Inhalt auf den Punkt. Abkürzungen wie fmt können verwendet werden, jedoch sollten die Begriffe jedem klar sein. Wenn eine Abkürzung nicht jedem sofort verständlich ist, sollten wir lieber darauf verzichten und das Wort für den Paketnamen ausschreiben.

Ein ganz wichtiger Punkt bei der Gestaltung der API des Pakets ist, dass wir immer an die Verwendung denken sollten. Denn beim Aufruf wird ja immer auch der Namensraum mitgegeben. Der Name der Funktion `Get()` alleine ist z. B. nicht sehr aussagekräftig. Beim Aufruf unter Berücksichtigung des Paketnamens wird daraus `http.Get()`.

6.3 Die init()-Funktion

- Wann wird die `init()`-Funktion aufgerufen?
- Wie können wir gezielt Nebeneffekte mit der `init()`-Funktion erzeugen?

Die `init()`-Funktion ist die Funktion, die in jedem Paket immer als Erstes aufgerufen wird. Wenn wir also ein Programm haben, das mehrere Pakete verwendet, werden zuerst die `init()`-Funktionen der Pakete ausgeführt. Bevor das Programm mit `main()` gestartet wird, laufen alle `init()`-Funktionen. Das heißt auch, dass es mehrere solcher Funktionen aus unterschiedlichen Paketen gibt. Jedoch wird die Reihenfolge der Ausführung durch den Compiler festgelegt. Streng genommen können wir innerhalb eines Pakets beliebig viele `init()`-Funktionen anlegen.

Innerhalb `init()` können wir einen bestimmten Stand herstellen, der für das Programm benötigt wird. So lässt sich zum Beispiel sicherstellen, dass das Paket immer unterschiedliche Zufallszahlen generiert, indem wir für eine Pseudozufallszahl den *Seed* innerhalb von `init()` setzen.

Pseudozufallszahlen

Das `math/rand`-Paket liefert uns Funktionen, die zufällige Zahlen generieren. Diese sind jedoch streng genommen nicht zufällig, denn es werden dabei immer nur zufällig erscheinende Zahlenreihen verwendet. Damit wir bei jeder Programmausführung andere Zahlen generiert bekommen, müssen wir mit dem *Seed* immer einen anderen Startwert setzen. In der Regel verwenden wir dafür die aktuelle Uhrzeit.

```
func init() {
    rand.Seed(time.Now().UnixNano())
}
```

Listing 6–2
Seed innerhalb von init()

Wie der Name schon vermuten lässt, verwenden wir diese Funktion auch, um unser Programm zu initialisieren. Diese Initialisierung kümmert sich somit um Variablen, die global oder paketweit gültig sind.

```
// Definition als Paketvariablen mit dem
// Nullwert <nil>
var Conf *config
var storage map[string][]byte

func init() {
    // Initialisierung durch eine Funktion
    Conf = loadDefaultConfig()
    storage = make(map[string][]byte)
}
```

Listing 6–3
Initialisierung von Variablen

Innerhalb von `init()` initialisieren wir die paketweit gültigen Variablen. Diese Anweisung stellt sicher, dass die Konfiguration bei Programmstart vorhanden ist.

Jedoch ist die Verwendung von Variablen auf Paketebene kritisch. Denn globale Variablen können zu Nebeneffekten führen. Wenn ich z. B. Funktionen teste, die auf diese Variablen zugreifen, führt ein gleicher Input evtl. zu unterschiedlichem Output. Noch schlimmer sind schreibende Zugriffe auf diese Variablen. Da wir mit Go auch nebenläufige Programme schreiben können, kann es sein, dass aus mehreren Threads heraus gleichzeitig diese Variable geändert werden soll.

Diese Nebeneffekte können aber auch bewusst verwendet werden. In der Standardbibliothek wird dies beispielsweise innerhalb des `image`-Pakets verwendet. Wenn wir ein Bild im JPEG-Format einlesen möchten, dann müssen wir auch das `jpeg`-Paket initialisieren.

Listing 6–4
Verwendung des jpeg-Pakets

```
import (
    // ... weitere Importe
    "image"
    _ "image/jpeg"
)
```

In diesem Fall weisen wir dem Paket jedoch keinen Namensraum zu. Das geschieht über _ (*Blank Identifier*), den wir z. B. bei Funktionen mit mehreren Rückgabewerten verwenden. In dem Fall wird damit nur der JPEG-Decoder innerhalb des image-Pakets registriert. Innerhalb des image/jpeg-Pakets sieht das wie folgt aus:

Listing 6–5
jpeg-Paket registriert sich über init().

```
func init() {
    image.RegisterFormat("jpeg", "\xff\xd8", Decode, DecodeConfig)
}
```

Durch den Aufruf von image.RegisterFormat() erfolgt das Registrieren des JPEG-Decoders. Ich persönlich bin kein Freund dieser Umsetzung, denn dadurch können wir im Code nicht mehr so gut nachvollziehen, was tatsächlich passiert.

6.4 Semantic Versioning

- Was sind die Bestandteile von Semantic Versioning?

Semantic Versioning, kurz auch *SemVer* genannt, ist eine Art und Weise, wie wir Funktionsnummern für unseren Code vergeben können – sowohl für Pakete als auch für Programme. In Go sollten wir für unsere Pakete immer Semantic Versioning verwenden. Denn die Verwaltung externer Pakete benötigt diese Logik der Versionierung.

Abb. 6–2
Semantic Versioning

Eine Versionsnummer besteht immer aus drei Teilen. So wären z. B. 1.2.12 oder 0.1.34 mögliche Versionen. Man bezeichnet die einzelnen Elemente als MAJOR.MINOR.PATCH.

- MAJOR bezeichnet die Version der externen Schnittstelle. Hierzu gehören in Go alle exportierten Funktionen, Variablen, Typen und die dazugehörigen Methoden. Wenn Änderungen dort zur Folge haben, dass bereits vorhandener Code nicht mehr funktioniert, so sollte diese Version hochgezählt werden. In Go haben wir immer noch die Major-Version 1.

- `MINOR` sind Änderungen, die die API nur so verändern, dass bestehender Code weiterhin funktioniert. Wenn z. B. Funktionen oder Konstanten hinzugekommen sind, vergeben wir eine neue Minor-Version.
- `PATCH` verändert keine Funktionalität der Schnittstelle. Performance-Optimierungen oder das Schließen von Sicherheitslücken werden mit einem Patch gekennzeichnet.

Solange wir uns bei einem Paket noch in der Entwicklungsphase befinden, verwenden wir die Major-Version 0. Dadurch zeigen wir dem Anwender unseres Pakets, dass sich die Schnittstelle noch ändern und es somit zu Problemen bei einem Update kommen kann. Anders herum ist Vorsicht geboten, wenn wir eine externe Quelle mit der Major-Version 0 verwenden.

Wenn wir also mit einem Paket neu beginnen, kennzeichnen wir die erste Veröffentlichung am einfachsten mit `0.1.0` und zählen dann entsprechend den Vorgaben hoch. Sobald ein Paket produktiv verwendet wird, sollte die API auch stabil gehalten werden. Das heißt als Major-Version vergeben wir dann die Version 1.

Verwendung von git

Wie können wir nun die jeweilige Version kennzeichnen? Go verwendet für die Verwaltung von Code-Versionen `git`. Die Kennzeichnung der jeweiligen Version erfolgt über das Setzen entsprechender Tags. Das Tag beginnt dabei mit `v`, gefolgt von der Versionsnummer. Ein mögliches Tag wäre somit `v1.0.1`. Das Setzen der Tags erfolgt beispielsweise durch den Befehl `git tag -a v1.0.1 -m 'Version 1.0.1'`. Da mittlerweile so ziemlich jeder Editor `git` unterstützt, ist es auch möglich, dort ein entsprechendes Tag zu setzen. Wenn wir unseren Code auf `github.com` speichern, gibt es dort auch eine eigene Oberfläche für das Erstellen neuer Releases.

6.5 Pakete leben in Modulen

- Was sind Module?
- Was ist der Unterschied zwischen einem Modul und einem Paket?
- Wie hängen diese zusammen?

Mit der Version 1.11 wurde das Go-Ökosystem um *Module* erweitert. Diese Erweiterung wurde notwendig, da zuvor in Go keine integrierte Lösung für das Verwalten von externen Paketen (*Dependency Management*) vorhanden war. Bis zu diesem Zeitpunkt wurden alle Pakete auf

Module ab Go 1.11

einem Rechner innerhalb des `GOPATH` gespeichert. Innerhalb dieses Verzeichnisses war der jeweilige Importpfad abgebildet. Deshalb konnte ein Paket auch immer nur in einer Version abgelegt sein. Diese Version war dann aber für alle Projekte auf diesem einen Rechner gültig. Größere Projekte verwendeten Tools, die die Abhängigkeiten direkt innerhalb des Repository in einem eigenen *Vendoring*-Verzeichnis ablegen.

Versionierung mit Modulen

Module sind nun die Standardlösung für das Abbilden der Abhängigkeiten eines Projekts. Dabei ist ein Modul eine Klammer über ein oder mehrere Pakete zum Zweck der Versionierung. Das heißt das Modul bekommt eine Version zugewiesen, die dann für die darin enthaltenen Pakete gilt. Wenn wir selbst ein externes Modul einbinden, wird in einer eigenen Datei die Version dieser Abhängigkeit gespeichert. Dadurch ist gewährleistet, dass wir später auch auf anderen Systemen die gleiche Version der externen Pakete beim Kompilieren verwenden. Die Beziehung zwischen den einzelnen Elementen ist dabei folgende:

- Ein Repository enthält ein oder mehrere Module.
- Jedes Modul beinhaltet ein oder mehrere Pakete.
- Ein Paket besteht aus einer oder mehr Go-Dateien in einem Ordner.

Abb. 6–3 *Beziehung zwischen Repository, Modul und Paket*

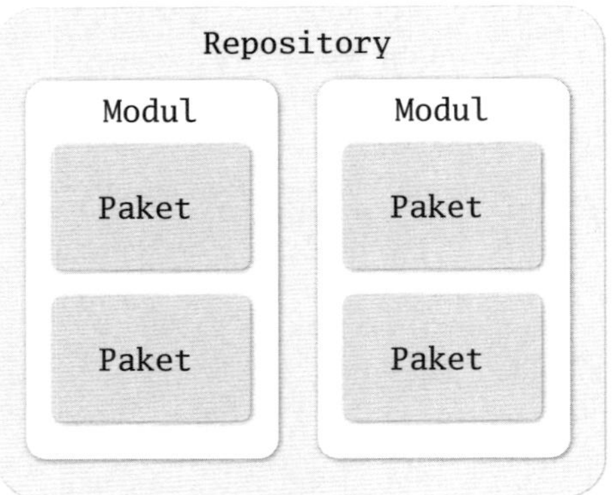

git-Repository

Die Verwaltung der Versionen erfolgt über `git`-Repository. Darüber weisen wir mit Tags unserem Modul eine Version zu. Als Logik für die Vergabe der Versionsnummern verwenden wir *Semantic Versioning* (Kapitel 6.4). So wäre beispielsweise `v1.2.3` ein gültiger Tag für unsere Versionierung.

Jetzt schauen wir uns einmal an, wie ein Modul technisch abgebildet wird. In Abbildung 6–4 sehen wir eine einfache Verzeichnisstruktur eines Moduls. Innerhalb des Moduls gibt es die Verzeichnisse `paket1` und `paket2`. Dies sind zwei Pakete, die Teil unseres Moduls sind. Im Hauptverzeichnis liegt die Datei `go.mod`. Diese Datei definiert ein Modul und wird mit dem Befehl `go mod init` angelegt.

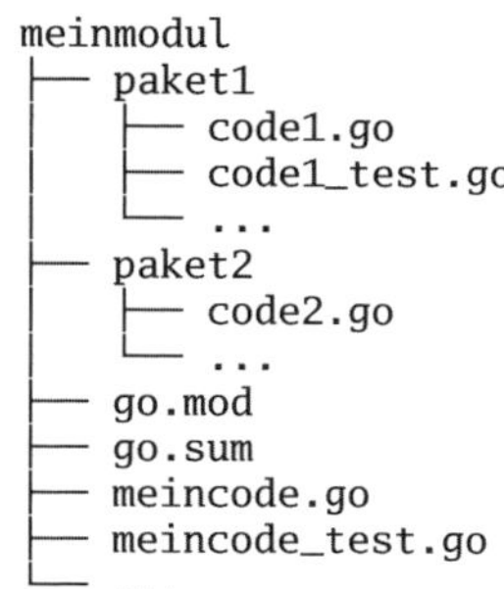

Abb. 6–4
Verzeichnisstruktur eines Moduls

Listing 6–6
Inhalt von go.mod

```
module github.com/user/mymodul

go 1.13

require (
    google.golang.org/appengine v1.0.0
    golang.org/x/image v0.0.0-20190910094157-69e4b8554b2a
    golang.org/x/text v0.3.0 // indirect
)
```

Moduldefinition mit go.mod

Innerhalb von go.mod sind alle Abhängigkeiten des Moduls aufgelistet. Dabei wird zusätzlich die Version angegeben, die beim Erstelleng des Pakets verwendet wurde. Die Datei go.sum beinhaltet zu den jeweiligen Abhängigkeiten einen SHA-256-Hash. Dieser ermöglicht später dem Compiler, die gleichen Versionen erneut zu verwenden und ggf. beim Kompilieren nachzuladen. Die abhängigen Pakete werden dann intern abgespeichert. Das Schöne an dieser Lösung ist, dass tatsächlich nur diese Datei im Verzeichnis vorhanden sein muss, damit ein Modul definiert wird. Das heißt jedes Verzeichnis mit go.mod stellt ein Modul dar.

Auf diese Weise lassen sich innerhalb eines Moduls auch mehrere *Untermodule* bzw. *Submodule* anlegen. Die Submodule selbst erkennen wir dabei immer an der go.mod-Datei. Im Beispiel aus Abbildung 6–5 sind zwei Submodule unterhalb eines Hauptmoduls angelegt.

Submodule

Da die Versionierung der Submodule von der Versionierung der Hauptmodule unabhängig ist, müssen wir für die Zuweisung der Versions-Tags den Pfad zum jeweiligen Modul angeben. Für submodul2 müssten wir also submodul2/v1.1.12 als Tag schreiben. Mit Submodulen bereiten wir uns jedoch keine große Freude. Insbesondere wenn die einzelnen Module Abhängigkeiten untereinander besitzen, machen wir uns das Leben mit ihnen nur unnötig schwer. Die Empfehlung des Go-Teams ist deshalb immer nur ein Modul pro Repository zu definieren.

Wenn möglich, keine Submodule!

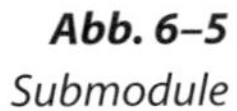

Abb. 6–5
Submodule

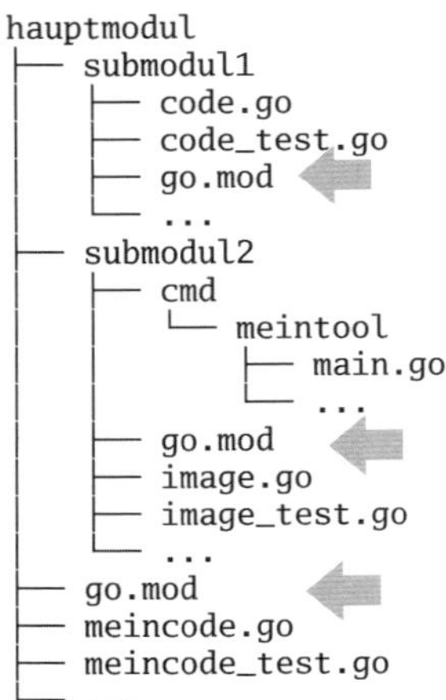

6.6 Der Workflow, seit es Module gibt

- Welche wichtigen Befehle benötigen wir?
- Wie kann ich eine lokale Kopie eines Moduls verwenden?
- Wie organisiere ich ein Modul für größere Teams?

Seit Go 1.13, das Release dazu war im September 2019, sind Module per Default aktiviert. Da Module seit dieser Version der Standard sind, verwenden wir in diesem Buch in allen Projekten und Beispielen Module. Deshalb könnte es sein, dass uns einige Befehle bereits bekannt vorkommen. In unseren Beispielen verwenden wir jedoch größtenteils Pakete aus der Standardbibliothek.

Jetzt sehen wir uns an, wie wir den Lebenszyklus eines Moduls von der Geburt bis zum Release abbilden können. Stark vereinfacht haben wir vier unterschiedliche Phasen: Initialisierung, Schreiben von Code, Kompilieren bzw. Tests und als Letztes die Veröffentlichung mit einer entsprechenden Versionsnummer. Für all diese Aufgaben gibt es entsprechende Befehle, die wir über das Go-Tool aufrufen.

- `go mod init` initialisiert ein neues Modul. Dabei wird die Datei `go.mod` angelegt.
- `go get` fügt in einem Modul Abhängigkeiten hinzu oder verändert die Version einer vorhandenen Abhängigkeit.
- `build` oder `go test` lädt vor dem Kompilieren nicht vorhandene Abhängigkeiten und ergänzt ggf. `go.mod` um weitere Einträge.
- `go list -m all` listet alle externen Abhängigkeiten auf.

- `go mod tidy` räumt unsere Moduldefinition auf, indem nicht verwendete Abhängigkeiten entfernt werden, lädt aber auch nicht vorhandene Abhängigkeiten, wenn diese vorher noch nicht geladen wurden.

Schauen wir uns ein einfaches Beispiel zu diesen Befehlen an. Als kleines Projekt erstellen wir ein Paket, das es uns ermöglicht, Strings zu speichern. Diese Strings werden dann mit einer eindeutigen ID angelegt und können unter dieser ID auch wieder aufgerufen werden. Unserem Paket geben wir den einfachen Namen `txtstore`.

Wir erzeugen also ein Verzeichnis `txtstore` und wechseln in dieses Verzeichnis. Wir erzeugen mit `go mod init` ein leeres Modul für unser Paket.

```
> go mod init github.com/deinUser/txtstore
go: creating new go.mod: module github.com/deinUser/txtstore
```

Da jeder Text mit einer eindeutigen ID gespeichert wird, sollte unser Paket diese IDs am besten selbst erzeugen können. Um uns hier das Leben zu erleichtern, wollen wir dafür ein externes Paket verwenden. Wir wissen, dass unsere eindeutigen IDs auch *Universally Unique Identifier*, kurz *UUID*, genannt werden. Wir gehen also auf *https://godoc.org/* und suchen nach dem Begriff *uuid*.

Paketsuche auf godoc.org

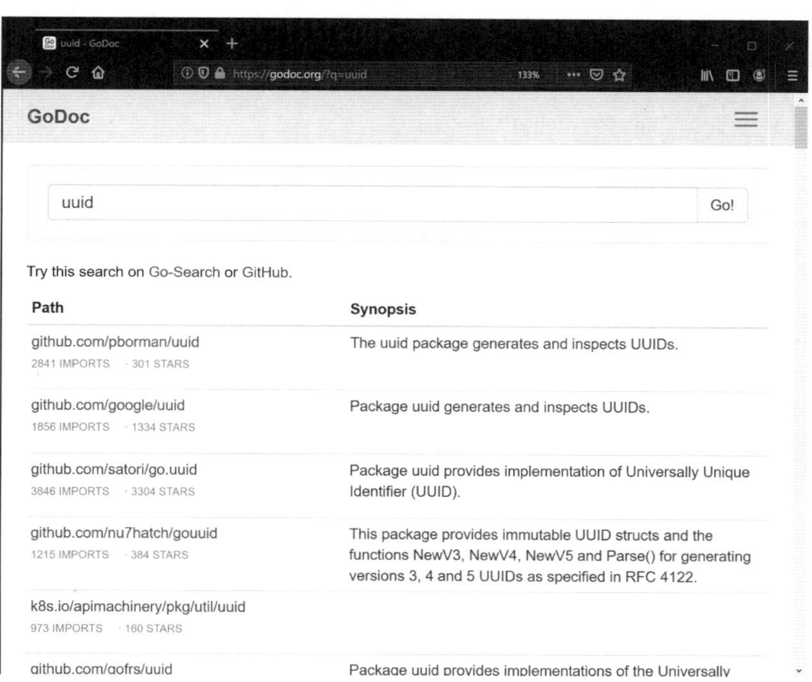

Abb. 6–6
Suche nach uuid-Paketen

Das Rad nicht immer neu erfinden

Die Standardbibliothek in Go ist sehr mächtig. Für viele Themen finden sich dort wirklich äußerst performante und sichere Pakete. Aber natürlich gibt es auch Aufgaben, die nicht über die Standardbibliothek gelöst wurden. Sollten wir also an die Grenzen des Standards stoßen, haben wir zwei Möglichkeiten: Entweder wir schreiben selbst ein Paket oder wir gehen auf die Suche, ob bereits jemand anderes ein Paket dazu erstellt hat.

Für das Suchen und Finden von Go-Paketen ist *https://godoc.org/* ein sehr guter Start. Dort sind Projekte aus unterschiedlichsten Quellen indiziert. Dabei zeigt GoDoc bei den Suchergebnissen auch an, wie oft die jeweiligen Pakete in anderen Paketen verwendet werden. Wie der Name GoDoc vermuten lässt, ist dieser Service primär für die Dokumentation dieser Pakete gedacht. Da dort aber alle wichtigen Pakete indiziert sind, eignet sich GoDoc eben auch für zum Auffinden von Go-Paketen.

Jedoch berücksichtigt GoDoc immer nur die aktuellste Version des jeweiligen Pakets. Wenn wir in einem Projekt nicht Version 3 sondern Version 2 verwenden müssen, ist diese Darstellung nicht immer ausreichend. Ende 2019 wurde deshalb *https://pkg.go.dev/* eingeführt. Dort können wir für jede veröffentlichte Version eines Pakets die Dokumentation aufrufen.

Wir bekommen nun mehrere Pakete vorgeschlagen. Nachdem wir uns die Dokumentationen der ersten Pakete genauer angesehen haben, entscheiden wir uns für das Paket `github.com/google/uuid`. Der User `google` scheint uns vertrauenswürdig und das Paket liegt in einer stabilen Version vor. In unserem Modul laden wir also die Abhängigkeit mit `go get`.

```
> go get github.com/google/uuid
go: finding github.com/google/uuid v1.1.1
go: downloading github.com/google/uuid v1.1.1
go: extracting github.com/google/uuid v1.1.1
```

Verwenden von go get

Durch `go get` wird das Paket mit allen notwendigen Abhängigkeiten auf unserem System installiert. Dabei wird auch ein Eintrag in `go.mod` angelegt. Da wir aber noch keinen Code geschrieben haben, wird dieses Paket natürlich noch nicht direkt verwendet. Aus diesem Grund wird das `uuid`-Paket als *indirect* gekennzeichnet.

Listing 6–7
Inhalt von go.mod

```
module github.com/deinUser/txtstore

go 1.13

require github.com/google/uuid v1.1.1 // indirect
```

Wenn wir jetzt `go mod tidy` ausführten, würde das Paket auch wieder aus `go.mod` entfernt werden, da wir es innerhalb des Moduls ja noch nicht benutzen. Das machen wir also besser mal nicht, sondern legen lieber die Datei `txtstore.go` an.[1] Das Paket ist sehr einfach und simpel und besteht eigentlich nur aus `Read()` und `Write()`.

Listing 6–8
Code von txtstore.go

```
package txtstore

import "github.com/google/uuid"

var store = make(map[string]string)

func Write(s string) string {
    id := uuid.New().String()
    store[id] = s
    return id
}

func Read(id string) string {
    return store[id]
}
```

Anschließend legen wir die Datei `txtstore_test.go` an und schreiben einen einfachen Test für unsere Funktionen. Da die UUID jedes Mal neu generiert wird, können wir unser Paket nur testen, indem wir zuerst Daten schreiben, uns die IDs merken und danach die Strings wieder auslesen.

Listing 6–9
Einfacher Test für unser Paket

```
func TestStore(t *testing.T) {
    tests := []struct {
        s  string
        id string
    }{
        {s: "simple string 1"},
        {s: "simple string 2"},
        {s: "simple string 3"},
    }

    for i, tt := range tests {
        tests[i].id = Write(tt.s)
    }
```

[1] Solltest Du trotzdem `go mod tidy` ausgeführt haben, ist das nicht schlimm. Mit einem erneuten Aufruf von `go get github.com/google/uuid` wird der Eintrag wiederhergestellt.

```
    for _, tt := range tests {
        got := Read(tt.id)
        if got != tt.s {
            t.Errorf("got: %s expect: %s", got, tt.s)
        }
    }
}
```

Wenn wir nun den Test mit dem Befehl `go test` ausführen, sollte dieser bestehen. Anhand unseres Tests können wir jetzt das Zusammenspiel von Tests und Modulen einfach nachvollziehen. Wir löschen jetzt einfach mal die Abhängigkeit innerhalb von `go.mod`.

Listing 6–10
go.mod nach dem Löschen der Abhängigkeiten

```
module github.com/deinUser/txtstore

go 1.13
```

Wenn wir erneut unsere Tests durchführen, ist die gelöschte Abhängigkeit wieder unter `go.mod` vorhanden. Das heißt, dass durch das Kompilieren bei den Tests das Modul aktualisiert wird. Das geht sogar so weit, dass auch fehlende Abhängigkeiten zu diesem Zeitpunkt installiert werden. Wenn wir das Paket also nicht mit `go get` bereits installiert hätten, würde es beim ersten Test automatisch nachgeladen werden.

Im nächsten Schritt wollen wir prüfen, von welchen Paketen unser Modul abhängt. Denn hinter dem Paket `uuid` könnten sich ja auch weitere Abhängigkeiten zu anderen Paketen verstecken.

```
> go list -m all
github.com/deinUser/txtstore
github.com/google/uuid v1.1.1
```

Bevor wir unser Paket in der Version 1.0.0 veröffentlichen, sollten wir noch einmal `go mod tidy` ausführen, damit keine nicht verwendeten Abhängigkeiten in unserer Moduldefinition enthalten sind.

weitere wichtige Befehle

Mit den Grundlagen sind wir an dieser Stelle durch, jedoch gibt es noch ein paar weitere, sehr hilfreiche Befehle:

- `go list -u -m all` zeigt alle möglichen Updates für direkte und indirekte Abhängigkeiten an.
- `go build ./...` oder `go test ./...` vom Modul-Root-Verzeichnis erzeugt alle Programme bzw. führt alle Tests aller Pakete des Moduls aus. Gegebenenfalls werden externe Abhängigkeiten geladen.
- `go mod vendor` erzeugt ein Vendor-Verzeichnis, in das alle Abhängigkeiten direkt abgelegt werden.

- go mod edit -replace 'github.com/user/repo=/local/repo' ersetzt das globale Modul durch das lokal gespeicherte. Dieser Befehl ist hilfreich, wenn wir in /local/repo einen Fehler behoben haben, der noch nicht im globalen Modul aktiv ist.

Interessant ist der Befehl go mod vendor, wodurch alle Abhängigkeiten des Moduls in einem eigenen vendor-Ordner innerhalb unseres Moduls abgelegt werden. Bevor Module Teil des Go Tooling wurden, waren diese Ordner üblich für das Dependency Management in Go.

Der letzte Befehl aus der Liste dürfte für Open-Source-Entwickler am spannendsten sein. Denn mit Modulen werden die Abhängigkeiten immer über ihre URL geladen. Das passiert bei jedem Test oder Build. Wenn wir dem Compiler aber mitteilen möchten, dass dieser eine lokale Kopie einer Abhängigkeit verwenden soll, benötigen wir ein weiteres Werkzeug.

Um diesen Fall einmal durchzuspielen, nehmen wir folgendes Szenario an: Wir finden einen Fehler innerhalb des uuid-Paketes. Wir würden dann das Repository klonen und lokal den Fehler beseitigen. Wir klonen also das Paket uuid.

```
> git clone https://github.com/google/uuid.git
Cloning into 'uuid'...
remote: Enumerating objects: 414, done.
remote: Total 414 (delta 0), reused 0 (delta 0), pack-reused 414
eceiving objects:  88% (365/414)
Receiving objects: 100% (414/414), 122.89 KiB | 1.08 MiB/s, done.
Resolving deltas: 100% (254/254), done.
```

Anschließend können wir in unserem Modul unsere lokale Kopie für das uuid-Paket setzen.

```
> go mod edit -replace 'github.com/google/uuid=../uuid'
```

Dieser Befehl passt dabei die go.mod-Datei an.

```
module github.com/deinUser/txtstore

go 1.13

require github.com/google/uuid v1.1.1

replace github.com/google/uuid => ../uuid
```

Listing 6–11
go.mod nach dem Replace

Natürlich ist es auch möglich, die Replace-Anweisung direkt in go.mod vorzunehmen. Wenn wir dann go test ausführen, sieht das Ergebnis auf den ersten Blick gleich aus. Der einzige Unterschied ist, dass das

Paket nun uuid über unsere lokale Kopie verwendet wird. Mit dieser Einstellung können wir direkt Änderungen im Paket uuid durchführen.

Die Replace-Anweisung in unserer Moduldefinition ist dabei so allgemein gehalten, dass wir den Pfad des Pakets auch durch andere URLs ersetzen können.

```
replace github.com/google/uuid => github.com/deinUser/uuid
```

In dem Fall wäre github.com/deinUser/uuid ein Fork des ursprünglichen Pakets, der vielleicht schon einen Bugfix enthält. Temporär können wir den Fork so lange verwenden, bis das ursprüngliche uuid-Paket eine neue Version erhält.

6.7 Neuer bedeutet nicht immer besser

- Was ist eine direkte Abhängigkeit?
- Was ist eine indirekte Abhängigkeit?
- Welche Version einer indirekten Abhängigkeit wird verwendet?

Module haben als Ziel, reproduzierbare Builds herzustellen. Das heißt egal auf welchem Rechner ein Programm kompiliert wird, es soll exakt gleich erstellt werden. Deshalb müssen beim Kompilieren die gleichen Versionen der Abhängigkeiten verwendet werden.

direkte Abhängigkeit

Wenn wir in unserem Modul ein externes Paket einbinden, wird dieses in unser Modul als *direkte Abhängigkeit* aufgenommen. Dabei wird, solange wir das nicht anders definieren, die neueste Version dieses Pakets verwendet. Die verwendete Version wird dann in go.mod festgehalten. Ohne unser Zutun wird in Zukunft immer exakt diese Version der direkten Abhängigkeit verwendet. In Kapitel 6.8 behandeln wir ausführlich, wie wir diese Pakete updaten können.

indirekte Abhängigkeiten

Wenn ein externes Paket selbst andere externe Pakete verwendet, dann sind diese Pakete *indirekte Abhängigkeiten*. Wenn mehrere Pakete eine indirekte Abhängigkeit besitzen, kann es zu Konflikten bei den Versionen kommen.

In Abbildung 6–7 ist ein einfaches Beispiel dargestellt. Unser Paket A ist direkt von Paket B in Version 2.2.6 und Paket C in Version 1.7.12 abhängig. Paket B und C selbst verwenden Paket D, wobei jeweils eine andere Version von D relevant ist. D selbst ist bereits in einer noch neueren Version verfügbar. Wenn der Compiler immer die neueste Version von D verwenden würde, würde eine neue Version von D dazu führen, dass unser Build einen anderen Code verwendet, ohne dass sich etwas an unserem Modul verändert hat. Jetzt könnte es sogar sein, dass B nicht mehr mit der neuesten Version 1.6.2 von D kompatibel ist. Das

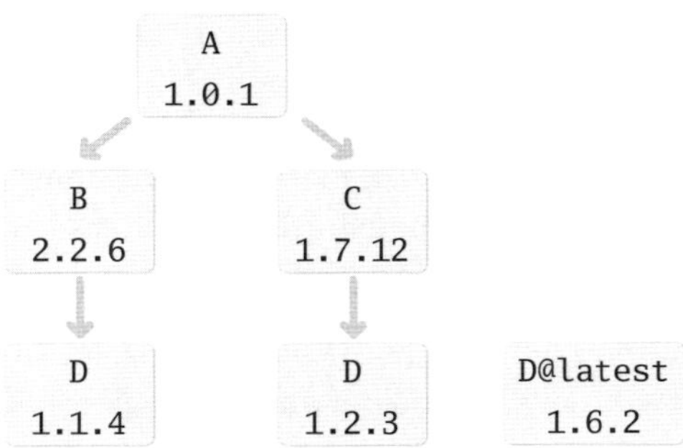

Abb. 6–7
direkte und indirekte Abhängigkeiten

ist auch der Grund, warum der Compiler immer die *niedrigstmögliche Version* verwendet. Genau dieses Vorgehen wird auch als *Minimal Version Selection* bezeichnet. Wichtig dabei ist, dass davon nur die indirekten Abhängigkeiten betroffen sind. In unserem einfachen Beispiel würde der Compiler also für D immer die Version 1.2.3 verwenden.

Minimal Version Selection

6.8 Update unserer Abhängigkeit

- Wie kann ich eine Abhängigkeit mit einer bestimmten Version für mein Modul definieren?
- Wie führe ich ein Update für alle direkten Abhängigkeiten aus?

Im Kapitel 6.7 zur Minimal Version Selection haben wir gesehen, wie der Compiler mit indirekten Abhängigkeiten umgeht. Jetzt wollen wir uns kurz anschauen, wie wir die Version für unsere direkten Abhängigkeiten aktualisieren können.

Wenn wir in unserem Paket oder Programm eine Abhängigkeit hinzufügen, dann wird für diese Abhängigkeit die aktuellste Version dem Modul hinzugefügt. Diese Version wird so lange verwendet, bis wir ein Update durchführen. Das kann nötig sein, wenn z. B. in einer direkten Abhängigkeit eine Sicherheitslücke gepatcht wurde. Dann sollten wir so schnell wie möglich auf den neuesten Stand updaten.

kein automatisches Update durch Go

Update bei Sicherheitslücken

Für die Updates verwenden wir immer `go get`. Mit diesem Befehl wird der Eintrag in `go.mod` angepasst. Wir sehen uns aber zuerst einmal an, wie wir ein bestimmtes Paket auf eine bestimmte Version setzen können.

Update einer direkten Abhängigkeit

- `go get github.com/deinUser/paketname` oder `go get github.com/deinUser/paketname@latest` setzt die aktuellste Version des Pakets für unser Modul.
- `go get github.com/deinUser/paketname@master` verwendet die aktuellste Version des `master branch`.

- `go get github.com/deinUser/paketname@v1.3.2` definiert die angegebene Versionsnummer für unser Modul.
- `go get github.com/deinUser/paketname@0f36a3c` definiert die Abhängigkeit über ein Commit. Wenn zu diesem Commit ein Tag mit einer Versionsnummer vorhanden ist, wird dieses verwendet. Wenn nicht, wird intern eine Pseudo-Versionsnummer erzeugt.

Update aller Abhängigkeiten

In der Regel kümmern wir uns nicht um einzelne Abhängigkeiten. Wenn wir schon aktualisieren, dann am besten gleich alles. Dafür gibt es wieder entsprechende Befehle.

- `go get -u ./...` setzt die Version aller Abhängigkeiten auf das neueste *minor*- und *patch*-Release.
- `go get -t -u ./...` beinhaltet beim Update auch alle Abhängigkeiten aus den Tests.
- `go get -u=path ./...` setzt die Version aller Abhängigkeiten auf das neueste *patch*-Release.

6.9 Neue Major-Version mit Modulen

- Was müssen wir ab Version 2 eines Moduls beachten?

Solange wir mit Version 1 arbeiten, vergeben wir einfach die Version über ein neues Tag. Sobald wir aber eine neue Major-Version erstellen, sollten wir ein paar Dinge beachten. Denn mit der Version 2 kann es immer noch sinnvoll sein, Version 1 weiter mit Patches zu versorgen. In dem Fall sollten wir unsere Repository so organisieren, dass wir dies ohne größeren Aufwand auch tun können. Wenn wir also eine neue Major-Version planen, haben wir in Go zwei mögliche Lösungen:

- Anlegen eines eigenen Branches
- Anlegen eines Unterverzeichnisses

neuer Branch

Eine Lösung, die `git` sinnvoll nutzt, ist das Anlegen eines neuen Branches `v2` für die neue Major-Version. Alle Commits, die Version 2 betreffen, werden direkt diesem Branch zugeordnet. Patches für Version 1 laufen direkt in den alten `master branch`.

Diese Logik entspricht dem gewohnten Vorgehen von vielen Projekten und dürfte für die wenigsten Entwickler eine Umstellung darstellen. Da das Go-Tool immer die Version durch die Tags identifiziert, werden die korrekten Versionen auch in den unterschiedlichen Branches gefunden.

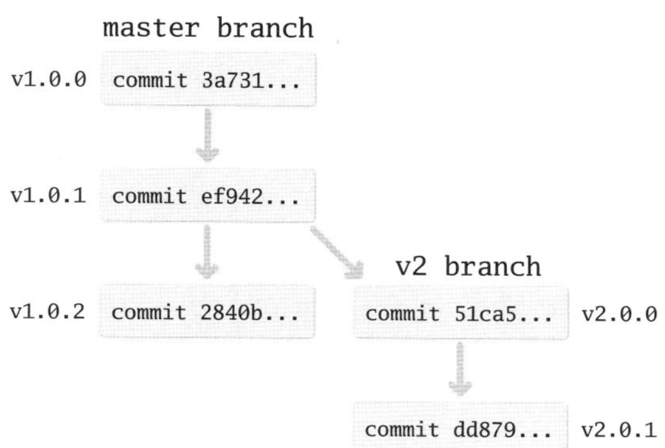

Abb. 6–8
v2-Branch (Darstellung in Anlehung an Ross Cox)

Unterverzeichnis

Eine weitere Möglichkeit ist, für jede Major-Version ein eigenes Unterverzeichnis zu erstellen. In dem Fall würden wir also zuerst ein Verzeichnis `v2` anlegen und dann entsprechend die Version 2 dort umsetzen. Dann würden wir alle Commits immer auf den `master branch` anwenden.

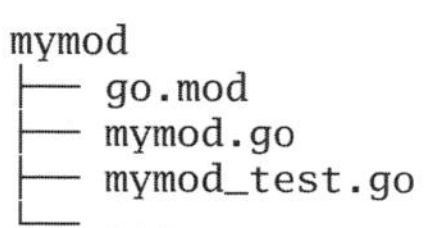

Abb. 6–9
mymod in der Version 1

Wenn wir also ein Paket `mymod` entwickeln, liegen die Dateien des Pakets innerhalb eines Verzeichnisses. Im gleichen Verzeichnis befindet sich auch die Definition des Moduls `go.mod`. Wenn wir Version 2 in einem eigenen Submodul abbilden wollen, legen wir ein Verzeichnis `v2` an.

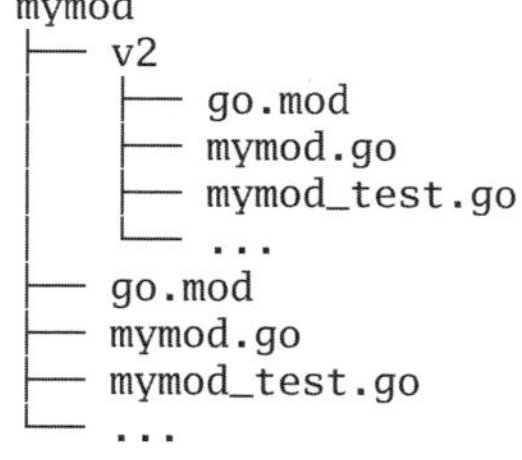

Abb. 6–10
mymod in der Version 2 in einem Unterverzeichnis

Das neue Verzeichnis enthält anschließend die Dateien für die Version 2. Beim Vergeben von Tags sollten wir bei dieser Logik ein wenig aufpassen. Wie bei der Lösung mit unterschiedlichen Branches sollten wir durch einen Commit immer nur Version 1 oder Version 2 ändern. Dementsprechend vergeben wir dann auch das Tag. Wenn wir also Version 2.0.0 angepasst haben, bekommt der entsprechende Commit beispielsweise das Tag 2.0.1 zugewiesen.

Unabhängig von der Lösung müssen wir immer die Datei `go.mod` anpassen. Die erste Zeile dieser Datei definiert ja unser Modul mit einer eindeutigen Identifizierung. Dies ist die URL zum Repository, z. B. `github.com/deinUser/mymod`. Das ist auch der Pfad, den wir unter `import` im Code angeben. Genau an diesen Pfad müssen wir die neue Major-Version anhängen bzw. die Version entsprechend anpassen.

Listing 6–12
Die angepasste go.mod-Datei

```
module github.com/deinUser/mymod/v2

go 1.13

require github.com/google/uuid v1.1.1
```

Schauen wir uns nun an, wie wir dieses Paket mit der Version 2 später importieren können. Dafür wird am Ende des Importpfades `/v2` angehängt.

Listing 6–13
Import der Version 2

```
package foo

import mymod "github.com/deinUser/mymod/v2"
```

Diese Logik ist nicht erst mit den Modulen dazugekommen, sondern war schon davor die Lösung für Pakete ab Version 2.

7 Projekt: Code generieren

7.1 Einleitung

In diesem kleinen Projekt wollen wir ein Tool für das Generieren von Code bauen. Code-Generatoren lassen sich in Go einfach umsetzen und leicht in die Toolchain einbauen. Unser Programm soll einfache Template-Dateien verwenden, um daraus Code zu generieren. Hierfür werden wir das Paket `text/template` aus der Standardbibliothek verwenden.

Anschließend werden wir unseren Code-Generator für ein einfaches Beispiel anwenden. Wir werden zuerst eine einfache Implementierung für die Datenstruktur *Stack* für Integer schreiben. Anschließend werden wir aus unserer Implementierung ein Template für den Code-Generator schreiben.

In einem letzten Schritt bauen wir ein einfaches Programm, das Stacks für unterschiedliche Typen benötigt. Innerhalb des Codes werden wir dann Anweisungen für `go generate` einbauen.

Dieses Projekt verfolgt dabei folgende Lernziele: *Lernziele*

- Umsetzung eines *Command Line Interface* inklusive der Möglichkeit, das Benutzer unterschiedliche Parameter setzen können
- Erstellen von Unit-Tests
- Erstellen und Anwendnen eines Text-Templates für das Paket `text/template`
- Einbauen von Anweisungen für `go generate` im Code

7.2 Ein Tool, um Code zu generieren

Als Erstes wollen wir definieren, was unser Programm später exakt tun soll. Der Code-Generator soll es uns ermöglichen, dass wir anhand einer Vorlage Implementierungen für unterschiedliche Typen generieren können. Wenn wir beispielsweise Datenstrukturen für unterschiedliche Typen benötigen, brauchen wir für jeden Typ auch eine eigene Implementierung.

Schauen wir uns dazu einmal die Implementierung der Push-Methode für die Typen `int` und `string` an.

Listing 7–1 *Push-Methode des intStack*

```
type intStack struct {
    stackSlice []int
}

func (s *intStack) Push(in int) {
    s.stackSlice = append(s.stackSlice, in)
}
```

Listing 7–2 *Push-Methode des stringStack*

```
type stringStack struct {
    stackSlice []string
}

func (s *stringStack) Push(in string) {
    s.stackSlice = append(s.stackSlice, in)
}
```

Definition unserer Features

Der Code in den Listings 7–1 und 7–2 unterscheidet sich nur durch den Typ. Dort, wo in Listing 7–1 `int` steht, steht in Listing 7–2 `string`. Unser Generator soll es uns ermöglichen, die Implementierung der Datenstruktur für jeden beliebigen Typ zu generieren. Dafür soll dieser zusätzlich eine Vorlagedatei verwenden, die für den Typ einen Platzhalter beinhaltet. Unser Programm benötigt bei jeder Ausführung die Vorlagedatei und den Typnamen, für den wir den Code generieren.

Jetzt, da wir wissen, was unser Tool können soll, machen wir uns daran, dem Kind auch einen Namen zu geben. Als Generator für Go-Code wählen wir die Abkürzung `gogen`.

Definition des CLI

Bevor wir uns ans Coden machen, müssen wir noch definieren, mit welchen Argumenten `gogen` aufgerufen wird. Wir wollen unser Beispiel möglichst einfach halten, deshalb soll auch der Aufruf des Tools einfach sein.

```
> gogen [template] [typename]
```

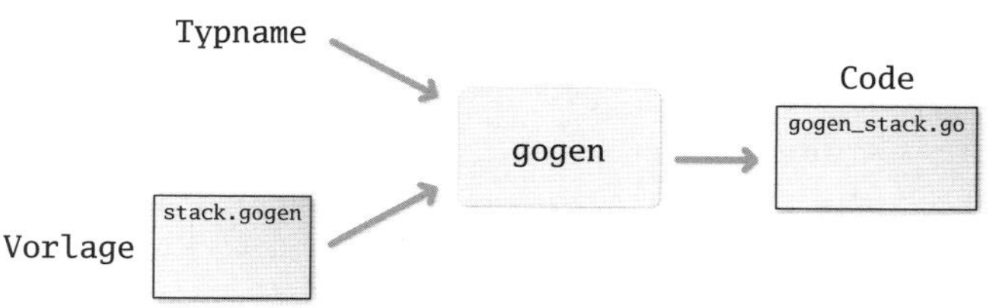

Abb. 7–1
Die Logik von gogen

Als erstes Argument erwarten wir den Pfad zur Vorlage, also dem *Template*. Als zweites Argument soll der Anwender den Typnamen angeben. Für die Vorlagedatei `stack.gogen` wäre der Aufruf wie folgt:

```
> gogen stack.gogen int
> gogen stack.gogen string
```

Jetzt dürfte uns ungefähr klar sein, wo die Reise hingehen soll. Wir legen für unser Projekt ein Verzeichnis mit dem Namen `gogen` an. Anschließend gehen wir über einen Terminal in unser neues Verzeichnis und initialisieren das Projekt.

```
> go mod init example.com/gogen
```

Als URL haben wir `example.com/gogen` gewählt, da wir eine URL angeben müssen. Da unser Tool als Übung vorerst nur lokal auf unserem Rechner existieren soll, benötigen wir dafür auch keine Versionsverwaltung über beispielsweise GitHub.

In unserem Projekt legen wir nun die Datei `main.go` an. In einem ersten Schritt beginnen wir mit dem Ausprägen des Nutzer-Interfaces.

Listing 7–3
Prüfen der Eingabeparameter

```
package main

import (
    "fmt"
    "os"
)

func main() {
    if len(os.Args) != 3 {
        fmt.Println("gogen benötigt zwei Argumente")
        fmt.Println("gogen [template] [typename]")
        os.Exit(1)
    }
}
```

os.Args für das Auslesen der Eingabeparameter

Um die Eingabeparameter des Programms zu verarbeiten, verwenden wir das Paket `os`. Dieses Paket beinhaltet das Slice `os.Args`, das für den Index 0 `os.Args[0]` den Programmpfad und ab Index 1, also `os.Args[1:]`, die Argumente des Aufrufs enthält. Für unsere Schnittstelle erwarten wir immer zwei Argumente. Mit dem Programmpfad muss dieses Slice somit drei Einträge enthalten. Im Code prüfen wir einfach die Größe/Länge von `os.Args`. Sollte diese nicht drei Einträgen entsprechen, brechen wir mit `os.Exit()` ab. Dieser Funktion müssen wir noch einen Rückgabewert für den *Exit Status* mitgeben. Dabei steht 0 für *erfolgreiche Ausführung* und alle anderen Werte für einen Fehler. Deshalb übergeben wir 1, da wir ja einen fehlerhaften Aufruf abgefangen haben. Zusätzlich geben wir dem Anwender noch eine kleine Hilfe an die Hand, wie `gogen` richtig zu verwenden ist.

Jetzt testen wir unser Programm, indem wir einfach drei Argumente übergeben. Als Ergebnis erwarten wir eine Fehlermeldung. Für diesen Test verwenden wir `go run`, da wir damit das Programm nicht kompilieren müssen.

Listing 7–4
Aufruf mit drei Argumenten

```
> go run main.go abc def ghi
gogen benötigt zwei Argumente
gogen [template] [typename]
exit status 1
```

Die gleiche Ausgabe erhalten wir auch, wenn wir nur ein Argument oder noch mehr Argumente beim Aufruf mitgeben. Jetzt ist sichergestellt, dass wir immer zwei Argumente beim Aufruf bekommen und später auf `os.Args[1]` und `os.Args[2]` zugreifen können.

Listing 7–5
Argumente auslesen

```
templateFileName := os.Args[1]
typeName := os.Args[2]
```

sprechende Variablen

Wir weisen nun den beiden Argumenten sprechende Variablen zu, damit wir später im Code verstehen, um welchen Wert es sich handelt. Technisch sind diese Variablen natürlich nicht notwendig, jedoch ist die Variable `templateFileName` später im Code um einiges besser zu verstehen als `os.Args[1]`.

Im nächsten Schritt kümmern wir uns um das Verarbeiten der Template-Datei. Dafür verwenden wir das Paket `text/template`. An der Stelle ist es wichtig zu wissen, dass die Standardbibliothek zwei Template-Pakete enthält. Das Paket `html/template` ist für das Generieren von HTLM-Dateien zuständig. Das Paket funktioniert eigentlich ähnlich wie `text/template`, nur dass Strings hier besonders behandelt werden. Damit eine *Code-Injection* durch einen Anwender einer Seite nicht möglich ist, werden entsprechende Sonderzeichen durch ein *Auto-Escape* ersetzt. Für unser Programm müssen wir also prüfen, ob hinter den Imports das Paket `text/template` steht.

Bevor wir uns mit der Verwendung von Templates beschäftigen, sollten wir uns noch kurz überlegen, was bei deren Verwendung innerhalb des Pakets passiert. Intern wird das Template geparst. Dabei wird die Datei Schritt für Schritt durchgegangen und als Baum intern abgebildet. Diese Abbildung als *Syntax Tree* ermöglicht dann später beim Ausführen ein schnelleres Zusammenbauen der einzelnen Bausteine inklusive der Platzhalter für die Variablen. Wir benötigen bei der Verwendung also einmal das Parsen des Templates und danach das Ausführen mit den Werten aus den Variablen.

Funktionsweise von Templates

Schauen wir uns aber die einzelnen Schritte direkt im Code an. Das Parsen des Templates erfolgt über die Funktion `template.ParseFiles()`.

Listing 7–6
Template-Datei parsen

```
t, err := template.ParseFiles(templateFileName)
if err != nil {
    fmt.Printf("Fehler beim Parsen: %v\n", err)
    os.Exit(1)
}
```

Damit ein Template erfolgreich geparst werden kann, muss es syntaktisch korrekt sein. Ist es das nicht, kommt es zu einem Fehler. Diesen Fehler fangen wir in unserem Code ab und geben ihn aus. Wenn das Template nicht korrekt ist, brechen wir unser Programm mit `os.Exit(1)` ab. Denn in diesem Fall können wir natürlich auch keinen Code mehr generieren.

Listing 7–7
Output-Datei erzeugen

```
outName := fmt.Sprintf("gogen_%s_gen.go", typeName)
fd, err := os.OpenFile(outName, os.O_CREATE|os.O_WRONLY, 0666)
if err != nil {
    fmt.Println("Fehler beim Erzeugen des Zielfiles: ", err)
    os.Exit(1)
}
defer fd.Close()
```

Jetzt, da wir das Template intern schon mal als Baum in unserem Arbeitsspeicher abgelegt haben, kümmern wir uns um die Ausgabedatei für den generierten Code. Hierfür erzeugen wir mit `os.OpenFile` eine Datei. Die Flags `os.O_CREATE|os.O_WRONLY` sind notwendig, damit die Datei angelegt wird und wir auch in diese Datei schreiben können. Mit `0666` definieren wir die Rechte für die angelegte Datei.

Um den Code einfach zu halten, wählen wir einen Dateinamen, der nur den Typnamen als Variable enthält. Für das Zusammenbauen des Namens verwenden wir `fmt.Sprintf()`, das einen formatierten String erzeugen kann. Anhand des Formatstrings `gogen_%s_gen.go` können wir schnell erkennen, nach welcher Logik die Dateinamen zusammengebaut werden. Damit unsere Datei am Ende geschlossen wird, verwenden wir defer zusammen mit fd.Close().

Listing 7–8
Daten in eine Struktur schreiben

```
data := struct {
    T string
}{
    typeName,
}
t.Execute(fd, data)
```

Als letzten Schritt erzeugen wir eine Struktur, die den Typnamen beinhaltet. Innerhalb des Templates sind alle Parameter dieser Struktur verwendbar. Da gogen nur den Typnamen unterstützt, schreiben wir hier auch nur einen Parameter, den wir mit T so kurz wie möglich halten. Da die Struktur nur einmal an dieser Stelle gebraucht wird, verwenden wir dafür eine anonyme Struktur (siehe Kapitel 2.7). Danach führen wir unser Template mit den Daten aus. Die Methode Execute() benötigt als Ziel einen io.Writer. Hierfür übergeben wir dann fd, der als Filedeskriptor auch das io.Writer-Interface implementiert.

Alles in allem ist in Listing 7–9 die komplette main()-Funktion dargestellt.

Listing 7–9
Der komplette Code von gogen

```
func main() {
    if len(os.Args) != 3 {
        fmt.Println("gogen benötigt zwei Argumente")
        fmt.Println("gogen [template] [typename]")
        os.Exit(1)
    }
    templateFileName := os.Args[1]
    typeName := os.Args[2]

    t, err := template.ParseFiles(templateFileName)
    if err != nil {
        fmt.Printf("Fehler beim Parsen: %v\n", err)
        os.Exit(1)
    }

    outName := fmt.Sprintf("gogen_%s_gen.go", typeName)
    fd, err := os.OpenFile(outName, os.O_CREATE|os.O_WRONLY, 0666)
    if err != nil {
        fmt.Println("Fehler beim Erzeugen des Zielfiles: ", err)
        os.Exit(1)
    }
    defer fd.Close()
```

```
    data := struct {
        T string
    }{
        typeName,
    }
    t.Execute(fd, data)
}
```

Mit go install können wir nun unser Tool installieren, sodass es systemweit verwendet werden kann. Der Code ist dabei schlank und kurz, da die meiste Funktionalität durch die Standardbibliothek übernommen wird.

7.3 Template erstellen

Unser Generator ist jetzt fertig, jedoch konnten wir bislang noch nicht testen, ob alles so funktioniert, wie wir uns das gedacht haben. Dafür benötigen wir jetzt noch ein Template. Hierfür wählen wir die Datenstruktur Stack aus. Ein Stack benötigt die Methoden Push und Pop.

Stack

Ein Stack ist eine einfache Datenstruktur, dir es ermöglicht, Daten geordnet abzulegen. Die Daten werden dabei in einem *Stapel* abgelegt. Mit dem Befehl Push können Daten auf den Stapel abgelegt werden. Mit dem Befehl Pop wird das oberste Element des Stapels zurückgeliefert und dabei auch vom Stapel entfernt.

Bevor wir die Vorlage für den Generator erstellen, wollen wir einen Stack für den Typ int implementieren. Später verwenden wir diesen Code für das Erstellen des allgemeinen Templates. Dafür erzeugen wir ein Verzeichnis stack innerhalb unseres Projekts und legen dort eine Datei int.go an.

Listing 7–10
Implementierung von intStack

```
package stack

type intStack struct {
    stackSlice []int
}

func (s *intStack) Push(in int) {
    s.stackSlice = append(s.stackSlice, in)
}
```

```
func (s *intStack) Pop() int {
    out := s.stackSlice[len(s.stackSlice)-1]
    s.stackSlice = s.stackSlice[:len(s.stackSlice)-1]
    return out
}
```

Der Code für unseren Stack ist simpel. Für die Methoden `Push()` und `Pop()` benötigen wir jeweils nur ein paar Anweisungen. Intern bilden wir die Datenstruktur über ein Slice ab. Den Typ nennen wir `intStack`. Innerhalb der Methode `Push()` hängen wir den neuen Wert einfach mit einem `append()` an das interne Slice an. Für `Pop()` benötigen wir eine Anweisung mehr, da wir uns zuerst den letzten Wert in `out` merken und dann dieses Element aus dem Slice entfernen müssen. Dafür schneiden wir aus dem Slice ein neues Slice, das jedoch nicht mehr das letzte Element enthält.

Obwohl der Code nicht besonders komplex ist, wäre es gut, ihn testen zu können. Dafür legen wir die Datei `int_test.go` an.

Listing 7–11
Testfunktion für intStack

```
func TestIntStack(t *testing.T) {
    s := intStack{}
    s.Push(1)
    s.Push(2)
    s.Push(3)
    s.Push(4)
    for i := 4; i > 0; i-- {
        got := s.Pop()
        want := i
        if got != want {
            t.Errorf("pop()= %v, want: %v", got, want)
        }
    }
}
```

Wir schreiben alle Zahlen von 1 bis 4 mit `Push()` in unseren Stack. Anschließend bauen wir uns einen Loop, der den Index von 4 bis 1 herunterzählt. Innerhalb des Loops rufen wir `Pop()` auf und merken uns den Wert in `got`. Der erwartete Wert entspricht jeweils dem Index. Sollte der erwartete Wert vom erhaltenen Wert abweichen, geben wir dies über `t.Errorf()` aus. Wenn wir den Test jetzt durchlaufen lassen, können wir uns freuen, dass dieser auf Anhieb erfolgreich ist.

Aber in unserem Code hat sich ein kleiner Bug versteckt. Wenn wir `Pop()` aufrufen und keine Daten mehr im Stack sind, kommt es zu einer Panik. Ursache ist die Abfrage des letzten Elements. Wenn kein Element im Slice vorhanden ist, können wir dort natürlich auch nicht das letzte

Element auslesen. Diesen Bug lassen wir vorerst in unserem Programm, denn wir möchten uns den Bugfix bewusst für später aufheben.

Als Nächstes erstellen wir die Vorlage für unseren Generator. Überall, wo in unserem `intStack` der Typ `int` auftaucht, müssen wir `{{ .T }}` schreiben. Da es sich dann um keinen gültigen Quellcode handelt, sollten wir für die Vorlagedatei auch nicht die Endung `.go` verwenden. Ansonsten würde der Compiler versuchen, auch diese Datei zu kompilieren. Deshalb nennen wir die Datei `stack.gogen`. Mit dieser Endung sehen wir auch sofort, dass die Datei zu unserem Tool `gogen` gehört.

Listing 7–12
Inhalt des Templates

```
package main

type {{ .T }}Stack struct {
    stackSlice []{{ .T }}
}

func (s *{{ .T }}Stack) Push(in {{ .T }}) {
    s.stackSlice = append(s.stackSlice, in)
}

func (s *{{ .T }}Stack) Pop() {{ .T }} {
    out := s.stackSlice[len(s.stackSlice)-1]
    s.stackSlice = s.stackSlice[:len(s.stackSlice)-1]
    return out
}
```

Machen wir zuerst weiter mit dem Generieren von Code. Da wir später in einem kleinen Projekt den Code mit `go generate` generieren wollen, legen wir ein neues Verzeichnis `mytool` an. Dieses Verzeichnis wird ein Beispielprojekt beinhalten, das unterschiedliche Stacks benötigt. Wir legen die Datei `main.go` an und definieren dort einen eigenen Typ.

Listing 7–13
Definition von MeinTyp

```
package main

import "fmt"

type MeinTyp struct {
    Foo string
    Bar string
}
```

```
func main() {
    mts := MeinTypStack{}
    mts.Push(MeinTyp{"foo1", "bar1"})
}
```

Wenn wir nun, wie in Listing 7–13 zu sehen ist, versuchen, den Stack für unseren Typ zu benutzen, erhalten wir einen Fehler, da dieser Typ noch nicht vorhanden ist. Deshalb führen wir jetzt `gogen` zusammen mit dem vorhandenen Template für unseren neuen Typ aus.

```
gogen stack.gogen MeinTyp
```

Hierdurch wird in unserem Verzeichnis die Datei `gogen_MeinTyp_gen.go` angelegt. Diese enthält die Implementierung und den Typ `MeinTypStack`. Mit dieser Definition lässt sich jetzt auch unser Projekt kompilieren.

Listing 7–14
Inhalt von gogen_MeinTyp_gen.go

```
package main

type MeinTypStack struct {
    stackSlice []MeinTyp
}

func (s *MeinTypStack) Push(in MeinTyp) {
    s.stackSlice = append(s.stackSlice, in)
}

func (s *MeinTypStack) Pop() MeinTyp {
    out := s.stackSlice[len(s.stackSlice)-1]
    s.stackSlice = s.stackSlice[:len(s.stackSlice)-1]
    return out
}
```

Weil uns das Generieren von Stacks gerade so viel Freude bereitet, lassen wir auch gleich eine Implementierung für `int` erstellen.

```
gogen stack.gogen int
```

Wir erweitern das Programm in `main.go` um ein paar weitere Anweisungen. An der Stelle wollen wir nur sehen, ob unsere unterschiedlichen Typen auch korrekt funktionieren.

Listing 7–15
Verwendung der unterschiedlichen Stacks

```
func main() {
    mts := MeinTypStack{}
    mts.Push(MeinTyp{"foo1", "bar1"})
    mts.Push(MeinTyp{"foo2", "bar2"})
```

```
    p := mts.Pop()
    fmt.Printf("%#v\n", p)
    is := intStack{}
    is.Push(1)
    is.Push(2)
    is.Push(3)
    fmt.Println(is.Pop())
    fmt.Println(is.Pop())
}

Output:
main.MeinTyp{Foo:"foo2", Bar:"bar2"}
3
2
```

Unser Template und auch das Zusammenspiel mit gogen funktionieren nun. Wir können mit unserem Generator ganz einfach für jeden Typ eine Implementierung für einen Stack erzeugen und diesen dann in unserem Programm verwenden.

7.4 Anwenden von go generate

In unserem kleinen Beispielprojekt gibt es nun unterschiedliche Arten von Dateien: zum einen das Template, das Basis für die generierten Dateien ist, und zum anderen den manuell geschriebenen Code. Wenn sich nun etwas in der Vorlage ändert, ist es notwendig, dass wir alle generierten Dateien neu erzeugen. Wenn wir das manuell durchführen, kann es passieren, dass wir schnell einmal etwas vergessen. Für diesen Fall könnten wir z. B. ein Bash-Skript schreiben, das alle Anweisungen beinhaltet. Aber Go bietet hierfür auch eine Lösung: Mit dem Kommentar //go:generate können wir in unserem Code Anweisungen unterbringen, die dann automatisch mit dem Befehl go generate ausgeführt werden.

Passen wir also unseren Code noch einmal an und fügen oberhalb von main() zwei go:generate-Anweisungen hinzu.

Listing 7–16
mytool mit go-generate-Anweisung

```
package main

import "fmt"

type MeinTyp struct {
    Foo string
    Bar string
}
```

```
//go:generate gogen stack.gogen MeinTyp
//go:generate gogen stack.gogen int

func main() {
    mts := MeinTypStack{}
    mts.Push(MeinTyp{"foo1", "bar1"})
    mts.Push(MeinTyp{"foo2", "bar2"})
    p := mts.Pop()
    fmt.Printf("%#v\n", p)
    is := intStack{}
    is.Push(1)
    is.Push(2)
    is.Push(3)
    fmt.Println(is.Pop())
    fmt.Println(is.Pop())
}
```

Wenn wir jetzt die generierten Dateien löschen und dann `go generate` ausführen, sehen wir, dass die fehlenden Dateien wieder auftauchen. Werden unsere Code-Stacks für weitere Typen benötigt, müssen wir einfach die Anweisungen ergänzen und es ist sichergestellt, dass wir später auch keine Typen beim Generieren vergessen.

Wir haben bereits im letzten Kapitel einen kleinen Bug in unserem Template festgestellt. Wenn unser Stack leer ist und wir die Methode `Pop()` aufrufen, kommt es zu einem unschönen Programmabbruch.

Listing 7–17
Bugfix in der Vorlage

```
func (s *{{ .T }}Stack) Pop() {{ .T }} {
    if len(s.stackSlice)==0{
        var empty {{ .T }}
        return empty
    }
    out := s.stackSlice[len(s.stackSlice)-1]
    s.stackSlice = s.stackSlice[:len(s.stackSlice)-1]
    return out
}
```

Jetzt beheben wir den Fehler, indem wir prüfen, ob `stackSlice` leer ist. Dafür erzeugen wir mit `var` eine Variable unseres Typs. Diese Variable geben wir zurück, wenn wir aus einem leeren Stack etwas entfernen wollen. Wir geben also einen Nullwert zurück.

Nach dem Fix müssen wir dafür sorgen, dass unsere Dateien neu generiert werden. Da die Befehle direkt im Code untergebracht sind, müssen wir nur `go generate` ausführen. Damit wurde der Bug in unserem gesamten Projekt entfernt.

8 Concurrency-Grundlagen

8.1 Concurrency mit Go

- Was bedeutet Concurrency?
- Welches Modell verwendet Go für die Abbildung von Concurrency?
- Was bedeutet die Abkürzung CSP?
- Welche Aufgabe hat der Scheduler?

Concurrency war ein Hauptgrund für die Entwicklung der Sprache Go. Denn mit eingebauter Concurrency-Unterstützung werden die Anweisungen auf alle CPUs einer Maschine verteilt. In Java oder C++ war diese Art der Programmierung nur sehr schwer umzusetzen, weshalb bei Google hierfür eine einfache Lösung gefunden werden musste.

Der Begriff Concurrency, also Konkurrenz, erklärt sich so, dass wir unabhängige Anweisungen erstellen, diese auf einen Stapel legen und dann *konkurrierend* ausführen lassen. Wenn unser Rechner mehrere CPUs besitzt, laufen die einzelnen Anweisungen nicht nacheinander, sondern in Konkurrenz zueinander. Concurrency wird häufig auch mit *Nebenläufigkeit* übersetzt.

Die Abbildungen 8–1 und 8–2 stellen schematisch den Unterschied zwischen nebenläufiger und paralleler Programmierung dar. Wenn wir parallel programmieren, erstellen wir unabhängig ausführbare Anweisungen. Diese teilen wir auf und bestimmen, welcher Gopher welche Aufgaben abarbeitet. Bei der nebenläufigen Programmierung gestalten wir die Anweisungen auch unabhängig, jedoch legen wir diese auf einen zentralen Stapel und lassen dann die Gopher selbst entscheiden, wer welche Aufgabe erledigt. Der Vorteil daran ist, dass falls mal zwei Gopher ausfallen, auch ein Gopher allein den Stapel abarbeiten kann.

Nebenläufigkeit allgemein

Schauen wir uns nun an, wie die Nebenläufigkeit technisch abgebildet wird. Wie kann ein Programm seine Aufgaben gleichzeitig ausführen? Dies passiert, indem es auf mehreren Threads läuft. Die Koordination der jeweiligen Threads, also wann was auf welcher CPU läuft, übernimmt das Betriebssystem.

Abb. 8–1 Parallele Organisation hat pro Gopher einen eigenen festen Stapel.

Abb. 8–2 Nebenläufige Organisation hat einen Stapel, der durch mehrere Gopher abgearbeitet wird.

Durch die Umsetzung von Concurrency überlassen wir das Aufteilen auf die einzelnen Threads der Go-Runtime. Als Vorlage für die Konstruktion des Concurrency-Models von Go diente das von Tony Hoare 1978 veröffentlichte *Communicating Sequential Processes* (CSP)-Modell. Neben Go verwendet unter anderem auch Erlang das CSP-Modell.

Communicating Sequential Processes

Das CSP-Modell beschreibt Prozesse, die in der Lage sind, über Nachrichten miteinander zu kommunizieren. Die Prozesse laufen in *Koroutinen*. Eine Koroutine definiert sich darüber, dass sie zur Laufzeit angehalten und zu einem späteren Zeitpunkt fortgesetzt werden kann. Über *Events* findet die Kommunikation zwischen den Koroutinen statt.

CSP in Go

Wie sieht nun CSP in Go aus? Koroutinen heißen in Go *Goroutinen*. Sie werden einfach über das Keywort `go` vor einem Funktionsaufruf erzeugt. Events und die Kommunikation werden über *Channels* abgebildet.

Goroutinen bestehen aus Funktionen, die unabhängig voneinander ausgeführt werden können. Für die Koordination der Goroutinen gibt es den *Scheduler*, der entscheidet, was wann über welchen Thread ausgeführt wird. Das bedeutet aber auch, dass wir selbst keinen Einfluss darauf haben, wann welche Goroutine wo ausgeführt wird. Wenn der Scheduler die Goroutinen nun so aufteilt, dass sie auf unterschiedlichen CPUs laufen, dann laufen diese parallel. Wenn uns aber nur eine CPU zur Verfügung steht, werden die Anweisungen natürlich wieder nacheinander ausgeführt. Wir können das aber nicht direkt beeinflussen. Das heißt, nebenläufig kann parallel bedeuten, muss es aber nicht.

Für gewisse Aufgaben müssen wir den Programmfluss an bestimmten Stellen wieder synchronisieren. So müssen wir z. B. manchmal warten, bis alle Goroutinen ihre Arbeit erledigt haben, bevor wir im Programm weiter gehen können. Wenn wir hier nicht aufpassen, kann es passieren, dass unterschiedliche Goroutinen aufeinander warten und plötzlich keine mehr fertig wird. Diese Situation wird dann als *Deadlock* bezeichnet.

Wir werden uns in den kommenden Kapiteln deshalb einige Patterns und Techniken ansehen, die uns die nebenläufige Programmierung erleichtern. Auch Go bietet dazu ein paar hilfreiche Tools.

8.2 Parallelität im echten Leben

Wie können wir uns nebenläufige Programmierung vorstellen?

In der Realität laufen viele Dinge parallel ab. Deshalb wollen wir uns ein Beispiel aus dem echten Leben ansehen, um zu verstehen, wie wir nebenläufig programmieren können. Denn eigentlich ist dies nichts anderes, als wenn wir für ein Team Anweisungen auf einem Zettel schreiben, die dann unabhängig voneinander abgearbeitet werden können.

In diesem Beispiel wollen wir ein kleines Sommerfest organisieren. Es gibt mehrere Aufgaben zu erledigen und dafür stehen auch mehrere Personen zur Verfügung. Für die einzelnen Aufgaben schreiben wir eine Liste:

1. Einladung formulieren
2. Einladung schreiben
3. Gästeliste erstellen
4. Einladungen verschicken
5. Getränke bestellen
6. Getränke abholen
7. usw.

Als Nächstes sollten wir unsere Aufgaben noch ein wenig strukturieren bzw. gruppieren. Wir können z. B. eine Einladung erst verschicken, wenn diese bereits geschrieben wurde. Bevor wir anfangen, bestimmen wir noch eine Person als *Scheduler*, der die jeweiligen Aufgaben auf die einzelnen Personen aufteilt. So ähnlich laufen dann auch die nebenläufigen Programme in Go ab. Bei unserer Partyorganisation reden die einzelnen Personen selbstständig miteinander; wenn wir ein Programm schreiben, müssen wir auch die Kommunikation exakt vorgeben.

Das Hauptprogramm läuft selbst in einer Goroutine. Dort müssen wir auch sicherstellen, dass das Hauptprogramm so lange wartet, bis alle Aufträge erledigt sind. Denn sobald das Hauptprogramm beendet wird, werden auch alle noch laufenden Goroutinen beendet.

Wenn wir uns kurz nur auf die ersten vier Punkte bezüglich des Erstellens und Verschickens der Einladungen konzentrieren, könnten wir dazu einen einfachen Pseudocode schreiben. Die Formulierung *erstelle Auftrag* bedeutet dabei, dass wir den Auftrag auf einen Zettel schreiben und an unsere Organisationswand heften. Das *schicke an Nummer x* bedeutet, dass wir eine Nachricht an eine Telefonnummer senden.

Listing 8–1
Pseudoprogramm

```
Main:
erstelle Auftrag (Einladungstext):
    - formuliere Einladungstext
    - schicke Einladungstext an Nummer 100
    - melde "fertig" an Nummer 001
erstelle Auftrag (Gästeliste):
    - suche Adressbuch
    - melde jede Adresse aus dem Buch
      nacheinander an Nummer 200
    - melde "fertig" an Nummer 001
erstelle Auftrag (Verschicken):
    - warte auf Text aus Nummer 100
    - schreibe Text auf Karte
    - warte auf Adresse aus Nummer 200
        - schicke Einladung an Adresse
        - noch eine Adresse?
    - melde "fertig" an Nummer 001
Warte, bis 3-mal "fertig" aus Nummer 001
```

Das Programm beginnt mit `Main:`, wie auch ein Go-Programm. Dann werden die Aufträge erstellt und anschließend muss das Hauptprogramm so lange warten, bis dreimal *fertig* gemeldet wurde. Der Scheduler sucht sich nun drei Leute und verteilt die Aufträge. Schon allein an diesem einfachen Beispiel können wir den Knackpunkt mit der konkurrierenden Ausführung erkennen. Denn der Auftrag *Verschicken* muss einmal auf den Text warten und danach auf jede einzelne Adresse. Wenn der Text einfach nicht fertig wird, dann hält dies den ganzen Ablauf auf. Genau das kann auch in unseren nebenläufigen Programmen passieren. Wenn wir an dieser Stelle nicht aufpassen, können nebenläufige Programme auch langsamer als sequentielle Programme werden.

Aber grundsätzlich sind wir Parallelität aus dem echten Leben gewohnt und haben auch ein Gefühl dafür, wo es im Ablauf Engstellen geben könnte. Go bietet uns aber auch grafische Tools, die bei der Auswertung der nebenläufigen Prozesse helfen.

8.3 Goroutinen

- Wie wird eine Goroutine gestartet?
- Wofür wird der Typ `sync.WaitGroup` verwendet?

Das Mittel, um eine Funktion unabhängig und nebenläufig auszuführen, ist, daraus eine Goroutine zu machen. Dafür brauchen wir nur `go` vor den Funktionsaufruf zu schreiben. Wie wir im letzten Kapitel schon festgestellt haben, müssen wir aber sicherstellen, dass unser Hauptprogramm wartet, bis die Goroutine fertig ist. Dafür verwenden wir die `sync.WaitGroup`.

Listing 8–2
Goroutine mit WaitGroup

```
func greeter(wg *sync.WaitGroup, name string) {
    fmt.Printf("Hallo %s", name)
    wg.Done()
}

func main() {
    wg := &sync.WaitGroup{}
    wg.Add(1)
    go greeter(wg, "Till")
    wg.Wait()
}
```

Unser Hauptprogramm definiert die `sync.WaitGroup` und fügt mit `wg.Add(1)` die Information hinzu, dass auf eine Goroutine gewartet werden muss. Anschließend starten wir die Funktion `greeter()` in einer eigenen Goroutine. Danach soll das Hauptprogramm so lange warten, bis die Goroutine `wg.Done()` aufgerufen hat.

Goroutinen lassen sich auch über anonyme Funktionen starten.

Listing 8–3
Goroutine über anonyme Funktion

```
func main() {
    wg := &sync.WaitGroup{}
    wg.Add(1)
```

```
    go func(name string) {
        fmt.Printf("Hallo %s", name)
        wg.Done()
    }("Till")
    wg.Wait()
}
```

Der Unterschied zu unserem ersten Beispiel ist, dass wir die `sync.WaitGroup` nicht mehr der Funktion übergeben, da diese über das Closure direkt innerhalb der Goroutine gültig ist. Die anonyme Funktion hat jetzt `name` als Input. Beim Aufruf der anonymen Funktion übergeben wir dann den Namen `Till`.

Goroutinen zu starten, ist sehr einfach und *billig* – im Sinne von Rechenleistung und Speicherverbrauch. Deshalb können wir auch für kleinste Aufgaben eine separate Goroutine starten.

Es gibt in der Standardbibliothek Pakete, die Goroutinen starten, ohne dass wir es beim ersten Hinsehen erkennen. Wenn wir z. B. einen HTTP-Server in Go starten, wird mit jedem Request eine eigene Goroutine gestartet. Auf diese Weise ist es mit den Standardmitteln möglich, eingehende Requests gleichzeitig abzuarbeiten.

8.4 Channels

- Was ist die Aufgabe eines Channels?
- Welche unterschiedlichen Arten von Channels gibt es?

Kommunikation

Channels sind für die Kommunikation zwischen den einzelnen Goroutinen zuständig. Über einen Channel können Nachrichten zwischen unterschiedlichen Programmteilen verschickt werden. Das Verschicken bzw. Erhalten einer Nachricht stellt für das Programm ein Ereignis dar. Damit wir einen Channel verwenden können, benötigen wir mindestens zwei Goroutinen: eine als Sender und eine andere als Empfänger.

Abb. 8–3 *Ein Channel funktioniert wie ein Walkie-Talkie.*

Einen Channel erstellen wir immer für einen bestimmten Typ. Wenn wir also einen Channel für `string` erstellen, können wir darüber auch nur `string`-Werte verschicken. Einen Channel können wir für jeden beliebigen Typ erstellen, und das gilt wirklich für alle Typen. Der Typ eines Channels wird in Go mit dem Keyword `chan` angegeben. Da ein Channel im Arbeitsspeicher komplexer abgebildet wird, muss dieser mit der Funktion `make()` zuerst erzeugt werden. Der Nullwert für einen Channel ist somit `nil`. Um Daten von einem Channel lesen oder schreiben zu können, wird eine Pfeil <- verwendet. Der Pfeil zeigt dabei immer nach links.

Listing 8–4
Sender und Empfänger

```
func main() {
    wg := &sync.WaitGroup{}
    ch := make(chan string)
    wg.Add(2)
    go routine1(ch, wg)
    go routine2(ch, wg)
    wg.Wait()
}

// routine1 ist der Sender
func routine1(ch chan string, wg *sync.WaitGroup) {
    ch <- "Hallo routine2"
    wg.Done()
}

// routine2 ist der Empfänger
func routine2(ch chan string, wg *sync.WaitGroup) {
    // warte auf die Nachricht
    nachricht := <-ch
    fmt.Println("routine2: ", nachricht)
    wg.Done()
}

// Output:
// routine2:  Hallo routine2
```

In diesem ersten Beispiel schicken wir eine Nachricht von `routine1` nach `routine2`. Damit unsere Hauptroutine wartet, verwenden wir eine `sync.WaitGroup`. Innerhalb des Senders stecken wir einfach eine Nachricht als `string` in den Channel `ch`. Auf Empfängerseite wartet `routine2` auf eine Nachricht aus dem Channel. Sobald diese Nachricht ankommt, geben wir diese aus.

Ein Channel hat die Aufgabe, die Kommunikation zwischen Sender und Empfänger sicherzustellen. Damit dies gewährleistet ist, blockiert der Channel den weiteren Programmfluss, bis die Nachricht durch den Channel verschickt wurde. Das bedeutet aber auch, dass immer eine Seite auf die andere Seite warten muss. Durch diese blockierende Funktion werden Empfänger und Sender an der Stelle des Channels synchronisiert. Wenn wir einen Channel geschickt einsetzen, übernimmt dieser auch gleich die Arbeit der `sync.WaitGroup`.

Channel blockiert Programmfluss

Listing 8–5
Channel verwenden

```
func main() {
    // Channel mit make erzeugen
    ch := make(chan string)
    // Goroutine als anonyme Funktion
    go func(ch chan string) {
        // Nachricht senden
        ch <- "eine Nachricht"
    }(ch) // ch als Input
    // auf Rückmeldung warten
    nachricht := <-ch
    fmt.Println(nachricht)
}
// Output:
// eine Nachricht
```

Im obigen Beispiel erzeugen wir die Goroutine über eine anonyme Funktion. Die Schreibweise von `func(chan string) { ... } (ch)` über mehrere Zeilen ist am Anfang ein wenig ungewohnt, jedoch wird dies in Verbindung mit Goroutinen regelmäßig verwendet. Als Input übergeben wir der Goroutine den Channel. In diesem Fall könnten wir den Channel aber auch als Closure verwenden. Das heißt, wir würden diesen nicht als Input-Paramter übergeben, sondern könnten auch innerhalb der anonymen Funktion auf `ch` zugreifen.

Die Hauptroutine wartet beim Auslesen der Nachricht. Hier verwenden wir wieder den Pfeil zusammen mit der Kurzdeklaration `nachricht := <-ch`. Der Channel blockiert an dieser Stelle, bis die Nachricht komplett gesendet wurde.

Der große Vorteil ist, dass wir im Hauptprogramm keine WaitGroup mehr benötigen, da der Channel sicherstellt, dass unser Hauptprogramm so lange wartet, bis die Goroutine `fertig` über den Channel geschickt hat. Da dies die letzte Anweisung innerhalb der Goroutine ist, haben wir mit dem Channel sichergestellt, dass die Goroutine zu Ende ausgeführt wird. Wir haben praktisch die Hauptroutine mit dieser Goroutine synchronisiert.

Channels als In- und Output

Funktionen, die wir als Goroutinen ausführen, dürfen keine Rückgabewerte besitzen. Denn sobald wir die Goroutine starten, hebt diese wie ein Raumschiff ab und ist völlig losgelöst. Die einzige Möglichkeit, die unseren Astronauten dann noch bleibt, ist die Kommunikation über Channels.

```
func add(a, b int) int {
    return a + b
}

func raumschiff(in chan int, out chan int) {
    a := <-in
    b := <-in
    out <- add(a, b)
}

func main() {
    in := make(chan int)
    out := make(chan int)
    go raumschiff(in, out)
    in <- 1
    in <- 2
    fmt.Println(<-out)
}
```

In diesem einfachen Beispiel haben wir eine klassische Funktion `add()`, die einen Rückgabeparameter besitzt. Wir erstellen uns nun ein `raumschiff()`, das In- und Output über Channels verarbeitet. Jetzt wartet das Raumschiff auf Nachrichten aus `in`. Wenn wir darüber zwei Zahlen erhalten haben, wird die Funktion `add()` aufgerufen und das Ergebnis dann an `out` gesendet.

In der Hauptroutine müssen wir aufpassen, dass wir die Channels korrekt aufrufen. Denn ansonsten könnte es sein, dass sowohl das Raumschiff auf weitere Input-Werte wartet, als auch das Hauptprogramm darauf, dass ein Ergebnis gesendet wird.

Buffered Channel

Das Blockieren des Programmflusses durch Channels ist aber nicht immer erwünscht. Wenn wir wollen, dass ein Channel nicht blockiert, müssen die Nachrichten in einem Puffer zwischengespeichert werden. Dies erfolgt mit einem *Buffered Channel*. Wenn wir einen Buffered *gepufferter Channel*

Channel erzeugen, definieren wir zeitgleich die Puffergröße. Wenn nun Daten über den Channel gesendet werden, werden diese zuerst in den Puffer geschrieben. Das Programm auf Senderseite blockiert dabei nicht. Das passiert, solange noch Platz im Puffer ist. Bei einem vollen Puffer blockiert die Ausführung, bis wieder Platz im Puffer ist.

Wir können einen Buffered Channel dabei genauso verwenden, wie jeden anderen Channel auch. Wenn wir einen gepufferten Channel haben, können wir sogar schon Werte in den Channel schreiben, ohne dass wir eine Goroutine benötigen.

Listing 8–6
In Puffer schreiben

```
func main() {
    ch := make(chan int, 2)
    ch <- 1 // schreibe Wert in Puffer
    ch <- 2 // schreibe Wert in Puffer
    fmt.Println("Ende")
}
```

Wenn wir jedoch noch einmal in den Channel schreiben würden, käme es zu einem Deadlock. Denn unser Programm würde dann blockieren, bis ein Wert aus dem Channel ausgelesen wird.

Auf der Empfängerseite funktioniert der gepufferte Channel entsprechend. Solange noch Daten im Puffer sind, werden diese ausgelesen und das Programm läuft weiter. Dabei gilt die Logik *First In–First Out*. Sobald keine Daten mehr im Puffer sind, wartet die Goroutine weiter auf Daten.

Listing 8–7
Aus Puffer lesen

```
func main() {
    ch := make(chan int, 2)
    ch <- 1 // schreibe Wert in Puffer
    ch <- 2 // schreibe Wert in Puffer
    fmt.Println(<-ch) // aus Puffer lesen
    fmt.Println(<-ch) // aus Puffer lesen
    fmt.Println("Ende")
}
// Output:
// 1
// 2
```

Auch hier benötigen wir nicht mal eine zusätzliche Goroutine, da wir alle Daten im Puffer behalten.

len() und cap() mit Channels

Die eingebauten Funktionen `len()` und `cap()` können auch gepufferte Channels als Input aufnehmen. Die Funktion `cap()` gibt dabei die Puffergröße des Channels aus und `len()`, wie viele Elemente sich im Puffer befinden. Beim Starten von mehreren Goroutinen können wir damit beispielsweise immer nur so viele Goroutinen starten, wie auch Platz im Puffer ist.

Listing 8–8
Begrenzen der Goroutinen mit cap()

```
for i := 0; i < cap(ch); i++ {
    go func() {
        // ...
        ch <- result
    }()
}
```

Jedoch führt der Puffer auch zu ein paar negativen Effekten. Wenn wir unser Listing 8–4 so erweitern, dass wir einen Buffered Channel verwenden, dann tauchen plötzlich Probleme auf.

Listing 8–9
Sender und Empfänger mit einem Buffered Channel

```
func main() {
    wg := &sync.WaitGroup{}
    ch := make(chan string, 5)
    wg.Add(2)
    go routine1(ch, wg)
    go routine2(ch, wg)
    wg.Wait()
}

// routine1 ist der Sender
func routine1(ch chan string, wg *sync.WaitGroup) {
    ch <- "Hallo routine2"
    ch <- "wichtige Nachricht"
    wg.Done()
}

// routine2 ist der Empfänger
func routine2(ch chan string, wg *sync.WaitGroup) {
    // warte auf die Nachricht
    nachricht := <-ch
    fmt.Println("routine2: ", nachricht)
    wg.Done()
}
// Output:
// routine2: Hallo routine2
```

Puffergröße dokumentieren

Zum einen leidet die Lesbarkeit des Codes. Mit `make(chan string, 5)` erzeugen wir einen Puffer der Größe 5. Aber warum ist der Puffer jetzt genau 5 und nicht 4 oder 10? Wenn wir einen Puffer definieren, müssen wir dokumentieren, warum wir eine bestimmte Puffergröße verwenden.

Wenn wir einen Channel innerhalb einer Funktion als Input-Parameter verwenden, dann wissen wir nicht, ob der Channel einen Puffer besitzt oder nicht. Innerhalb von `routine1` schicken wir jetzt zwei Nachrichten. Besonders die zweite Nachricht ist sehr wichtig. Da der übergebene Channel einen Puffer besitzt, werden beide Nachrichten sofort in den Puffer geschrieben. Wir wissen also auf Senderseite nicht, ob die Nachricht auch beim Empfänger angekommen ist. Denn das sehen wir dem Code nicht an. Da `routine2` auch nur einmal aus dem Channel liest, bleibt die wichtige Nachricht im Puffer und wird nicht verarbeitet.

Keine Garantie, dass Daten ankommen

Wenn wir einen Buffered Channel definieren, müssen wir uns bewusst sein, dass es damit auch keine Garantie mehr gibt, dass alle gesendeten Nachrichten ankommen oder dass Sender und Empfänger synchronisiert werden.

Gerichteter Channel

Der Typ eines Channels kann für die Verwendung in Funktionen als gerichteter Channel angegeben werden. Dadurch wird der Code lesbarer, da wir bereits bei der Signatur der Funktion sehen, in welche Richtung die Daten durch einen Channel fließen. Zusätzlich hilft uns der Compiler, falls wir den Channel falsch verwenden.

Für einen gerichteten Channel wird ein Pfeil `<-` gesetzt, der entweder in das Wort `chan` hinein zeigt oder daraus heraus. Bei `chan<-` zeigt der Pfeil hinein, das heißt, wir können nur Werte in den Channel stecken. Mit `<-chan` zeigt der Pfeil aus dem Channel, das heißt, in dem Fall können wir nur Daten empfangen.

Listing 8–10
gerichteter Channel

```
func main() {
    // ungerichteter Channel
    c := make(chan int)

    // in c kann jedoch geschrieben werden
    go foo(c)

    // warten auf den Wert aus c
    fmt.Println(<-c)
}

func foo(ch chan<- int) {
    // in ch kann nur geschrieben werden
    ch <- 42
}
```

Bei der Definition foo(ch chan<- int) kann innerhalb der Funktion nur aus dem Channel gelesen werden. Beim Aufruf der Goroutine unter main() müssen wir dann einen Channel übergeben, der es auch ermöglicht, dass wir Daten hinein schreiben. Da wir im Beispiel mit c einen ungerichteten Channel erzeugen, ist diese Vorraussetzung auch erfüllt.

8.5 Einen Channel schließen

- Wie können wir einen Channel schließen?
- Was passiert, wenn ein Channel geschlossen wurde?

In den letzten Kapiteln haben wir gesehen, dass Channels den Programmfluss von Goroutinen blockieren. Das kann auch dazu führen, dass Goroutinen nicht beendet werden.

Listing 8–11
Der vergessene Zuhörer

```
func main() {
    ch := make(chan string)
    for i := 0; i < 5; i++ {
        go zuhörer(ch)
        time.Sleep(time.Second)
    }
    ch <- "hab nur eine Nachricht"
    time.Sleep(time.Second)
    fmt.Println("Ende")
}

func zuhörer(ch chan string)
    fmt.Println("warte ...")
    nachricht := <-ch
    fmt.Println("Nachricht erhalten: ", nachricht)
}
```

In unserem Beispiel definieren wir eine zuhörer()-Funktionen. Diese erwarten eine Nachricht aus dem Channel ch. Das Hauptprogramm erzeugt einen Channel für die Übermittlung von Nachrichten. Anschließend wird in einem Loop zuhörer() als Goroutine gestartet. Dann warten wir eine Sekunde, bis wir die nächste Iteration vornehmen.

Das Schlimme an dieser Situation ist, dass wir zwar pro Sekunde einen Zuhörer mehr bekommen, jedoch keine weitere Nachricht, die geschickt wird. Das bedeutet auch, dass die gestarteten Goroutinen über die ganze Laufzeit des Programms nicht beendet werden. Diese Situation wird *Leaking Goroutines* genannt.

Eine Lösung hierfür ist, dass die Goroutine auf Senderseite Bescheid gibt, wenn keine Nachrichten mehr über den Channel geschickt werden. Go bietet hierfür die Möglichkeit, den Channel mit `close()` zu schließen. Über einen geschlossenen Channel können keine weiteren Daten mehr geschickt werden. Deshalb ist es auch nicht notwendig, dass die Goroutinen auf weitere Nachrichten warten. Ein geschlossener Channel blockiert somit nicht.

Listing 8–12
Der benachrichtigte Zuhörer

```
func main() {
    ch := make(chan string)
    for i := 0; i < 5; i++ {
        go zuhörer(ch)
        time.Sleep(time.Second)
    }
    ch <- "hab nur eine Nachricht"
    // keine weiteren Daten mehr
    close(ch)
    time.Sleep(time.Second)
    fmt.Println("Ende")
}

func zuhörer(ch chan string)
    fmt.Println("warte ...")
    nachricht := <-ch
    fmt.Println("Nachricht erhalten: ", nachricht)
}
```

In diesem Beispiel schließen wir den Channel und sehen, dass nachdem wir den Channel geschlossen haben, alle Goroutinen noch weiterlaufen. Nach dem `close()` lassen wir das Hauptprogramm noch eine Sekunde warten, damit die laufenden Goroutinen Zeit haben, die letzte Nachricht auszugeben. Da die letzte Anweisung innerhalb unserer Goroutinen keine Channel-Aktion ist, wäre hier eine WaitGroup sicher besser. Du kannst das als Übung einmal ausprobieren. Wie man in einer solchen Situation eine `WaitGroup` verwendet, haben wir in Kapitel 8.3 in Listing 8–2 gesehen.

Da geschlossene Channels nicht blockieren, können wir das auch dazu nutzen, um mehrere Goroutinen bis zu einem Event warten zu lassen.

Listing 8–13
Auf die Plätze, fertig, los!

```
func rennen() {
    los := make(chan struct{})
    fmt.Println("Auf die Plätze, fertig, ...")
    go laeufer(los)
```

```
    go laeufer(los)
    go laeufer(los)
    close(los)
    // ... weiter geht's
}

func laeufer(start chan struct{}) {
    <-start
    // ... los geht's
}
```

In unserem kleinen *Wettrennen* erzeugen wir einen Channel, über den wir alle Goroutinen zeitgleich starten lassen können. Als Typ verwenden wir ein `struct`, also eine *leere Struktur*. Dieser Typ ist üblich, wenn wir keine Daten über den Channel schicken wollen. Das hat zwei Vorteile: Zum einen muss für den Typ kein Arbeitsspeicher für einen Wert bereitgestellt werden, zum anderen erkennen wir an diesem Typ, dass auch kein Wert verschickt wird.

Alle `laeufer()` warten, bis der Channel geschlossen wird. Sobald wir mit `close()` den Channel schließen, laufen die drei Goroutinen los.

Wir können mit einem geschlossenen Channel noch einiges mehr anstellen. Denn sobald der Channel geschlossen wurde, meldet dieser den Nullwert. Wir können aber an diesem Wert nicht erkennen, ob er gesendet wurde oder aus einem geschlossenen Channel kommt. Deshalb liefert die Abfrage aus einem Channel einen zweiten Parameter vom Typ `bool` zurück. Wenn wir einen echten Wert geschickt bekommen, dann ist dieser Wert `true`.

Listing 8–14
Auswertung gesendeter Wert

```
func main() {
    ch := make(chan int)
    go func(c chan int) {
        for i := 0; i < 2; i++ {
            c <- i
        }
        close(c)
    }(ch)
    for i := 0; i < 4; i++ {
        n, ok := <-ch
        fmt.Println(n, ok)
    }
}
```

```
// Output:
// 0 true
// 1 true
// 0 false
// 0 false
```

In unserem Beispiel lassen wir eine Goroutine zwei Werte über den Channel verschicken. Anschließend schließen wir den Channel, da wir damit ausdrücken, dass keine weiteren Daten mehr folgen.

In der Hauptroutine lesen wir viermal aus dem Channel. Die Abfrage aus dem Channel erfolgt über `n, ok := <-ch`. Diese Werte geben wir aus. Wenn wir also Werte aus einem Channel bekommen, müssen wir auch immer prüfen, ob wir einen echten Wert bekommen haben oder nur von einem geschlossenen Channel lesen.

Wir können natürlich auch unser Programm so gestalten, dass wir nur Werte verarbeiten, die tatsächlich gesendet wurden.

Listing 8–15
Verwendung von close()

```
func main() {
    ch := make(chan int)
    go func(chan int) {
        for i := 0; i < 2; i++ {
            ch <- i
        }
        close(ch)
    }(ch)
    for {
        n, ok := <-ch
        if !ok {
            break
        }
        // mach was mit n
        fmt.Println(n, ok)
    }
}
```

Unser neues Listing setzt einen unendlichen Loop und liest immer aus dem Channel. Sobald `ok` auf `false` wechselt, brechen wir unseren Loop ab. Denn wir wissen ja dann, dass der Channel geschlossen wurde und keine weiteren Daten mehr sendet.

range über Channel

Für das Beispiel aus Listing 8–15 gibt es auch eine Kurzform. Mit range können wir unseren Code ganz einfach umstellen. Dabei passiert genau das Gleiche wie davor.

Listing 8–16
range über Channel

```
func main() {
    ch := make(chan int)
    go func(chan int) {
        for i := 0; i < 2; i++ {
            ch <- i
        }
        close(ch)
    }(ch)
    for n := range ch {
        fmt.Println(n)
    }
}
```

Innerhalb von range wird geprüft, ob der Channel geschlossen wurde. Wenn nicht, wartet die Anweisung auf Daten aus dem Channel.

8.6 Select

- Wofür wird select verwendet?
- Warum sollte man, wenn möglich, keine Funktionen innerhalb eines case verwenden?

Über Channels werden Ereignisse zwischen den einzelnen Goroutinen kommuniziert. Da Channels blockieren, und solange es zu keiner Kommunikation kommt, ist es auch nicht möglich, auf unterschiedliche Ereignisse durch die Abfrage eines Channels zu reagieren. Wenn z. B. ein Timeout umgesetzt werden soll, muss der Code auf unterschiedliche Ereignisse reagieren können.

Abb. 8–4
Mit select lauscht der Gopher über mehrere Channels.

Genau für diesen Zweck gibt es select. Die Anweisung sieht syntaktisch dem switch ähnlich und verhält sich auch ein wenig so. Innerhalb des Selects können Fälle mit case definiert werden, die sich immer auf ein Ereignis in Verbindung mit einem Channel beziehen. Dies kann sowohl das Senden als auch das Empfangen beinhalten. Jedes Case-Statement ist praktisch eine ODER-Verknüpfung der dahinter stehenden Ereignisse.

Listing 8–17
Timeout mit select

```
timeout := time.Second * 3
result := make(chan int, 1)
go func() {
    r := doSomething()
    result <- r
}()

select {
case r := <-result:
    useResult(r)
case <-time.After(timeout):
    fmt.Println("timeout")
    return
}
```

Das time-Paket

Da Nebenläufigkeit ein fester Teil der Go-Sprache ist, unterstützt auch die Standardbibliothek wichtige Patterns. Im time-Paket gibt es die Funktionen time.Tick() und time.After(), die Channels erzeugen. Die Channels erzeugen nach einem definierten Zeitraum ein Event, indem sie die aktuelle Zeit über den Channel schicken. Diese Funktionen werden oft in Verbindung mit select verwendet.

Im obigen Code wird eine Goroutine gestartet und darin eine Funktion aufgerufen. Angenommen die Funktion liest Daten von einer Webseite und kann auch mal länger dafür benötigen. Für das Ergebnis aus der Funktion wird ein gepufferter Channel definiert. Dieser Puffer bewirkt, dass der Code an der Stelle nicht blockieren kann, falls die Daten nicht mehr abgeholt werden. Unter Select wird auf das erste Ereignis gewartet: zum einen auf das Ergebnis aus result und zum anderen auf ein Ereignis aus time.After(), das nach drei Sekunden auslöst. Angenommen der Timeout löst als Erstes aus, dann wird mit return abgebrochen. Die Goroutine mit der Berechnung führt ihre Aufgabe noch zu Ende aus und meldet danach das Ergebnis in den Channel. Da dieser einen Puffer hat, blockiert er nicht und die Goroutine wird beendet. Da die Variable `result` (ein Channel ist ja auch eine Variable) im Code nicht mehr benötigt wird, kümmert sich dann der Garbage Collector um sie.

Innerhalb einer Goroutine wird `select` oft mit einem `for`-Loop kombiniert. Mithilfe der `select`-Anweisung können wir dann einen Channel definieren, den wir für das Beenden des Loops verwenden.

Listing 8–18
select zusammen mit einer for Anweisung

```
quit := make(chan struct{})
go func() {
    for {
        select {
        case <-quit:
            break
        case req := <-request:
            handle(req)
        }
    }
}()
// ...
close(quit)
```

Für das Schließen von `quit` ist es nicht notwendig, Daten zu übermitteln. Deshalb wird hier der Typ verwendet, der am wenigsten Speicher verbraucht, und das ist ein leeres Struct. Da das Lesen aus einem geschlossenen Channel nicht blockiert, wird `case <-quit` ausgeführt, sobald der Channel geschlossen wurde.

Die `select`-Anweisung blockiert, bis ein Channel eines `case` Daten empfängt oder senden kann. Blockierende Elemente in unserem Code sind aber nicht immer erwünscht. Wenn wir nicht wollen, dass unser Programmfluss angehalten wird, definieren wir eine `default`-Anweisung. Diese wird immer dann ausgeführt, wenn keiner der `case`-Blöcke verwendet werden kann.

Eine praktische Anwendung für diesen Fall wäre eine Logger, der nicht blockieren darf.

Listing 8–19
select mit default blockiert nicht.

```
func (l *Logger) Println(s string) {
    select {
    case l.log <- s:
    default:
        fmt.Fprintln(os.Stderr, "cannot log message:", s)
    }
}
```

In dem Beispiel wäre `l.log` ein Buffered Channel, der mehrere Nachrichten aufnehmen kann. Sollte der Logger die Nachrichten nicht mehr schreiben können, würde der Puffer volllaufen und es wäre nicht mehr möglich, in den Channel zu schreiben. In dem Fall würden dann die Anweisung unter `default` ausgeführt werden. Die Folge ist, dass die Nachrichten zwar nicht mehr weggeschrieben werden, aber dafür der Programmfluss auch nicht mehr aufgehalten wird.

Bei `select` gibt es noch ein paar Besonderheiten, auf die wir achten müssen. Wenn mehrere Möglichkeiten der Kommunikation gegeben sind, dann wird zufällig eine Kommunikation gewählt.

Im folgenden Beispiel wird zufällig *ping* oder *pong* in den Channel geschrieben. Das letzte `case`-Statement liest dabei den Wert aus dem Channel. Dadurch, dass unser Channel einen Puffer besitzt, können wir das Ganze innerhalb einer Goroutine ablaufen lassen.

Listing 8–20 *Ein kleines Ping-Pong-Programm*

```
func main() {
    c := make(chan string, 1)
    for {
        select {
        case c <- "ping":
        case c <- "pong":
        case s := <-c:
            fmt.Println(s)
        }
    }
}
```

Unser kleines Ping-Pong-Programm gibt bei jedem Aufruf immer etwas anderes aus. Denn sowohl "ping" als auch "pong" könnten in den Channel geschrieben werden. Hier entscheidet dann die Runtime zufällig, welches Event innerhalb des `select` ausgeführt wird.

Innerhalb von `case` sind alle Ausdrücke erlaubt. Neben Variablen oder festen Werten können dort natürlich auch Funktionen stehen. Per Spezifikation werden alle Statements auf der rechten Seite ausgeführt, und zwar bevor geprüft wird, an welcher Stelle eine Kommunikation möglich ist.

In folgendem Beispiel definieren wir die Funktion `count()`, die den Input einfach durchreicht, jedoch bei jedem Aufruf den `counter` erhöht. In jedem `case` wird nun in den Channel `c` geschrieben, und zwar über die `count`-Funktion. Damit wir nachvollziehen können, welches `case` ausgeführt wurde, bekommt jeder Aufruf eine andere Nummer.

Listing 8–21
Aufführen von Funktionen in einer case-Anweisung

```
func main() {
    c := make(chan int, 1)
    counter := 0
    count := func(i int) int {
        counter++
        return i
    }
    select {
    case c <- count(1):
    case c <- count(2):
    case c <- count(3):
    case c <- count(4):
    case c <- count(5):
    }
    fmt.Println("c:", <-c)
    fmt.Println("counter:", counter)
}
```

Die Ausgaben bezüglich des kommunizierten Wertes sind zufällig. Das heißt es lässt sich nicht vorraussagen, welches Statement gewinnt.

Listing 8–22
Ausgabe

```
c: 4
counter: 5

c: 4
counter: 5

c: 3
counter: 5

c: 1
counter: 5
```

Der `counter` ist jedes Mal 5, was bedeutet, dass `count()` nicht nur einmal aufgerufen wurde, obwohl nur ein `case` kommuniziert hat. Es ist also wichtig zu wissen, dass Funktionen innerhalb des `case` immer ausgeführt werden. Als Faustregel sollten wir innerhalb von `case`-Statements am besten nur Variablen, Konstanten oder konkrete Werte verwenden. Dies macht den Code lesbarer und führt zu keinen Überraschungen.

8.7 Race Conditions und Data Races

- Was sind Race Conditions und Data Races?
- Wie wird der Race Detector verwendet?
- Welche Data Races kann der Race Detector nicht finden?
- Wie kann man ein Data Race aus seinem Code entfernen?

Definition Race Condition

Wenn wir nebenläufig programmieren, wissen wir nicht, wann welche Goroutine ausgeführt wird. Wenn mehrere Goroutinen unkoordiniert auf die gleiche Ressource zugreifen und dabei lesenden und schreibenden Zugriff haben, wird dieser Zustand im Code *Race Condition* genannt. Bei einer Race Condition kommt es bei der Ausführung des Codes zu sogenannten *Data Races*.

Starten wir einmal 100 Goroutinen, die einen globalen Counter um eins erhöhen. Mit `runtime.Gosched()` weisen wir den Scheduler an, an dieser Stelle auch zu anderen Goroutinen zu wechseln. Auf diese Weise bringen wir die Reihenfolge der Ausführung zusätzlich durcheinander.

Listing 8–23 *Data Race 1*

```
counter := 0
var wg sync.WaitGroup
wg.Add(100)
for i := 0; i < 100; i++ {
    go func() {
        defer wg.Done()
        c := counter
        runtime.Gosched()
        counter = c + 1
    }()
}
wg.Wait()
fmt.Println(counter)
```

zufällige Ausgabe

Die Ausgabe des Programms ist zufällig. Der Counter liegt mal bei 52, 64, 61, 65 oder 54. In diesem Beispiel haben wir es zugegebenermaßen auch genau darauf angelegt. Natürlich hätten wir auf den Befehl `runtime.Gosched()` verzichten und nur den `counter` erhöhen können. Dann hätten wir öfters die 100 in unserem Zähler erreicht, aber eben leider auch nicht immer. Dabei zeigt sich das Problem der Race Conditions. Denn oft laufen Funktionen und deren Tests erfolgreich durch und nur bei jedem zwanzigsten Aufruf kommt es zu einer Abweichung. Das macht das Debuggen nicht unbedingt leichter.

Data Races sind schwer zu finden.

Race Detector

Entwicklung des Race Detector

Außerdem sind Race Conditions nicht immer sofort offensichtlich. Sie kommen auch bei sehr erfahrenen Entwicklern vor. So soll das Go-Team einmal einen ganzen Tag lang nach einem durch eine Race Condition verursachten Fehler gesucht und gedebuggt haben. Als am Schluss der Fehler gefunden und ein Data Race als Ursache ausgemacht wurde, hat man dem Go Tooling den Race Detector hinzugefügt. Dieses Tool wurde dann auch gleich auf den Rest der Standardbibliothek losgelassen und hat dort noch 42 weitere Data Races gefunden. Das bedeutet, dass sich die Race Conditions trotz Code-Reviews und umfangreicher Tests einschleichen konnten.

Der Race Detector ist seit Version 1.1 Teil von Go. Dieser wird mit dem Flag `-race` aufgerufen und ist unter `go build`, `go run` und `go test` einsetzbar.

Wenn wir das folgende Programm nochmal mit `go run -test main.go` ausführen, wird die Race Condition sofort gefunden.

Listing 8–24
Data Race 2

```
counter := 0
var wg sync.WaitGroup
wg.Add(100)
for i := 0; i < 100; i++ {
    go func() {
        defer wg.Done()
        counter++
    }()
}
wg.Wait()
fmt.Println(counter)
```

Listing 8–25
Ausgabe

```
> go run -race main.go
==================
WARNING: DATA RACE
Read at 0x00c000058300 by goroutine 7:
  main.main.func1()
      /home/user/go/src/example/main.go:35 +0x69

Previous write at 0x00c000058300 by goroutine 6:
  main.main.func1()
      /home/user/go/src/example/main.go:35 +0x7f

Goroutine 7 (running) created at:
  main.main()
      /home/user/go/src/example/main.go:33 +0xeb
```

```
Goroutine 6 (finished) created at:
  main.main()
      /home/user/go/src/example/main.go:33 +0xeb
==================
100
Found 1 data race(s)
exit status 66
```

Die Ausgabe des Programms 100 ist zwar korrekt, jedoch konnte trotzdem das Data Race entdeckt werden. Dafür wird durch die Runtime analysiert, wann, wie und durch welchen Code auf den Arbeitsspeicher zugegriffen wird. Das Tool ist somit sehr zuverlässig. Wichtig dabei ist, dass der Code ausgeführt wird. Codebereiche, die nicht aufgerufen werden, können auch nicht bezüglich eines Speicherzugriffs analysiert werden.

Da der Race Detector das Programm langsamer macht, sollte man die mit `-race` erzeugten Binaries nur zu internen Tests verwenden. Ein Projekt mit guten und umfangreichen Tests muss nur mittels `go test -race ./...` getestet werden. Da sich Race Conditions sehr leicht einschleichen können, ist es empfehlenswert alle Tests immer mit dem Race Detector auszuführen. Die Tests benötigen in dem Fall ein wenig mehr Zeit, jedoch fällt dies normalerweise nicht groß ins Gewicht.

Wurde eine Race Condition gefunden, muss diese auch behoben werden. Für unser Beispiel bietet die Standardbibliothek in dem Paket `sync` ein Mutex (*mutual exclusion*) an. Hierdurch können wir den Zugriff auf `counter` so sichern, dass nur eine Goroutine zeitgleich darauf zugreifen kann.

Hierfür erzeugen wir eine Variable vom Typ Pointer auf `sync.Mutex`. Vor dem Zugriff auf `counter` setzen wir dann ein `Lock()`, das wir danach mit `Unlock()` wieder freigeben.

Listing 8–26
Mutex

```
mutex := &sync.Mutex{}
for i := 0; i < 100; i++ {
    go func() {
        defer wg.Done()
        mutex.Lock()
        counter++
        mutex.Unlock()
    }()
}
```

Mit `go run -race main.go` prüfen wir unseren Code erneut und er läuft ohne Data Race durch.

Eine weitere Möglichkeit, den Zugriff auf den Counter einzuschränken, ist eine atomare Funktion. Das `atomic` Paket beinhaltet hierfür `AddInt32()` und `AddInt64()`.

Listing 8–27
Atomic

```
go func() {
    defer wg.Done()
    atomic.AddInt64(&counter, 1)
}()
```

9 Concurrency Patterns

Das Konzept der nebenläufigen Programmierung kann am Anfang ungewohnt sein, da die Anwendung ein Umdenken zur sequentiellen Programmierung erfordert. Dies bedarf vielleicht zuerst ein wenig Übung. Wenn wir dann einmal die ersten nebenläufigen Programme erstellt haben, werden wir feststellen, dass sich alles sehr schnell wiederholt. Denn eigentlich geht es immer darum, Daten über Channels zu schicken und diese dann innerhalb von Goroutinen zu verarbeiten oder mit Goroutinen andere Goroutinen zu steuern. Wenn wir Nachrichten aus Channels bekommen, steht immer ein Ereignis dahinter, auf das wir reagieren müssen. Dafür gibt es eine Handvoll Patterns, die uns das Leben am Anfang sehr erleichtern. Die wichtigsten Patterns sollen in diesem Kapitel vorgestellt werden.

9.1 Checkliste zu Goroutinen

- Was müssen wir beachten, wenn wir eine Goroutine starten?

Bevor wir mit konkreten Patterns tiefer in die Konstruktion von Goroutinen einsteigen, schauen wir uns ein paar Grundsätze an. Diese Grundsätze sollen uns am Anfang die Arbeit erleichtern.

Bei der Konstruktion von Goroutinen sollten wir uns immer folgende Fragen stellen:

- Wie lange soll die Goroutine laufen?
- Wie wird sie beendet?
- Welche Elemente blockieren den Programmfluss?
- Kann es zu einer Leaking Goroutine kommen?
- Was passiert auf der anderen Seite der Channels?

Gehen wir die Punkte noch einmal kurz durch. Die Frage nach der Laufzeit und dem Beenden der Goroutine muss immer beachtet werden. Hier ist das Context-Pattern (Kapitel 9.4) unser wichtigstes Werkzeug. Denn bei Services, die lange und stabil laufen müssen, ist es wichtig, einmal gestartete Goroutinen gezielt beenden zu können. Wir müssen dabei aber aufpassen, dass die Goroutinen auch wirklich beendet werden. Deshalb sollten wir beim Start der Goroutine auch prüfen, dass keine Elemente ungewollt blockieren. Denn blockierende Elemente können zu Leaking Goroutines führen. Allgemein müssen wir bei der Verwendung von Channels auch immer die andere Seite im Hinterkopf behalten.

Leaking Goroutines

Leaking Goroutines sind Goroutinen, die während der Laufzeit nie mehr beendet werden. Bei Programmen, die nur kurz laufen, ist dies nicht so schlimm, da mit dem Beenden des Hauptprogramms auch alle Goroutinen beendet werden. Bei Servern sieht dies jedoch ganz anders aus. Hier kann die Laufzeit mehrere Monate betragen, bis der Server neu gestartet wird. Wenn pro Request eine Goroutine als Leiche im Arbeitsspeicher vorgehalten werden muss, geht früher oder später der Arbeitsspeicher aus.

Für die Prüfung unserer Channels gibt es ein paar Merksätze, die die Funktion von Channels zusammenfassen:

- Daten über einen nil-Channel zu senden, führt zu einem Deadlock.
- Daten aus einen nil-Channel lesen zu wollen, führt zu einem Deadlock.
- Einen nil-Channel zu schließen, führt zu einer Panik.
- Daten über einen geschlossenen Channel zu senden, führt zu einer Panik.
- Daten aus einem geschlossenen Channel zu lesen, liefert den Nullwert des Typs zurück.
- Einen bereits geschlossenen Channel zu schließen, führt zu einer Panik.

Mit diesen Merksätzen können wir nun loslegen, um die einzelnen nebenläufigen Patterns kennenzulernen.

9.2 Goroutinen melden, wenn sie fertig sind

- Wie kann eine Goroutine mitteilen, dass sie mit ihrer Arbeit fertig ist?
- Warum ist das wichtig?

Wenn wir eine Goroutine starten, wird diese aus dem aktuellen Programmfluss herausgenommen und blockiert nicht das Hauptprogramm. Damit wir jedoch mitbekommen, wann eine Goroutine fertig ist, muss diese kommunizieren, wann sie fertig ist. In dem Fall können wir Goroutine und Hauptprogramm wieder synchronisieren.

Wenn eine Goroutine ein Ergebnis ermittelt, wird dieses am Ende der Goroutine über einen Channel gesendet. Da Channels blockieren, werden die Goroutinen auf Sender- und Empfängerseite synchronisiert. Entweder der Empfänger oder der Sender wartet, bis das Ergebnis übermittelt werden kann. Um einer Leaking Goroutine vorzubeugen, sollte der `result`-Channel einen Puffer der Größe 1 besitzen. Denn sollte aus irgendwelchen Gründen kein Empfänger für das Ergebnis mehr zur Verfügung stehen, würde die Goroutine nie beendet werden.

Listing 9–1
Ergebnis an einen Channel

```
result := make(chan resultType, 1)
// ...
go func() {
    r := doSomething()
    result <- r
}()
// ...
// Verwende das Ergebnis
ergebnis := <-result
```

Goroutinen können aber auch aktiv melden, dass sie fertig sind. Die einfachste Lösung hierfür ist die Verwendung der `sync.WaitGroup`.

Listing 9–2
Verwendung der sync.WaitGroup

```
// WaitGroup
var wg &sync.WaitGroup
go func() {
    doSomething()
    wg.Done()
}()
wg.Wait()
```

Die Verwendung der WaitGroup ist komfortabel, schnell und sicher. Als Variablenname hat sich `wg` durchgesetzt. Wenn möglich, sollten wir diesen Namen also ausschließlich für WaitGroups verwenden.

Wenn wir keine WaitGroup verwenden möchten, bietet sich auch ein Channel an. Diesen schließen wir, sobald die Goroutine fertig ist.

Listing 9–3
Synchronisierung mit einem done-Channel

```
// Channel schließen
done := make(chan struct{})
// ...
go func() {
    doSomething()
    close(done)
}()
// Programmfluss blockiert hier, bis
// done geschlossen wird.
<-done
```

Anstatt den Channel zu schließen, können wir auch eine Nachricht schicken. Dabei sollten wir wieder einen Puffer setzen, denn so sind wir unabhängig von einem Empfänger. Die Goroutine wird in jedem Fall beendet. Der einzige Wermutstropfen ist, dass keine Synchronisierung stattfindet.

Listing 9–4
Erledigt über einen buffered Channel

```
done := make(struct{}, 1)
go func() {
    doSomething()
    done <- struct{}{}
}()
```

Alle der hier vorgestellten Pattern ermöglichen es einer Goroutine, zu kommunizieren, dass sie fertig ist.

9.3 Beenden von Goroutinen

- Wie lassen sich Goroutinen so aussteuern, dass wir sie kontrolliert beenden können?

Noch einmal der wichtigste Grundsatz für Goroutinen als Wiederholung von Kapitel 9.1: Beim Starten einer Goroutine muss auch immer deren Ende berücksichtigt werden. Bezüglich der Laufzeit gibt es zwei unterschiedliche Typen von Goroutinen:

- Goroutinen, die einen Loop beinhalten und auf ein oder mehrere unterschiedliche Ereignisse reagieren und somit *unendlich* laufen, und
- Goroutinen, die eine oder mehrere Anweisungen sequentiell abarbeiten und dann beendet werden.

Für den ersten Typ ist ein gezieltes Beenden definitiv notwendig, da eine solche Goroutine ansonsten unendlich laufen würde. Insbesondere wenn Ressourcen wie Ports oder Dateien wieder freigegeben werden müssen.

Der zweite Typ scheint auf den ersten Blick unproblematisch. Jedoch kann es auch sein, dass dieser gezielt beendet werden muss. Wenn z. B. eine Anfrage an eine Netzwerkressource zu lange dauert, wäre es sinnvoll, mit einem Timeout gezielt abzubrechen.

Das Beenden von Goroutinen läuft unabhängig vom Typ immer nach dem gleichen Pattern ab. Es wird ein `done`-Channel definiert, der über `select` in den Programmfluss eingebunden wird. Wenn die Goroutine beendet werden soll, wird der Channel geschlossen.

In Listing 9–5 ist diese Logik innerhalb eines Loops umgesetzt. Die Goroutine wartet dabei auf Daten aus dem `request`-Channel und verarbeitet diese. Sobald `done` geschlossen wird, wird mit `break` oder `return` die Goroutine beendet.

Listing 9–5
Beenden innerhalb eines Loops

```
done := make(chan struct{})
go func() {
    for {
        select {
        case <-done:
            break // oder return
        case req := <-request:
            handle(req)
        }
    }
}()
// ...
close(done)
```

Der andere Typ von Goroutinen beinhaltet einzelne sequentielle Anweisungen. In Listing 9–6 ist ein Beispiel vor dem Refactoring zu einer Goroutine dargestellt. Die Funktion `networkRequest()` lädt Daten über ein Netzwerk. Dabei kann es sein, dass diese Funktion viel zu viel Zeit benötigt. Das Ziel ist es, hierfür ein Timeout umzusetzen.

Listing 9–6
langsame Netzwerkanfrage

```
data := networkRequest()
```

Dafür packen wir die Funktion in eine eigene Goroutine. Das Ergebnis des Aufrufs wird dann an den `result`-Channel (siehe Listing 9–7) geschickt. Dieser Channel besitzt wieder einen Puffer, damit er später nicht blockieren kann.

```
result := make(chan []byte, 1)
go func() {
    result <- networkRequest()
}()
select {
case data := <-result:
    fmt.Println(data)
case <-time.After(2 * time.Second):
    fmt.Println("timeout")
}
```

Listing 9–7
Netzwerkanfrage mit Timeout

Danach wird die Variable `data` innerhalb eines `select` gefüllt und weiterverarbeitet. Als weiteres `case` wird mit `time.After()` ein Timeout umgesetzt. Sollte die Anfrage länger als zwei Sekunden benötigen, wird der Vorgang mit einem Timeout beendet. Die Netzwerkanfrage wird leider nicht abgebrochen. Hierfür gibt es das Context-Pattern (siehe Kapitel 9.4).

9.4 Context

- Wofür können wir das Context-Pattern verwenden?

Funktionen des Context-Pakets

Das Context-Pattern ist eines der wichtigsten Elemente für die Steuerung von mehreren Goroutinen. In der Standardbibliothek wird es über das `context`-Paket implementiert. Das Paket hat zwei Funktionen: Zum einen können Werte an mehrere Funktionen bzw. Goroutinen übergeben werden und zum anderen wird es verwendet, um Goroutinen gezielt beenden bzw. abbrechen zu können.

Geschichte des Context-Pakets

Das Context-Paket war ursprünglich nicht Teil der Standardbibliothek. Zuerst gab es dafür nur eine interne Implementierung bei Google. Durch die große Praxisrelevanz wurde Context schnell als experimentelles Paket eingeführt. Seit Go 1.7 ist es Teil der Standardbibliothek.

Verarbeitung gleichzeitiger Prozesse

In Kapitel 9.3 haben wir gelernt, wie wir Goroutinen beenden können. Doch wofür benötigen wir jetzt noch ein zusätzliches Pattern? Ein Context ist notwendig, wenn wir Prozesse haben, die gleichzeitig ablaufen können. In Go sind das Goroutinen. In komplexeren Applikationen wird eine Anfrage über mehrere Services laufen. In Abbildung 9–1 ist beispielhaft dargestellt, wie ein Request über mehrere Goroutinen bearbeitet wird.

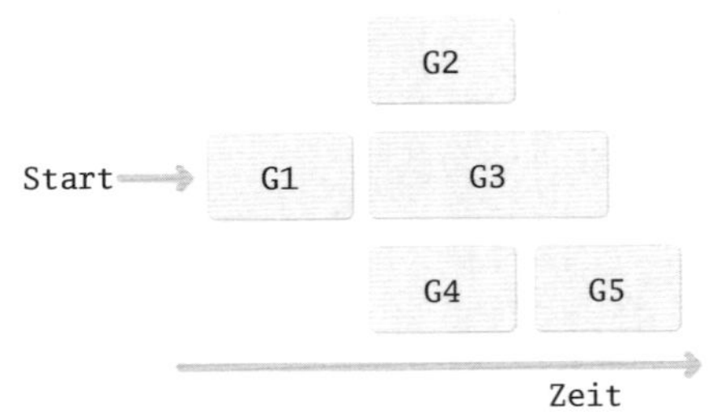

Abb. 9–1
Request über viele Services

Der Request läuft rein: Goroutine 1 lädt Daten (z. B. zum User), dann werden die Routinen 2 bis 4 gestartet, die weitere Abfragen durchführen. Solange alle Abfragen erfolgreich sind, wird der Request schnell beantwortet. Es kann aber sein, dass an irgendeiner Stelle in diesem Ablauf etwas schief läuft. Angenommen in G2 kommt es zu einem Fehler, dann würden trotzdem die Prozesse G3 bis G5 durchlaufen. Hier benötigen wir eine Lösung, die es uns ermöglicht, alle weiteren Abfragen abzubrechen.

gezielter Abbruch von Goroutinen

Standardlösung für kontrollierten Abbruch von Goroutinen

Genau für diesen Fall müssen alle Goroutinen so ausgesteuert werden, dass ein kontrollierter Abbruch möglich ist. Das Context-Paket definiert genau dafür eine API bzw. ein Interface und eine Standardlösung.

Die Funktionsweise von Context ist dabei sehr simpel. Jeder Context enthält einen Done-Channel, der über die Methode `Done()` abgefragt wird. Dieser Done-Channel wird geschlossen, wenn die Goroutine abbrechen soll. Diese Logik haben wir in der Einführung an mehreren Beispielen schon gesehen.

Context erzeugen

Wie in dem Beispiel von Abbildung 9–1 dargestellt ist, kann ein Request mehrere nebenläufige Routinen auslösen. Dabei unterscheiden sich die Aufgaben der einzelnen Goroutinen. Dadurch ergeben sich auch unterschiedliche Rahmenbedingungen. Einem Logger können wir beispielsweise einen ganz anderen Timeout zuweisen, als der Datenbankabfrage zu einem User.

unterschiedliche Anforderungen an Context je nach Service

Genau diese Anforderung unterstützt die API des Context-Paketes. So wird immer mit einem ersten Context gestartet, der dann als Elternelement für folgende Contexts verwendet wird. Auf diese Weise erstellen wir eine Art Baum von Anforderungen (Abbildung 9–2). Das Erstellen eines Contexts läuft somit immer schrittweise ab. Am Anfang wird ein leerer Context mit `context.Background()` erstellt. Dieser Context beerbt dann alle folgenden Contexts.

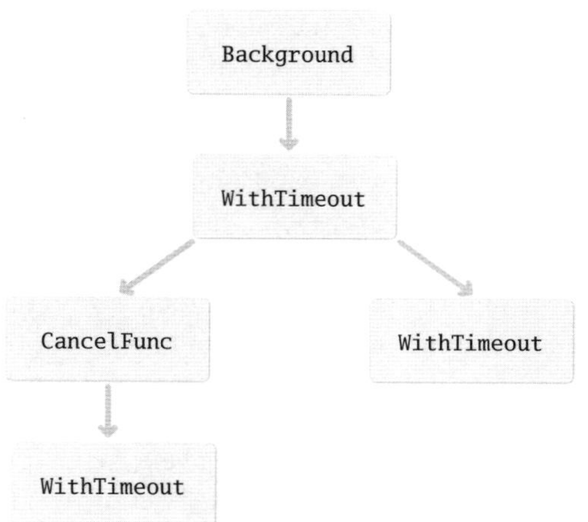

Abb. 9–2
Context-Baum

Die Funktionsweise des Context-Baums ist ganz einfach. Es gibt zwei Möglichkeiten, dass ein Context die Ausführung abbricht. Entweder der Context wird durch das im Context definierte Ereignis abgebrochen, das wäre z. B. ein Timeout, oder ein Elternelement bricht die Ausführung ab. Der Abbruch vererbt sich somit auf die darunterliegenden Goroutinen.

Für die Erstellung und Ausprägung des Contexts gibt es folgende Funktionen:

- `[Background()]`: Erzeugt einen leeren Context. Dieser beinhaltet keine Abbruchbedingungen oder Werte. Mit dieser Funktion wird immer der erste Context erzeugt.
- `[TODO()]`: Erzeugt auch einen leeren Context und soll immer dann verwendet werden, wenn noch nicht klar ist, welcher Context genau verwendet werden soll, oder wenn die umgebende Funktion noch keinen Context unterstützt. Durch das projektweite Suchen nach TODO kann diese Stelle im Code leicht gefunden werden.
- `[WithCancel(parent Context) (Context, CancelFunc)]`: Erzeugt eine Kopie von `parent` mit einem neuen Done-Channel. Dieser wird geschlossen, wenn die Cancel-Funktion aufgerufen oder eines der Done-Channel-Elterenlemente geschlossen wurde.
- `[WithDeadline(parent Context, d time.Time) (Context, CancelFunc)]`: Funktioniert analog wie `WithCancel`, jedoch kann hier noch zusätzlich ein Zeitpunkt als Deadline angegeben werden.
- `[WithTimeout(parent Context, d time.Time) (Context, CancelFunc)]`: Funktioniert wie `WithDeadline`, nur dass anstatt eines Zeitpunkts ein Zeitraum für den Timeout angegeben wird.

Cancel-Funktion immer aufrufen!

Die Funktionen `WithCancel()`, `WithDeadline()` und `WithTimeout()` haben als zweiten Rückgabeparameter eine Cancel-Funktion mit der Signatur `func()`. Wenn diese Funktion aufgerufen wird, wird unabhängig eines Timeouts oder einer Deadline der Done-Channel des Contexts geschlossen. Wenn es jedoch zu einem Timeout gekommen ist, gilt zwar der Context als erledigt, jedoch kann dieser noch weiterhin Ressourcen binden. Um das zu verhindern, gehört es zum guten Ton eines Go-Entwicklers, auch immer Cancel aufzurufen. Als Variablenname für diese Funktion sollte immer `cancel` verwendet werden.

Angelehnt an das Beispiel aus der Dokumentation zum Context zeigt Listing 9–8, wie im Code `Cancel` verwendet wird. Der Aufruf erfolgt in der Regel über `defer`, denn so ist sichergestellt, dass unabhängig von eventuellen Fehlern in der Funktion das Cancel auch ausgeführt wird.

Listing 9–8
Cancel-Funktion

```
func myFunc() {
    ctx, cancel := context.WithCancel(
        context.Background())
    // cancel() immer ausführen
    defer cancel()
    ch := gen(ctx)
    for n := range ch {
        fmt.Println(n)
        if n == 5 {
            break
        }
    }
}
```

Die Funktion `gen()` ist ein Generator und generiert Integer-Werte in einen Channel. Dabei implementiert dieser das Context-Interface. Der komplette Code ist in Listing 9–10 auf Seite 171 als Beispiel zur Implementierung des Context-Interfaces abgebildet.

Context anwenden

Übergebe nie einen nil-Context!

Der Typ `context.Context` ist ein Interface. Das heißt, wir können bei der Verwendung auch nicht auf einen konkreten Typ oder Felder zugreifen. Alle Werte müssen wir über Methoden abfragen. Es wäre vom Compiler auch theoretisch möglich, einen nil-Context zu übergeben, was aber nicht gemacht werden sollte, da es sonst zu einer Panik während der Laufzeit kommen kann. Wenn also unklar ist, welcher Context verwendet werden soll, sollte `context.TODO()` verwendet werden.

Das Context-Interface hat folgende Definition:

Listing 9–9
Definition context.Context Interface

```
type Context interface {
    Deadline() (deadline time.Time, ok bool)
    Done() <-chan struct{}
    Err() error
    Value(key interface{}) interface{}
}
```

Die einzelnen Methoden haben dabei folgende Bedeutung:

- [`Deadline()`]: Der erste Rückgabewert `deadline` liefert einen Zeitpunkt zurück. Der zweite Parameter `ok` gibt an, ob eine Deadline definiert wurde. Wenn `ok==false`, kann keine Deadline verwendet werden.
- [`Done()`]: Liefert einen Channel zurück, der geschlossen wird, wenn eine Funktion durch den Context beendet werden soll. Dies gilt auch für Deadline, Timeout oder Cancel-Funktion. Sobald dieser Channel nicht mehr blockiert, soll die laufende Funktion beendet werden.
- [`Err()`]: Liefert einen Fehler, der genauer beschreibt, wie der Context erledigt wurde. Bei Ablauf der Deadline wird die Variable `context.DeadlineExceeded` gemeldet, bei geschlossenem Done-Channel, warum dieser geschlossen wurde.
- [`Value(key interface)`]: Unter Angabe eines `key` kann ein Wert aus dem Context abgefragt werden.

Für die Implementierung der Abbruchbedingung ist der Done-Channel relevant, der über die Methode `Done()` abgefragt wird. In Verbindung mit `select` kann entweder auf das Ergebnis einer Goroutine oder das Done gewartet werden.

Geschicktes Zusammenspiel mit select

Bei `select` werden innerhalb eines `case` alle Statements auf der rechten Seite zuerst ausgeführt. Diese Logik ermöglicht es, direkt `case <-ctx.Done()` zu schreiben.

Die Logik entspricht der des quit-Channels, nur dass dafür `ctx.Done()` verwendet wird. Der Generator zu Listing 9–8 von Seite 170 implementiert das Context-Pattern wie folgt:

Listing 9–10
Generator mit Context

```
func gen(ctx context.Context) <-chan int {
    dst := make(chan int)
    n := 1
```

```
    go func() {
        for {
            select {
            case <-ctx.Done():
                // Beenden der Goroutine
                return
            case dst <- n:
                n++
            }
        }
    }()
    return dst
}
```

Das Beispiel von Listing 9–10 kümmert sich jedoch nicht um den Abbruchgrund. Weitere Informationen liefert hierfür der Error, der über `ctx.Err()` abgefragt wird. Das Context-Paket kennt dabei zwei Fehler, die als Variablen auf Paketebene definiert sind.

- `[context.Canceled]`: Wenn die Cancel-Funktion aufgerufen wurde.
- `[context.DeadlineExceeded]`: Wenn die Deadline (bzw. auch Timeout) abgelaufen ist.

Die Verwendung des Errors an dieser Stelle läuft analog zur Fehlerbehandlung in Go ab. Hier kann der Entwickler entscheiden, wie bzw. was mit dem Fehler zu tun ist. Das folgende Beispiel aus der Dokumentation reicht den Fehler einfach an den Caller weiter.

Listing 9–11
Verwendung von Done()

```
// Beispiel aus der Context-Dokumentation
// https://golang.org/pkg/context/#Context

func Stream(ctx context.Context, out chan<- Value) error {
    for {
        v, err := DoSomething(ctx)
        if err != nil {
            return err
        }
        select {
        case <-ctx.Done():
            return ctx.Err()
        case out <- v:
        }
    }
}
```

9.5 Prüfung eines geschlossenen Channels

- Wie können wir geschickt prüfen, ob ein Channel bereits geschlossen wurde?

Wenn wir aus einem Channel lesen, wird zuerst der Wert und als zweiter Parameter die Information geschickt, ob der Channel bereits geschlossen wurde. Wenn wir wissen wollen, ob der Channel `done` noch offen ist, müssen wir nur den zweiten Parameter abfragen.

Listing 9–12
Zweiter Parameter

```
_, ok := <-done
if !ok{
    panic("Channel ist geschlossen")
}
```

Das Problem an der obigen Prüfung ist, dass der Code blockiert.

Listing 9–13
Prüfung mit select

```
select {
case <-done:
    panic("Channel ist geschlossen")
default:
}
```

Damit unser Programmfluss nicht blockiert, verwenden wir einfach `select`. Solange `done` nicht geschlossen ist, wird dann die `default`-Anweisung ausgeführt.

9.6 Pipelines

- Wie können wir Pipelines mit Channels und Goroutinen erstellen?

Pipes in Unix

Pipes bzw. Pipelines sind ein elementarer Bestandteil in Unix und Unix-ähnlichen Systemen. Diese werden zum Verketten von Datenströmen über `stdin`, `stderr` und `stdout` verwendet. Über das `os`-Paket können auch Go-Programme diese Pipes unterstützen.

Channels als Pipes

In Go gibt es auch Pipelines in Verbindung mit Channels. Die Verkettung der Datenströme erfolgt dabei über Channels. Die einzelnen Funktionen, die den Datenstrom verarbeiten, werden als *Stage* bezeichnet. In Abbildung 9–3 ist eine Pipeline einmal symbolisch dargestellt.

Die Umsetzung einer *Stage* erfolgt über eine Funktion, die einen Input-Channel für den *Upstream* und einen Output-Channel für den *Downstream* besitzt. Für die Verarbeitung des Datenstroms wird in der Stage eine Goroutine gestartet, die über einen Loop die einkommenden Daten verarbeitet und diese dann in den Output-Channel schreibt.

Abb. 9–3
Pipeline

In Listing 9–15 wird ein Datenstrom von Integers verarbeitet. Dabei werden die Werte einfach quadriert und dann in out geschrieben. Sobald der Upstream-Channel geschlossen wurde, wird der Loop abgebrochen und der Downstream-Channel geschlossen, damit die Downstream-Stages beendet werden.

Listing 9–14
Beispiel für eine Pipeline

```
func sq(in <-chan int) <-chan int {
    out := make(chan int)
    go func() {
        for n := range in {
            out <- n * n
        }
        close(out)
    }()
    return out
}
```

Machen wir uns nun kurz Gedanken zu dem Programmfluss der Pipeline. Wenn wir uns die blockierenden Elemente ansehen, kommt es an zwei Stellen zu Blockaden. Innerhalb des range-Loops wird bei jeder Iteration gewartet, bis ein Wert ankommt. Wenn nie ein Input-Wert über in gesendet wird, dann blockiert hier unser Programmfluss für immer.

blockierender Output-Channel

Das zweite blockierende Element ist das Schreiben in den Output-Channel. Die Goroutine wartet an dieser Stelle immer so lange, bis der Wert auch abgeholt wurde. Es muss uns bei der Verwendung der Pipeline bewusst sein, dass auch das Auslesen aus dem Output-Channel wichtig für den Programmfluss ist und es an dieser Stelle somit auch zu einem Deadlock kommen kann.

Die Signatur einer Pipeline kann auch so angepasst werden, dass sowohl Input- als auch Output-Channel durch den Caller erzeugt werden müssen. Das folgende Beispiel zeigt auch eine raffinierte Anwendung einer Pipeline als Filter.

```
func filter(in, out chan int) {
    go func() {
        for n := range in {
            if n%2 == 0 {
                out <- n
            }
        }
        close(out)
    }()
}
```

Listing 9–15
Pipeline Output-Channel als Input

Diese Ausprägung hat jedoch den Nachteil, dass wir einen Channel in einer Funktion schließen, den wir selbst nicht erzeugt haben. Grundsätzlich ist es besser, dass wir immer nur *eigene* Channels schließen.

9.7 Generator

Wofür können wir einen Generator verwenden?

Ein Generator wird verwendet, um einen Datenstrom für eine Pipeline zu erzeugen. Hierfür wird eine Goroutine gestartet, die Werte generiert und an einen Channel schickt. Dieser Downstream-Channel wird idealerweise durch die Funktion zurückgegeben.

In Listing 9–16 erzeugen wir einen Generator, der einen Zähler in den Downstream schickt.

```
func gen() chan int {
    ch := make(chan int)
    go func() {
        i := 0
        for {
            ch <- i
            i++
        }
    }()
    return ch
}
```

Listing 9–16
Generator-Funktion

Die Generierung des Datenstroms ist dabei so schnell, wie die Daten in den folgenden Stages verarbeitet werden können, da `ch <- i` immer so lange blockiert, bis im Downstream die Daten abgeholt werden.

In Listing 9–16 haben wir jedoch etwas Wichtiges vergessen. Der Generator hat keine Abbruchbedingung. Da die Funktion `gen()` nicht blockiert und somit beendet wird, läuft die erzeugte Goroutine weiter.

Hier ergänzen wir den Generator um einen done-Channel. Vor dem Abbruch muss natürlich der Output-Channel geschlossen werden, damit die folgenden Goroutinen auch beendet werden.

Listing 9–17
Generator-Funktion mit done-Channel

```
func gen(done chan struct{}) chan int {
    ch := make(chan int)
    go func() {
        i := 0
        for {
            select {
            case ch <- i:
                i++
            case <- done:
                close(ch)
                return
            }
        }
    }()
    return ch
}
```

Wenn wir nun unseren Generator beenden möchten, müssen wir nur done schließen.

9.8 Fan-In und Fan-Out

- Wofür verwenden wir die Fan-In- und Fan-Out-Patterns?
- Was ist der Unterschied zwischen beiden Patterns?

Wenn wir innerhalb einer Pipeline einzelne Aufgaben parallelisieren wollen, dann können wir die Patterns Fan-In und Fan-Out verwenden. Diese sind gedanklich Weichen für den Datenstrom. In Abbildung 9–4 ist die Funktionsweise dargestellt. Mit Fan-Out wird aus einer Pipeline zwei Pipelines. Die ankommenden Daten fließen dann entweder über den oberen oder unteren Channel. Bei Fan-In werden die geteilten Datenströme wieder zusammengeführt.

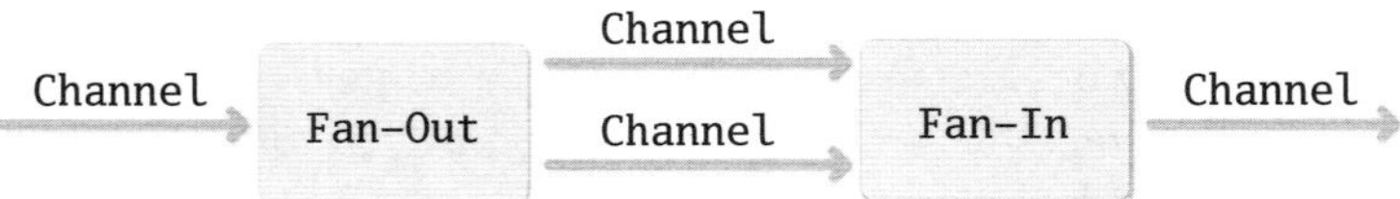

Abb. 9–4
Fan-In und Fan-Out mit einer Pipeline

Fan-Out

Wenn mehrere Goroutinen auf einen Channel lauschen, wird dies als *Fan-Out* bezeichnet. Dabei wird dieser Channel mehrmals übergeben. Der Scheduler kümmert sich dann darum, welche Goroutine für das jeweilige Event verwendet wird. Aufwendige Aufgaben können so ganz einfach auf mehrere Threads verteilt werden.

In Listing 9–18 werden drei Goroutinen gestartet, die jeweils den gleichen Channel `in` verwenden. Jede Goroutine bekommt noch eine ID, sodass wir im Output nachvollziehen können, welche Goroutine welchen Input bekommt. Dann lauschen alle Goroutinen per `range` auf den `in`-Channel. Am Ende schließen wir den `in`-Channel. Somit wird in allen drei Goroutinen der Loop beendet. Damit wir die letzten Outputs auch noch mitbekommen, verwenden wir eine WaitGroup.

Listing 9–18
Fan-Out-Beispiel

```
var wg sync.WaitGroup
useInt := func(id int, c <-chan int) {
    for i := range c {
        fmt.Println("ID:", id, "->", i)
    }
    fmt.Println("ID:", id, "ist fertig")
    wg.Done()
}
in := make(chan int)
wg.Add(3)
go useInt(1, in)
go useInt(2, in)
go useInt(3, in)
for i := 0; i < 5; i++ {
    in <- i
    time.Sleep(time.Millisecond)
}
close(in)
wg.Wait()

Output:
ID: 1 -> 0
ID: 2 -> 1
ID: 3 -> 2
ID: 1 -> 3
ID: 2 -> 4
ID: 2 ist fertig
ID: 1 ist fertig
ID: 3 ist fertig
```

Wenn wir dieses Programm mehrmals ausführen, fällt uns auf, dass der Output immer unterschiedlich ausfällt. Dies liegt daran, dass der Scheduler bestimmt, wer welchen Input tatsächlich bearbeitet.

Fan-In

Das Fan-In-Pattern führt mehrere Input-Channels zu einem Output zusammen. Hierbei ist die Umsetzung ein wenig komplexer, da wir mit mehreren Input-Channels arbeiten und diese zu unterschiedlichen Zeitpunkten geschlossen werden. Das heißt, das Zusammenführen der Channels darf den Output-Channel auch erst dann schließen, wenn alle Input-Channels geschlossen wurden.

Listing 9–19 ist ein Beispiel aus dem Go-Blog[1]. Hierbei verwenden wir eine variadische Funktion. Dadurch können wir beliebig viele Channels zusammenführen.

Listing 9–19
Fan-In-Beispiel aus dem Go-Blog

```
func merge(cs ...<-chan int) <-chan int {
    var wg sync.WaitGroup
    out := make(chan int)

    output := func(c <-chan int) {
        for n := range c {
            out <- n
        }
        wg.Done()
    }
    wg.Add(len(cs))
    for _, c := range cs {
        go output(c)
    }

    // Goroutine schließt den Output
    // wenn alle Input-Channels geschlossen
    // wurden.
    go func() {
        wg.Wait()
        close(out)
    }()
    return out
}
```

[1] *https://blog.golang.org/pipelines*

Die Variable `output` ist dabei eine Funktion, die alle Werte aus dem Channel `c` in den Channel `out` schreibt. Pro Input-Channel von `merge()` starten wir nun eine Goroutine mit der `output`-Funktion.

Für die Koordination der gestarteten Goroutinen verwenden wir eine `sync.WaitGroup`. Damit werden wir informiert, sobald alle Input-Channels geschlossen wurden. In diesem Fall schließen wir den Output-Channel innerhalb einer eigenen Goroutine. Das Schließen des Ouptut Channels ist wichtig, damit der Empfänger unseres `out`-Channels mitbekommt, wenn keine Daten mehr gesendet werden.

Das Listing 9–19 zeigt sehr schön das Zusammenspiel verschiedener Goroutinen. Die Verwendung von vielen Goroutinen ist typisch für die nebenläufige Programmierung in Go. Denn Goroutinen benötigen wenig zusätzlichen Speicher. Außerdem überlassen wir dabei dem Scheduler die Aufteilung der Aufgaben auf mehrere Threads.

9.9 Channel of Channels

- Wie können wir einen Channel über einen Channel schicken?
- Wann benötigen wir das?

Channels sind Typen und können auch wie jeder andere Typ verwendet werden. Da ein Channel jeden Typ aufnehmen kann, ist es somit möglich, dass Channels über einen Channel geschickt werden. Dieses Pattern ist sehr hilfreich, wenn ein Event an eine Goroutine geschickt wird und dann auf eine Antwort dieser Goroutine gewartet werden muss.

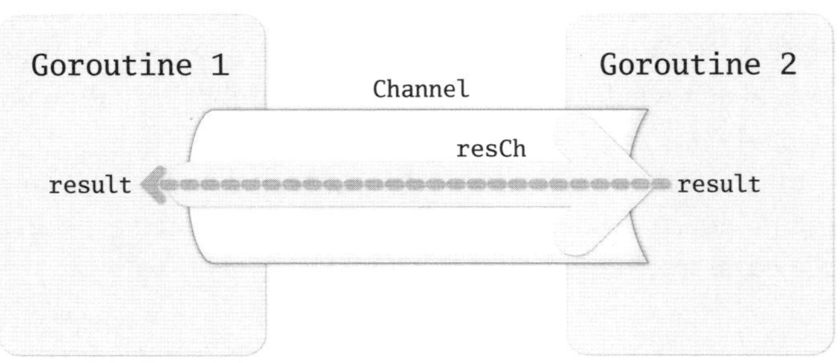

Abb. 9–5
Über einen Channel wird resCh geschickt, den wir für die Übermittlung von result verwenden.

Abbildung 9–5 zeigt dabei schematisch, dass Goroutine 1 über einen Channel einen *result Channel* an Goroutine 2 sendet. Dieser Channel wird anschließend dafür verwendet, ein Ergebnis zurückzuschicken.

Listing 9–20
Channel of Channels

```
func main() {
    ch := make(chan string)
    go routine1(ch)
    fmt.Println(<-ch)
}

func routine1(result chan string) {
    tasks := make(chan chan string)
    go routine2(tasks)
    task := make(chan string)
    tasks <- task
    result <- <-task
}

func routine2(tasks chan chan string) {
    for resCh := range tasks {
        // ...
        time.Sleep(time.Second)
        resCh <- "Ergebnis aus routine2"
    }
}
```

Unser kleines Beispiel zeigt, wie wir einen Channel über einen Channel schicken können. In `routine1` definieren wir mit `tasks` einen Channel, über den wir mehrere Aufgaben verschicken können. Anschließend erzeugen wir einen Channel, über den wir von `routine2` das Ergebnis erhalten können. Am Schluss warten wir darauf, dass wir über `task` das Ergebnis zugeschickt bekommen. Das Ergebnis stecken wir dann gleich wieder in `result`. Wenn wir also das Ergebnis aus einem Channel lesen und dieses gleich wieder in einen Channel schreiben, erhalten wir eben `result <- <-task`.

Dieses Beispiel war sehr theoretisch, weshalb wir das Ganze jetzt geringfügig ändern. In der Praxis schicken wir meistens ein Struct mit mehreren Parametern über einen Channel.

Listing 9–21
Verteilung von Tasks

```
type task struct {
    a, b   int
    result chan int
}

func main() {
    // Goroutine 1
    // Channel für routine2 erzeugen
    ch := make(chan task)
```

```
	go routine2(ch)
	// Channel für das Ergebnis
	resCh := make(chan int)
	ch <- task{a: 3, b: 4, result: resCh}
	close(ch) // keine weiteren tasks mehr
	fmt.Println(<-resCh)
}

func routine2(tasks chan task) {
	for task := range tasks {
		r := task.a + task.b
		task.result <- r
	}
}
```

Mit dem Typ `task` definieren wir die Eingangswerte und den Channel, über den wir die Ergebnisse zurückschicken. Damit wir den Channel auch verwenden können, müssen wir diesen mit `make()` erzeugen. `routine2` verarbeitet die Tasks einfach und schickt sie dann über `task.result` zurück.

9.10 Worker Pool

- Was macht ein Worker Pool?
- Welche bekannten Patterns verwendet der Worker Pool?

Bei einem *Worker Pool* werden Aufgaben bzw. *Jobs* durch einen oder mehrere *Workers* erledigt. Sowohl die Verteilung als auch die Rückmeldung des Ergebnisses erfolgt über Channels.

In Abbildung 9–6 ist der Aufbau schematisch skizziert. Über den *Jobs-Channel* laufen die *Jobs* zu dem *Worker Pool*, der drei *Workers* beinhaltet. Abgebildet werden diese über jeweils eine Goroutine. Das jeweilige Ergebnis wird dann wieder an einen *Result Channel* gemeldet.

Teile von diesem Pattern sollten uns aus Kapitel 9.8 bekannt vorkommen. Denn die Verteilung der Jobs entspricht dem *Fan-Out-* und das Zusammenführen dem *Fan-In*-Pattern. Ein Worker benötigt dabei mindestens einen Input- und einen Output-Channel. In Listing 9–22 ist ein Beispiel für einen Worker dargestellt. Der Typ `job` ist in diesem Beispiel eine Funktion. Damit können wir dem Worker jede Funktion mit der Signatur `func(chan<- result)` über einen Channel schicken. Diese Funktion hat als Input-Wert einen Channel vom Typ `result`.

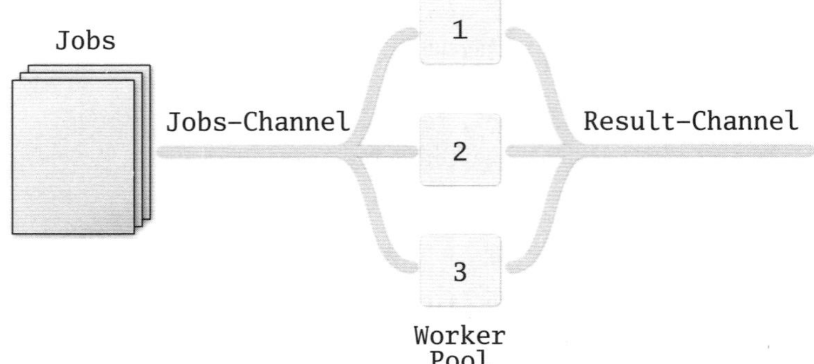

Abb. 9–6
Worker Pool

Listing 9–22
Worker-Definition

```
type job func(chan<- result)

type result struct {
    foo string
    // weitere Felder
    // ...
    err error
}

func startWorker(jobs chan job, results chan result) {
    go func() {
        for j := range jobs {
            j(results)
        }
    }()
}
```

Innerhalb von `startWorker` starten wir eine Goroutine für das Aufrufen der Jobs. Da diese selbst wieder Funktionen sind, können wir das einfach durch den Aufruf der Funktion.

Danach erzeugen wir mit `startWorker()` mehrere Goroutinen. Die Anzahl der Workers sollte so gewählt werden, dass diese auch gleichzeitig laufen können. Das heißt, dass es bei fünf CPUs nicht sinnvoll ist, 100 Worker zu starten. Mit der Funktion `runtime.NumCPU()` lässt sich die Anzahl der zur Verfügung stehenden Cores abfragen.

Listing 9–23
Starten der Workers

```
numWorkers := runtime.NumCPU()
jobs := make(chan job)
results := make(chan result)
for i := 0; i < numWorkers; i++ {
    startWorker(jobs, results)
}
```

Die Definition eines Jobs erfolgt gemäß der Signatur vom Typ `job`. Der Job wird dann in den `jobs`-Channel geschrieben. Der Scheduler weist diese Aufgabe einem Worker zu. In Listing 9–24 ist die Erstellung des Jobs dargestellt.

Listing 9–24
Erstellen eines Jobs

```
jobs <- func(r chan<- result) {
    // Berechnung oder Anfrage
    // an einen Service
    r <- result{foo: hashValue}
}
```

Wenn wir die einzelnen Teile in einem einfachen Beispiel zusammenführen, sieht unser Programm wie folgt aus:

Listing 9–25
Worker-Beispiel komplett

```
type job func(chan result)

type result struct {
    name string
    sum  int
    err  error
}

func startWorker(jobs chan job, results chan result) {
    fmt.Println("starte Worker")
    go func() {
        for j := range jobs {
            j(results)
        }
        fmt.Println("Worker beendet")
    }()
}

func main() {
    jobs := make(chan job)
    results := make(chan result)
    // Ausgabe der Ergebnisse in einer eigenen
    // Goroutine
    go func() {
        for r := range results {
            fmt.Println(r)
        }
    }()
    numWorkers := runtime.NumCPU()
```

```
    for i := 0; i < numWorkers; i++ {
        startWorker(jobs, results)
    }
    job1 := func(resCh chan result) {
        r := result{
            "10 + 5", 10 + 5, nil,
        }
        resCh <- r
    }
    counter := 0
    job2 := func(resCh chan result) {
        counter++
        r := result{
            "Counter: ", counter, nil,
        }
        resCh <- r
    }
    fmt.Println("Mit Ctrl+C abbrechen")
    for {
        jobs <- job1
        jobs <- job2
        time.Sleep(time.Second)
    }
}
```

Unter `main()` starten wir eine eigene Goroutine, die die Werte aus unserem Ergebnis ausgibt. Wir definieren zwei einfache Jobs, die wir dann über einen Loop in den `jobs`-Channel stecken. Dabei können die Jobs auch auf Variablen von `main()` zugreifen. In `job2()` greifen wir auf `counter` zu und zählen so pro Aufruf hoch.

In der Praxis könnten unsere Jobs z. B. Werte aus einer Datenbank lesen oder schreiben. Wir sind bei der Ausprägung der Anweisungen flexibel, da wir Funktionen erstellen, die dann über den Worker aufgerufen werden. Bei dieser Lösung müssen wir aufpassen, dass unser Code lesbar bleibt. Denn beim Aufruf in `startWorker()` sehen wir nur, dass wir eine Funktion aufrufen. Was die Funktion tatsächlich macht, wird an anderer Stelle definiert.

9.11 Semaphore mit einem Buffered Channel

- Wann ist es sinnvoll, Semaphore zu verwenden?

Der Begriff *Semaphor* hat seine Herkunft im Eisenbahnwesen. Dort bezeichnet er die Signale neben der Strecke oder bei einer Einfahrt in einen Bahnhof. Ein Semaphor zeigt an, ob ein Gleis frei ist oder nicht. Dies ist auch genau die Aufgabe von Semaphoren in der Informatik. Sie signalisieren, ob eine Ressource frei oder belegt ist. In Go können wir mit diesem Werkzeug die Anzahl der gestarteten Goroutinen begrenzen.

Als Signal verwenden wir einen Buffered Channel, der pro belegter Ressource einen Eintrag erhält. Wenn die Ressource wieder frei ist, lesen wir den Wert aus, dadurch wird wieder ein Platz im Puffer frei. Sobald der Puffer gefüllt ist, blockiert der Channel, bis wieder ein Wert in den Puffer geschrieben werden kann. Das heißt das Programm wartet vor diesem Signal, bis der folgende Abschnitt wieder frei wird.

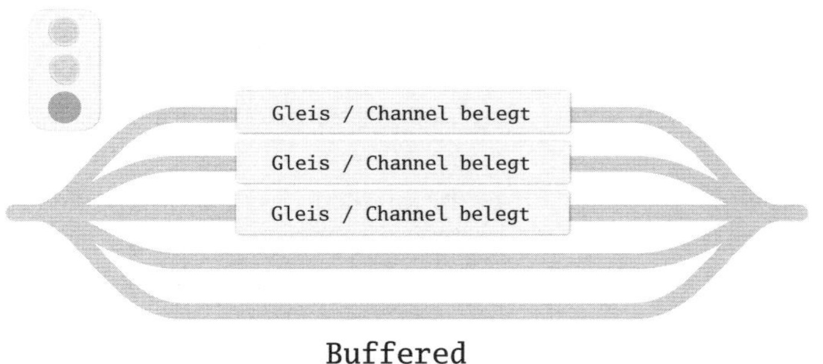

Abb. 9–7
Der Puffer als Bahnhof

Wenn wir noch einen Augenblick bei der Eisenbahnanalogie bleiben, können wir uns den Puffer als Bahnhof vorstellen. Die laufende Goroutine ist dabei ein Zug, der ein Gleis blockiert. Sobald die Goroutine beendet wird, ist der Bahnhof frei. Die Runtime steuert dabei das Signal bei der Einfahrt in den Bahnhof.

Listing 9–26
Semaphore mit einem Buffered Channel

```
limit := runtime.NumCPU()
sem := make(chan bool, limit)
for _, task := range tasks {
    // Blockieren der Ressource
    sem <- true
    go func() {
        // Berechnung
        // ...
```

```
        // Freigabe der Ressource
        <-sem
    }()
}
```

Listing 9–26 zeigt das Zusammenspiel des Ein- und Auslesens aus dem Channel. Wie in Abbildung 9–7 heißt der Channel `sem`. Als Typ für unser Signal verwenden wir `bool` und schreiben pro Ressource `true` in den Channel. Ein leeres Struct `struct{}` würde an der Stelle natürlich auch funktionieren, persönlich finde ich jedoch hier `bool` übersichtlicher. Die Freigabe der Ressource erfolgt über das Auslesen des Wertes mittels `<-sem`. Dieser Ausdruck ist auch ohne Gleichheitszeichen zulässig. In dem Fall, wird der Wert aus dem Puffer gelöscht und sofort verworfen.

9.12 State Machine

- Wann sollten wir eine State Machine verwenden?

Als letztes Pattern wollen wir uns die *State Machine* ansehen. Diese können wir immer dann verwenden, wenn mehrere Goroutinen einen Zustand ändern sollen. Ohne besonderes Koordination der Zugriffe kann es sonst zu einem *Data Race* kommen. Ein klassisches Beispiel hierfür ist ein Bankkonto, von dem gleichzeitig Geld abgehoben wird.

Beispiel Bankkonto

Wenn wir von unserem Konto mit 100 Euro Guthaben, exakt gleichzeitig von drei Bankautomaten 100 Euro abheben, dann wäre für jeden Vorgang der Kontostand jeweils 100 Euro und somit wäre unser Konto am Ende bei 0 Euro, obwohl wir 300 Euro abgehoben hätten.

Abb. 9–8 *gleichzeitiges Abheben von einem Konto*

Verwendung eines Mutex

Eine Lösungsmöglichkeit, das Data Race zu verhindern, ist die Verwendung von `sync.Mutex`. Dafür setzen wir ein `Lock()` für bestimmte Bereiche unseres Codes, dieser kann dann immer nur durch eine Goroutine verwendet werden (Listing 8–26 auf Seite 160).

Eine andere Lösung, die nur mit den Sprachelementen von Go arbeitet, ist die State Machine. Diese wird über eine Goroutine abgebildet. Dort läuft ein unendlicher Loop, der ein `select` beinhaltet. Innerhalb dieser Select-Anweisung werden die einzelnen Aktionen über Channels abgebildet. Schematisch ist dies in Abbildung 9–9 dargestellt.

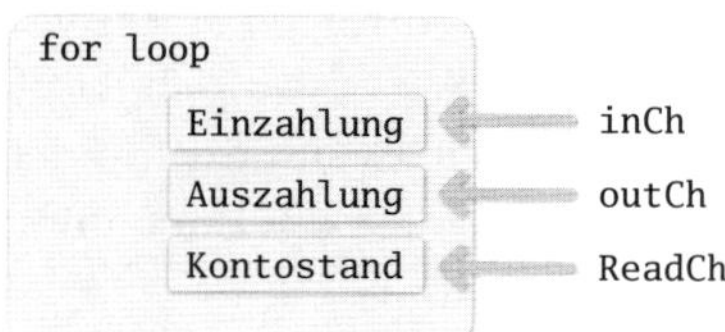

Abb. 9–9
Konto als State Machine

Bei unserem Beispiel würden wir nun für jede Aktion einen Channel erstellen:

- Eine Einzahlung wird über `inCh` abgebildet. Dieser erhöht den Kontosaldo um den Wert aus dem Channel.
- Eine Auszahlung läuft über `outCh`. Die Logik ist dabei analog wie bei der Einzahlung.
- Der Kontostand wir mit `readCh` abgefragt. Dies ist ein *Channel of Channels* aus Kapitel 9.9. Wenn wir also den Kontostand abfragen wollen, schicken wir einfach einen Channel an die State Machine, in den letztere den Kontostand schreiben kann.

Der For-Loop unserer State Machine ist in Listing 9–27 als Code dargestellt. Hierbei ist wichtig, dass natürlich nur innerhalb der Select-Anweisung auf `kontosaldo` zugegriffen wird.

Listing 9–27
For-Loop der State Machine

```
for {
    select {
    case i := <-incCh:
        kontosaldo = kontosaldo + i
    case i := <-outCh:
        kontosaldo = kontosaldo + i
    case ch := <-readCh:
        ch <- kontosaldo
    }
}
```

Die Runtime stellt zusammen mit dem Scheduler sicher, dass immer nur ein `case` gleichzeitig ausgeführt wird, egal wie viele Goroutinen gleichzeitig eine Anfrage stellen. Das funktioniert dabei ohne die Verwendung von anderen Paketen.

Data Race in fremden Paketen

Bisher haben wir die Race Conditions nur in Verbindung mit unseren eigenen Code betrachtet. Was aber ist, wenn das Data Race nicht durch unseren, sondern durch fremden Code in einem eingebundenen Paket auftaucht? Das ist schnell passiert, wenn Funktionen Variablen auf Paketebene ändern. Hier haben wir kaum die Möglichkeit, den fremden Code anzupassen.

Die Nebenläufigkeit in Go-Programmen ist auch nicht immer sofort ersichtlich. So werden z. B. alle Anfragen eines Webservers immer über eigene Goroutinen abgebildet. Wenn wir also Anfragen haben, die parallel eingehen können und einen Zustand verändern, können wir über die State Machine sicherstellen, dass am Ende immer nur eine Goroutine Zugriff auf die Ressource hat.

Abb. 9–10
nebenläufige HTTP-Requests

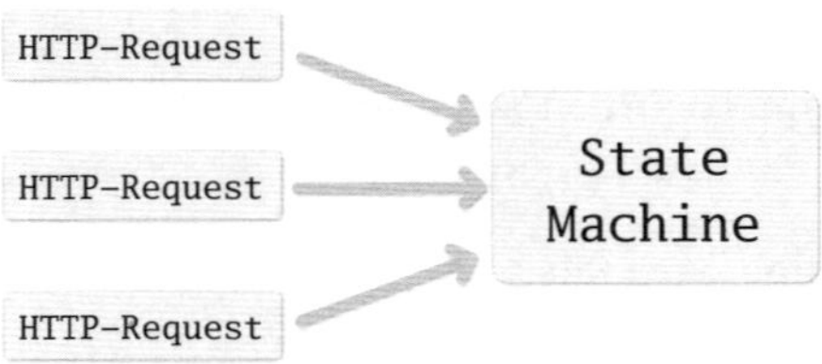

Das ist auch der Grund, warum sich State Machines in vielen Go-Programmen wiederfinden. In Listing 9–28 ist eine State Machine mit einem Action-Channel dargestellt. In der Struktur `stateMachine` stehen nun der State, ein Quit-Channel und der Action-Channel, der wie im Kapitel 9.10 eine Funktion über einen Channel sendet.

Listing 9–28
State Machine mit Action-Channel

```
type stateMachine struct {
    state   string
    actionc chan func()
    quitc   chan struct{}
}

func (sm *stateMachine) loop() {
    for {
        select {
        case f := <-sm.actionc:
            f()
        case <-sm.quitc:
            return
        }
    }
}

func (sm *stateMachine) foo() string {
    result := make(chan int)
    sm.actionc <- func() {
        if sm.state == "A" {
            sm.state = "B"
        }
```

```
        result <- sm.state
    }
    return <-result
}

func New() *stateMachine {
    sm := &stateMachine{
        state:   "initial",
        actionc: make(chan func()),
        quitc:   make(chan struct{}),
    }
    go sm.loop()
    return sm
}
```

Die Methode `loop()` beinhaltet die Logik, die die Koordination über die Channels übernimmt. Diese Funktion ist dabei so ausgelegt, dass sie als Goroutine laufen kann. Die Anweisung `<-sm.quitc` ermöglicht es, die Goroutine gezielt zu beenden.

Alle anderen Ereignisse kommen über `f := <-sm.actionc` in die State Machine. Da die Variable `f` vom Typ `func()` ist, können wir diese einfach mit `f()` ausführen.

Closures verändern den State.

Innerhalb der Methode `foo()` definieren wir eine Aktion, die wir an den Action-Channel übergeben. Da Go Closures unterstützt, können wir dort `sm.state` ändern. Die Funktion blockiert nicht, da sie erst innerhalb des Loops ausgeführt wird. Deshalb können wir der Funktion `result` mitgeben, worüber der aktuelle State zurück gemeldet wird. Mit dem Aufruf von `foo()` wird die Funktion an den Loop gesendet und die Ausführung blockiert bei `return <-result`, bis das Ergebnis an den Channel geschickt wurde.

Factory der stateMachine

`New()` ist eine Factory-Funktion für die Erstellung der `stateMachine`. Dort müssen die Channels erzeugt und es kann ein initialer State übermittelt werden. Der Loop wird auch als Goroutine gestartet, bevor der Pointer zurück geliefert wird.

Der Vorteil an dieser Umsetzung ist, dass die komplette Logik *vor* dem Channel bleibt. Dadurch wird die Business-Logik des Programms nicht in den Loop verlagert. Zusätzlich brauch es nur noch einen Channel. Ein Nachteil wäre die Lesbarkeit des Codes, da es nicht auf den ersten Blick ersichtlich ist, an welcher Stelle die Funktion ausgeführt wird.

10 Projekt: Go Concurrency

10.1 Einleitung

In diesem kleinen Projekt wollen wir uns ein einfaches Tool basteln, dass uns ermöglicht, über die Kommandozeile mehrere Programme nebenläufig auszuführen. Da Go als Programmiersprache *Concurrency* direkt unterstützt, können wir uns dieses Feature ganz einfach zunutze machen und externe Befehle nebenläufig über die Go-Runtime ausführen.

Für das Starten und die Kontrolle der Goroutinen verwenden wir die Standardfunktionalität von Go. Die aufzurufenden Programme werden mit dem Paket `os/exec` ausgeführt. Hierüber ist es möglich, sowohl einen Befehl als auch Tags aus Go heraus auszuführen.

Bevor wir jedoch anfangen, sollten wir uns für den ersten Schritt auf eine Vereinfachung einigen. Da wir bei einer nebenläufigen Ausführung nicht wissen, wann welches Programm ausgeführt wird, und die Programme auch parallel laufen können, wollen wir den Standard-Output der nebenläufig laufenden Programme ignorieren. Deshalb müssen diese Programme ihren Output in Dateien schreiben. Bei der Umsetzung des Projekts gibt es folgende Lernziele:

- Auswerten und Parsen von Argumenten aus dem CLI
- Andere Programme über Go ausführen
- Nebenläufige Aufrufe von Programmen
- Praktische Anwendung der `sync.WaitGroup`
- Verwenden des `context`-Pakets

10.2 Command Line Interface

Wie bereits bei den anderen kleinen Projekten, machen wir uns zuerst ein paar Gedanken über das Interface für unser Tool. Als Name wählen wir `goconc`. Das steht dann als Abkürzung für *go concurrent*. Damit wir mehrere Befehle nebenläufig laufen lassen können, muss der Anwender natürlich auch mehrere Befehle eingeben können.

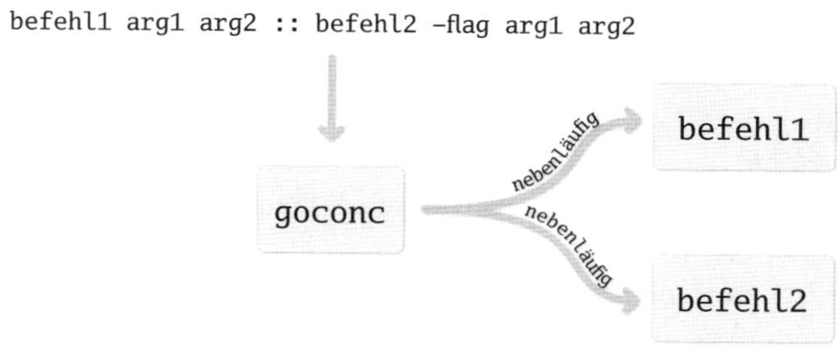

Abb. 10–1 *Logik von goconc*

Damit wir die Befehle später wieder voneinander trennen können, benötigen wir ein Trennzeichen. Hier wählen wir `::`. Ein Befehl selbst kann natürlich auch mit unterschiedlichen Argumenten aufgerufen werden.

Im ersten Schritt skizzieren wir, wie das Programm aufgerufen werden würde.

```
> goconc befehl1 arg1 arg2 :: befehl2 -flag arg1 arg2
```

Listing 10–1 *Geplanter Aufruf von goconc*

Innerhalb des Programms bekommen wir alle Argumente bereits einzeln als `[]string` übergeben. Damit dies passiert, muss vor und nach den Trennzeichen ein Leerzeichen vorhanden sein. Wir interpretieren also die Liste der Argumente.

10.3 Argumente parsen

Bevor wir mit dem Coden anfangen, legen wir uns ein Verzeichnis `goconc` an und initialisieren unser Projekt:

```
> go mod init beispiel.de/goconc
```

Um später über `exec.Cmd` einen Befehl ausführen können, müssen wir diesen mit `exec.Command()` zuerst erzeugen. Die Funktion hat die folgende Signatur:

```
func Command(name string, arg ...string) *Cmd
```

Das heißt es gibt einen Namen und beliebig viele Argumente, die als Slice abgebildet werden, bzw. die Definition erfolgt über eine variadische Funktion, was intern wie ein Slice anzusehen ist. Damit wir es später so leicht wie möglich haben, erzeugen wir einen Typ, der die Eingangsparameter für den `Command()`-Aufruf beinhaltet.

```
type cmdArgs struct {
    name string
    args []string
}
```

Listing 10–2 *Typ für exec.Command*

Dieser Typ kann nun die Eingangswerte für jeden Befehl aufnehmen. Wenn wir die Argumente aus dem CLI auswerten, werden wir diese genau über den Typ `cmdArgs` abbilden. Da wir mehrere Befehle verarbeiten werden, ist der Rückgabewert der Funktion `[]cmdArgs`. Als Input erwarten wir einen `[]string`, da die einzelnen Argumente des CLI so angeliefert werden.

Wir legen uns eine leere Hülle für die Funktion an. Mit dieser Hülle stellen wir sicher, dass der Code kompiliert und wir dazu Tests fahren können.

Listing 10–3
Leere Hülle für parseArgs

```
func parseArgs(args []string) []cmdArgs {
    var cmds []cmdArgs
    return cmds
}
```

Bevor wir den Test schreiben, müssen wir uns noch kurz Gedanken über die erwarteten Werte machen. Innerhalb von `os.Args` beinhaltet der erste Index, also `os.Args[0]`, den Namen des Programms. Die Frage ist nun, ob unsere Funktion auch den Programmnamen an diesem Index erwarten soll. Für die Antwort sollten wir uns überlegen, ob die Funktion für das Parsen der Argumente den Programmnamen benötigt. Das ist natürlich nicht der Fall, deshalb erwarten wir als ersten Index gleich den ersten Befehl. Beim Aufruf müssen wir dann aber sicherstellen, dass wir auch die korrekten Werte übergeben. Mit `parseArgs(os.Args[1:])` lässt sich dies aber sehr leicht gewährleisten.

Jetzt, da uns klar ist, was die Funktion tun soll, können wir dafür auch einen Test anlegen. Dazu erzeugen wir die Datei `main_test.go` und legen dort eine Testfunktion an.

Listing 10–4
Testfunktion mit einem Testfall

```
func TestParseArgs(t *testing.T) {
    tests := []struct {
        name  string
        input []string
        want  []cmdArgs
    }{
        {
            "zwei Befehle",
            []string{"abc", "def", "::", "abcd", "defg"},
            []cmdArgs{
                cmdArgs{"abc", []string{"def"}},
                cmdArgs{"abcd", []string{"defg"}},
            },
        },
    }
```

```
    for _, tt := range tests {
        t.Run(tt.name, func(t *testing.T) {
            got := parseArgs(tt.input)
            if !reflect.DeepEqual(got, tt.want) {
                t.Errorf("parseArgs() = %v, want %v", got, tt.want)
            }
        })
    }
}
```

Unser Test beinhaltet den Testfall, wie wir zwei Befehle als Eingangsparameter erwarten würden. Die beiden Befehle sind durch `::` voneinander getrennt. Am Ende werden daraus zwei Befehle gebaut. Der erste Wert ist dabei immer der Befehl selbst.

Jetzt, da uns klar ist, was die Funktion tun soll, können wir mit der Umsetzung beginnen und gleich testen.

Da das Trennzeichen `::` innerhalb des Codes für sich selbst nicht unbedingt aussagekräftig ist, legen wir als Erstes eine Konstante dafür an. Hierdurch wird später im Code klar, was wir da eigentlich verwenden.

```
const cmdDelimiter = "::"
```

Listing 10–5
Konstante für das Trennzeichen

Die Konstante definieren wir gleich nach den Importen. Denn dort ist einer der ersten Plätze, wo wir Konstanten von Programmen suchen. Alternativ könnten wir diese auch direkt innerhalb der Funktion definieren.

Wir bauen nun unsere Funktion, indem wir über alle Argumente einen Loop bauen. Der jeweilige Wert kann entweder ein Befehl selbst, ein Argument für einen Befehl oder das Trennzeichen sein.

- In dem Fall, dass unser Wert das Trennzeichen ist, müssen wir den bisher erzeugten Befehl in unser Output-Slice schreiben. Danach muss die Variable `cmd` geleert werden.
- Wenn innerhalb von `cmd` kein Name vorhanden ist, wissen wir, dass es sich um einen neuen Befehl handelt und der Wert den Befehl ausdrückt.
- Alle weiteren Fälle sind nun vom Typ Argument. Wir fügen den jeweiligen Wert den Argumenten des aktuellen Befehls hinzu.

Damit der letzte Befehl auch in unserem Output vorhanden ist, müssen wir nach dem Loop den aktuellen Befehl noch dem Output hinzufügen. Im folgenden Listing ist eine mögliche Umsetzung des Codes dargestellt.

```
func parseArgs(args []string) []cmdArgs {
    var cmds []cmdArgs
    var cmd cmdArgs
    for _, arg := range args {
        switch {
        case arg == cmdDelimiter:
            cmds = append(cmds, cmd)
            cmd = cmdArgs{}
        case cmd.name == "":
            cmd.name = arg
        default:
            cmd.args = append(cmd.args, arg)
        }
    }
    cmds = append(cmds, cmd)
    return cmds
}
```

Unser Test wird nun bestanden. Für ein besseres Gefühl können wir natürlich noch weitere Testfälle hinzufügen. Wir wollen also auch prüfen, ob unsere Logik mit nur einem Befehl funktioniert.

Listing 10–6
Testfall für einen Befehl

```
{
    "ein Befehl",
    []string{"abc", "def", "hij"},
    []cmdArgs{
        cmdArgs{"abc", []string{"def", "hij"}},
    },
},
```

Wir können auch noch einen Schritt weitergehen und eine Prüfung für keinen Befehl anlegen. Jedoch müssen wir uns jetzt überlegen, was für einen Wert wir in dem Fall überhaupt erwarten. Denn unser Rückgabewert ist ein Slice, und der Nullwert eines Slices ist per Definition `nil`. Wir könnten aber auch ein leeres Slice `[]cmdArgs` erwarten. Wir entscheiden uns aber für `nil`.

Listing 10–7
Testfall für keinen Befehl

```
{
    "kein Befehl",
    []string{},
    nil,
},
```

Nun läuft unser Test noch nicht durch. Zuerst müssen wir unsere Funktion so erweitern, dass ohne Input `nil` zurückgemeldet wird. Das erreichen wir am besten, indem wir ganz oben in der Funktion diesen Fall abfangen.

```
if len(args) == 0 {
    return nil
}
```

Unsere Funktion sieht nun wie folgt aus:

Listing 10–8
kompletter Code für parseArgs

```
func parseArgs(args []string) []cmdArgs {
    if len(args) == 0 {
        return nil
    }
    var cmds []cmdArgs
    var cmd cmdArgs
    for _, arg := range args {
        switch {
        case arg == cmdDelimiter:
            cmds = append(cmds, cmd)
            cmd = cmdArgs{}
        case cmd.name == "":
            cmd.name = arg
        default:
            cmd.args = append(cmd.args, arg)
        }
    }
    cmds = append(cmds, cmd)
    return cmds
}
```

Wir iterieren einmal durch alle `args` und bauen dann über Switch den jeweiligen Befehl wieder zusammen. Zu Beginn der Funktion stellen wir sicher, dass mindestens ein Argument übermittelt wird.

10.4 Befehle ausführen

Im ersten Schritt haben wir die Argumente aus dem Programmaufruf getrennt. Jetzt haben wir ein Slice mit Befehlen, das wir nebenläufig aufrufen werden.

Wir kapseln dies am besten in eine eigene Funktion, die wir `runCmds()` nennen. Als Input erwarten wir das Ergebnis aus unserer parseArgs()-Funktion, das heißt, wir erwarten ein []cmdArgs. Wir gehen also mit einem range über dieses Slice und starten dann eine Goroutine.

Damit unser Code auch ausgeführt wird, müssen wir mit sync.WaitGroup sicherstellen, dass unsere Funktion so lange wartet, bis alle Goroutinen gelaufen sind. Wir bauen uns also ein erstes Gerüst, das es ermöglicht, mehrere Goroutinen über ein range zu starten.

Listing 10–9
Gerüst der Funktion mit WaitGroup

```
func runCmds(cmds []cmdArgs) {
    wg := &sync.WaitGroup{}
    for i, args := range cmds {
        wg.Add(1)
        go func() {
            wg.Done()
        }()
    }
    wg.Wait()
}
```

Bevor wir also eine Goroutine starten, erhöhen wir den Zähler der WaitGroup um eins. Innerhalb der Goroutine setzen wir am Ende wg.Done(). Alternativ könnten wir das auch in einen defer-Aufruf packen. Diese Lösung ist stabiler, da defer immer am Ende der Funktion ausgeführt wird, selbst wenn diese abbricht oder es zu einer Panik kommt.

Für das Ausführen der Befehle verwenden wir das exec-Paket. Da wir bereits am Anfang den Typ cmdArgs so definiert haben, dass er mit der Funktion exec.Command() verwendet werden soll, ist der Aufruf nun sehr einfach.

Für cmd müssen wir nun noch definieren, was mit dem Standard-Output und Standard-Error passieren soll. Wir leiten diese einfach direkt eins zu eins weiter. Danach können wir mit cmd.Run() den Befehl ausführen.

```
cmd := exec.Command(args.name, args.args...)
cmd.Stdout = os.Stdout
cmd.Stderr = os.Stderr
err := cmd.Run()
```

Goroutine in einem Loop

Dieser Teil passiert natürlich innerhalb der von uns vorbereiteten Goroutine. Es gibt an dieser Stelle noch einen ganz wichtigen Punkt zu beachten: Wenn Goroutinen innerhalb eines Loops gestartet werden, sollten wir Closures unbedingt vermeiden. Denn ein Closure führt dabei fast immer zu einem Data Race.

Die einfachste Lösung ist es, alle übergebenen Parameter einfach in die Signatur der Funktion zu übernehmen, das heißt, den Wert args aus dem Loop übergeben wir einfach als Parameter. Damit wir innerhalb unseres Loggings die jeweilige Goroutine identifizieren können, übergeben wir auch noch den Index des range-Loops.

Listing 10–10
Definition der Goroutine

```
func runCmds(cmds []cmdArgs) {
    wg := &sync.WaitGroup{}
    for i, args := range cmds {
        wg.Add(1)
        go func(nr int, args cmdArgs) {
            log.Printf("Starting cmd %d: %s %s\n",
                nr,
                args.name,
                strings.Join(args.args, " "))
            cmd := exec.Command(args.name, args.args...)
            cmd.Stdout = os.Stdout
            cmd.Stderr = os.Stderr
            err := cmd.Run()
            log.Printf("cmd %d is ready\n", nr)
            if err != nil {
                log.Printf("cmd %d with error = %s\n", nr, err)
            }
            wg.Done()
        }(i+1, args)
    }
    wg.Wait()
}
```

Um nun eine erste lauffähige Version zu erhalten, müssen wir die einzelnen Teile nur noch innerhalb von main() zusammenfügen:

```
func main() {
    cmds := parseArgs(flag.Args())
    runCmds(cmds)
}
```

Unser Programm kann nun bereits mehrere Befehle nebenläufig ausführen. Jedoch starten wir dort die einzelnen Goroutinen, ohne wirklich daran zu denken, wie wir diese auch beenden können.

10.5 Abbruch mit context

Bis jetzt starten wir einfach nur die einzelnen Befehle nebenläufig und kümmern uns nicht darum, wie lange diese laufen bzw. wie wir diese abbrechen können. Schön wäre es, wenn wir die Ausführung mit Ctrl+C abbrechen könnten. Das funktioniert zwar jetzt auch schon, wenn wir das komplette Programm hart beenden. Es wäre jedoch schöner, wenn wir dieses Signal abfangen und dann unsere Goroutinen daraufhin gezielt abbrechen könnten.

Hierfür werden wird das Paket signal verwenden und innerhalb einer Goroutine auf das Signal von Ctrl+C lauschen. Um dann die Goroutinen gezielt zu beenden, werden wir auf das context-Paket zurückgreifen.

Dabei hilft uns das exec-Paket, da die Funktion exec.CommandContext hierfür verwendet wird. Dieser Funktion können wir einfach eine Variable vom Typ context.Context übergeben und müssen uns um keine Implementierungen mehr kümmern.

Damit dies funktioniert, müssen wir die Signatur unserer Funktion runCmds() um eine Context-Variable erweitern. Diese Variable stecken wir dann in die Funktion exec.CommandContext, die exec.Command ersetzt.

Listing 10–11
runCmds mit Context

```
func runCmds(ctx context.Context, cmds []cmdArgs) {
    wg := &sync.WaitGroup{}
    for i, args := range cmds {
        wg.Add(1)
        go func(nr int, args cmdArgs) {
            // ...
            cmd := exec.CommandContext(ctx, args.name, args.args...)
            cmd.Stdout = os.Stdout
            cmd.Stderr = os.Stderr
            err := cmd.Run()
            // ...
            wg.Done()
        }(i+1, args)
    }
    wg.Wait()
}
```

Jetzt haben wir die aufrufende Seite schon mal so erweitert, dass die einzelnen Befehle über ctx abgebrochen werden können. Im nächsten Schritt müssen wir nun einen Context erzeugen. Da wir mit Ctrl+C die Goroutinen beenden möchten, wählen wir context.WithCancel(context.Background()). Hierüber erhalten wir eine Cancel-Funktion. Diese Funktion rufen wir mit defer cancel() spätestens am Ende des Programms auf. An der Stelle ist das zwar nicht unbedingt notwendig, aber `cancel` sollte grundsätzlich immer aufgerufen werden. Das gehört bei der Verwendung des `context`-Pakets zum guten Ton.

Listing 10–12
main erweitert um context

```
func main() {
    ctx, cancel := context.WithCancel(context.Background())
    defer cancel()
    cmds := parseArgs(os.Args[1:])
    runCmds(ctx, cmds)
}
```

Anschließend starten wir eine Goroutine, die für die gesamte Laufzeit unseres Programms auf das `Ctrl+C`-Signal wartet. Dabei meldet die Funktion `signal.Notify()` dieses Ereignis in einen Channel.

Wir erzeugen also einen Channel vom Typ `chan os.Signal` und übergeben diesem die Funktion `signal.Notify()`. Anschließend warten wir mit `<-c` auf ein Event aus diesem Channel. Sobald das Event eintritt, läuft unsere Goroutine weiter und wir rufen dann `cancel()` aus dem Context auf.

Listing 10–13
Abbruch mit Ctrl+C

```
func main() {
    ctx, cancel := context.WithCancel(context.Background())
    defer cancel()

    c := make(chan os.Signal, 1)
    go func() {
        signal.Notify(c, os.Interrupt)
        <-c
        log.Println("Abbruch mit Ctrl+C")
        cancel()
    }()
        cmds := parseArgs(os.Args[1:])
    runCmds(ctx, cmds)
}
```

Jetzt haben wir unser Programm so erweitert, dass wir gezielt unsere Befehle abbrechen können.

10.6 Verbesserung des Tools

Unser Tool goconc kann nun Befehle nebenläufig ausführen und unterstützt auch einen gezielten Abbruch mit Ctrl+C. Es gibt jedoch noch zwei Kleinigkeiten, die wir ohne großen Aufwand verbessern können.

Aktuell leiten wir den Output aus cmd einfach weiter. Hier wäre es vielleicht schöner, den Output über ein Flag zu steuern. Außerdem wäre es schön, bei Aufruf einen Timeout mitgeben zu können. Da Timeouts auch über Context abgebildet werden, müssen wir dafür nicht einmal groß etwas ändern.

Beginnen wir also mit der Definition der zugehörigen Flags. Diese packen wir in eine Variablengruppe, damit sie gleich gut sichtbar zusammengehören.

Listing 10–14
Definition der Flags

```
var (
    flagTimeout = flag.Duration("t", 0, "timeout in seconds")
    flagOutput  = flag.Bool("o", false, "enable output of the cmds")
)
```

Als Erstes müssen wir am Anfang von main() die Flags mit flag.Parse() auswerten. Die Übergabe der Argumente an parseArgs() erfolgt nun mit flag.Args(). Das flag-Paket erwartet die Flags immer am Anfang. Darauf folgende Argumente werden dann ganz einfach als Argumente weitergeleitet. Deshalb sollte es zu keinen Problemen kommen, falls wir einen Befehl mit dem Flag -t oder -o ausführen wollen.

Anschließend erweitern wir unser Context ctx um einen Timeout. Diese Eigenschaft wird mit context.WithTimeout() dem übergebenen Context hinzugefügt. Wenn wir dies immer nur dann machen, wenn unser Flag nicht 0 ist, ist die Implementation des Timeouts an der Stelle bereits fertig.

Listing 10–15
Context mit Timeout

```
func main() {
    flag.Parse()
    ctx, cancel := context.WithCancel(context.Background())
    defer cancel()
    if *flagTimeout != 0 {
        ctx, cancel = context.WithTimeout(ctx, *flagTimeout)
    }
    // ...
    cmds := parseArgs(flag.Args())
    runCmds(ctx, cmds)
}
```

Ähnlich leicht ist es, das Output-Flag zu implementieren. Wir müssen nur die Zuweisung von `os.Stdout` und `os.Stderr` in eine if-Abfrage packen.

```
if *flagOutput {
    cmd.Stdout = os.Stdout
    cmd.Stderr = os.Stderr
}
```

Jetzt bekommen wir nur noch eine Ausgabe zu sehen, wenn wir das Flag `-o` setzen. Wir können unser Tool auch gleich ausprobieren. Angenommen wir möchten mehrere Webseiten gleichzeitig laden, dann können wir mit dem Tool `gourl` aus Kapitel 5, oder auch gerne mit `curl`, mehrere Seiten gleichzeitig laden. Dabei ist wichtig, dass wir die geladene Seite direkt in eine Datei schreiben, da wir die Ausgabe der nebenläufig ausgeführten Programme nicht in eine Datei umleiten können.

```
> goconc gourl -o golang.htm https://golang.org :: gourl
        ↪ -o dpunkt.htm https://www.dpunkt.de/
```

Hier fällt uns auf, dass wir für jede Seite immer den Befehl `gourl` schreiben müssen. Vielleicht können wir unser Interface dahingehend optimieren, dass wir eine Logik implementieren, die den vorherigen Befehl selbst vervollständigen kann. Wenn also zwei Seiten mit dem gleichen Befehl geladen werden sollen, könnten wir beispielsweise Folgendes schreiben:

```
> goconc gourl -o golang.htm https://golang.org :
        ↪ -o dpunkt.htm https://www.dpunkt.de/
```

Als Trennzeichen würden wir nur `:` verwenden. In dem Fall übergeben wir nur noch die Flags und die Argumente.

Die Umsetzung ist wieder einfach, da wir dafür eigentlich nur unser `parseArgs()` anpassen müssen. Denn dort werden die einzelnen Befehle ja zusammen gesetzt.

Als Erstes erweitern wir also unsere Konstanten um einen Eintrag.

```
const (
    cmdDelimiter     = "::"
    cmdArgsDelimiter = ":"
)
```

Anschließend erweitern wir unsere Tests um einen weiteren Testfall.

```
{
    "zwei Befehle kurz deklariert",
    []string{"abc", "def", ":", "defg"},
    []cmdArgs{
        cmdArgs{"abc", []string{"def"}},
        cmdArgs{"abc", []string{"defg"}},
    },
},
```

Jetzt bekommen wir an der Stelle natürlich ein `FAIL`. Anschließend ergänzen wir den `switch`-Ausdruck um einen weiteren `case`.

```
func parseArgs(args []string) []cmdArgs {
    if len(args) == 0 {
        return nil
    }
    var cmds []cmdArgs
    var cmd cmdArgs
    for _, arg := range args {
        switch {
        case arg == cmdDelimiter:
            cmds = append(cmds, cmd)
            cmd = cmdArgs{}
        case arg == cmdArgsDelimiter:
            newCmd := cmdArgs{name: cmd.name}
            cmds = append(cmds, cmd)
            cmd = newCmd
        case cmd.name == "":
            cmd.name = arg
        default:
            cmd.args = append(cmd.args, arg)
        }
    }
    cmds = append(cmds, cmd)
    return cmds
}
```

Wenn nun unser Argument gleich dem `cmdArgsDelimiter` ist, merken wir uns den Befehl. Dann fügen wir den aktuellen Befehl inklusive Argumenten dem Output hinzu und am Ende setzen wir den aktuellen Befehl gleich dem gemerkten.

11 Testen und Benchmarks

11.1 Tests in Go

- Wie sehen Tests in Go aus?
- Woran erkennen wir Testdateien?

Die Go-Testsuite ist schon von Anfang an Teil der Sprache. Wenn wir unseren Code testen möchten, müssen wir dafür keine weiteren Pakete oder Tools bemühen. Wir können einfach loslegen und unsere Tests direkt in Go schreiben. Mit dem Befehl `go test` und dem zugehörigen Paket `testing` aus der Standardbibliothek haben wir alles, was wir brauchen.

Die Tests werden in separaten Dateien im gleichen Verzeichnis wie der Code angelegt. Die Dateien haben die Endung `_test.go`. Der Name davor kann frei gewählt werden, jedoch hat es sich bewährt, dass wir die Testdateien entsprechend der Datei benennen, die die zu testende Funktion enthält. Wenn wir Funktionen aus der Datei foo.go testen, legen wir die Tests dazu in foo_test.go an.

Die Testdateien werden beim Kompilieren von Programmen ignoriert. Wenn also in einer Testdatei z. B. ein syntaktischer Fehler vorliegt, kompiliert das zugehörige Programm trotzdem. Für das Ausführen der Tests hingegen muss die komplette Datei syntaktisch korrekt sein, da sonst der Test selbst nicht ausgeführt werden kann.

Um zu üben, Tests direkt in Go zu schreiben, spielen wir ein einfaches Beispiel durch. Wir erzeugen für ein neues Paket das Verzeichnis calc. Anschließend initialisieren wir das Modul.

```
> mkdir calc
> cd calc
> go mod init beispiel.de/gobuch/calc
```

Nun legen wir in dem neuen Verzeichnis die Datei add.go an. In diese Datei kommt dann die Funktion Add(). In einem ersten Schritt bekommt die Funktion nur eine leere Hülle.

Listing 11–1
Leere Add()-Funktion

```
package calc

func Add(a, b int) int {
    return 0
}
```

Für unsere Tests legen wir nun add_test.go an. In diese Datei schreiben wir die erste Testfunktion.

Listing 11–2
Erster Test für Add()

```
package calc

import "testing"

func TestAdd(t *testing.T) {
    s := Add(1, 2)
    if s != 3 {
        t.Errorf("Add(1, 2) = %d", s)
    }
}
```

Testfunktionen beginnen immer mit *Test*, gefolgt vom Namen des jeweiligen Tests. In diesem Fall heißt die Funktion TestAdd(), der Test hat also den Namen *Add*. Als einzigen Input-Wert benötigt die Funktion *testing.T. Der Name des Input-Parameters kann zwar frei gewählt werden, jedoch wird hierfür immer t verwendet. Die Prüfung, ob ein

Funktionsaufruf korrekt war, erfolgt über normalen Go-Code. Wir rufen dafür `Add()` auf und prüfen anschließend, ob das Ergebnis korrekt ist. Wenn nicht, geben wir über `t.Errorf()` einen Fehler aus. Diese Methode ruft nach der Fehlerausgabe `t.Fail()` auf, wodurch das Tooling feststellt, dass dieser Test nicht bestanden wurde.

Wir führen also nun unseren geschriebenen Test aus, um zu sehen, ob dieser wie erwartet nicht bestanden wird.

```
> go test

--- FAIL: TestAdd (0.00s)
    add_test.go:8: Add(1, 2) = 0
FAIL
exit status 1
FAIL    beispiel.de/gobuch/calc  0.644s
```

Der Test wird natürlich nicht bestanden, da unsere Funktion 0 und nicht 3 zurück gibt. Passen wir nun `Add()` mit wenig Aufwand an. Hierbei orientieren wir uns an den Prinzipien von *Test Driven Development*, das heißt wir schreiben gerade soviel Code, dass der Test bestanden wird.

Listing 11–3
Add() angepasst

```
func Add(a, b int) int {
    return 3
}
```

Anschließend führen wir den Test erneut aus:

```
> go test
PASS
ok      beispiel.de/gobuch/calc  0.533s
```

Natürlich ist unsere Funktion `Add()` noch nicht korrekt, aber mit diesem Vorgehen haben wir geprüft, dass unser Test korrekt funktioniert. Das heißt wir bekommen ein *FAIL* bei falschem Ergebnis und ein *PASS* bei korrektem Ergebnis.

Nun müssen wir weitere Testfälle anlegen, damit wir unsere Funktion auch richtig erstellen. Hierfür schreiben wir eine weitere Testfunktion.

Listing 11–4
Einfach erweiterte Testfunktion

```
func TestAdd2(t *testing.T) {
    s := Add(10, 20)
    if s != 30 {
        t.Errorf("Add(10, 20) = %d", s)
    }
}
```

Jetzt bekommen wir wieder ein *FAIL* bei unserem Test:

```
--- FAIL: TestAdd2 (0.00s)
    add_test.go:15: Add(10, 20) = 3
FAIL
exit status 1
FAIL    beispiel.de/gobuch/calc  0.599s
```

Anhand der Ausgabe sehen wir den Namen des gescheiterten Tests. Mit `FAIL: TestAdd2` wissen wir also, welche Testfunktion noch nicht bestanden wird. Darauf folgen in der Ausgabe die Datei und in der Testdatei die Zeile. Diese Information hilft uns, falls wir hunderte Tests in einer Datei haben, den einen gescheiterten Test wiederzufinden.

Die Situation ist nun folgende: Wir haben einen Test, der bestanden wird, und einen weiteren Test, der nicht besteht. Wir wollen unsere Funktion `Add()` aber noch nicht anpassen, denn in den folgenden Kapiteln wollen wir unsere Tests besser organisieren, und genau dafür ist ein *FAIL* notwendig, damit wir sehen, was sich am Output verändert.

11.2 Subtests

- Wofür können wir Subtests verwenden?

Im letzten Kapitel haben wir für jeden Testfall eine eigene Funktion erstellt. Diese Lösung ist nicht unbedingt optimal, denn wir haben jedes Mal immer nur die Funktion `Add()` getestet. Genau für diesen Fall besteht die Möglichkeit, innerhalb einer Testfunktion mehrere *Subtests* anzulegen. Dies erfolgt mit der Methode `t.Run()`. Wir schreiben also beide Testfälle in eine Testfunktion. Beim Aufruf von `t.Run()` geben wir als ersten Parameter einen Namen für den jeweiligen Testfall an.

Listing 11–5
Test mit Subtests

```
func TestAdd(t *testing.T) {
    t.Run("Testfall Add(1, 2)", func(t *testing.T) {
        s := Add(1, 2)
        if s != 3 {
            t.Errorf("Add(1, 2) = %d", s)
        }
    })
    t.Run("Testfall Add(10, 20)", func(t *testing.T) {
        s := Add(10, 20)
        if s != 30 {
            t.Errorf("Add(10, 20) = %d", s)
        }
    })
}
```

Jetzt rufen wir wieder go test auf.

```
> go test
--- FAIL: TestAdd (0.00s)
    --- FAIL: TestAdd/Testfall_Add(10,_20)#01 (0.00s)
        add_test.go:15: Add(10, 20) = 3
FAIL
exit status 1
FAIL    beispiel.de/gobuch/calc  0.594s
```

Da unsere Funktion Add() immer noch jedes Mal 3 zurückliefert, wird wieder ein entsprechendes FAIL ausgegeben. An der Ausgabe sehen wir, dass auch der Name des Subtests mit ausgegeben wird.

11.3 Tabellarische Tests

Was sind die Vorteile von tabellarischen Tests?

Mit den Subtests haben wir unsere Testfälle innerhalb einer Funktion gebündelt. Dies hat die Struktur innerhalb der Datei verbessert. Schauen wir uns aber den Code von Listing 11–5 noch einmal genauer an. Hier können wir sehen, dass jeder Testfall nach der gleichen Logik abläuft. Wenn wir eine geeignete Struktur wählen, können wir den Aufruf des jeweiligen Tests innerhalb eines Loops durchführen.

Listing 11–6
Definition der Testfälle als Slice

```
tests := []struct {
    testfall string
    a        int
    b        int
    erwartet int
}{
    {
        "Testfall Add(1, 2)",
        1,
        2,
        3,
    },
    {
        "Testfall Add(10, 20)",
        10,
        20,
        30,
    },
}
```

Da wir die Struktur, die die Parameter für den jeweiligen Testfall bilden, nur einmal benötigen, müssen wir dafür keinen eigenen Typ definieren. Wir wählen somit eine anonyme Struktur (Kapitel 2.7), die einen Namen für den Testfall, die Eingangswerte und einen erwarteten Wert beinhaltet. Die Tests werden dann als Slice erfasst. Die Darstellung mag auf den ersten Blick etwas ungewohnt erscheinen, jedoch können wir so auf den ersten Blick alle unsere Testfälle gut überblicken.

Jetzt müssen wir nur noch einen Loop über `tests` durchführen und die entsprechenden Parameter in unsere Subtests einsetzen.

Listing 11–7
Aufruf der Tests

```
for _, tt := range tests {
    t.Run(tt.testfall, func(t *testing.T) {
        s := Add(tt.a, tt.b)
        if s != tt.erwartet {
            t.Errorf("Add(%d, %d) = %d", tt.a, tt.b, s)
        }
    })
}
```

Für die Iteration verwenden wir `tt`, da `t` bereits als Input-Parameter der Testfunktion vergeben ist. Der Aufruf des Tests und die Prüfung auf das Ergebnis laufen analog wie in Listing 11–5 ab, nur dass wir die Parameter von `tt` verwenden.

Listing 11–8
Die komplette Testdatei add_test.go

```
package calc

import "testing"

func TestAdd(t *testing.T) {
    tests := []struct {
        testfall string
        a        int
        b        int
        erwartet int
    }{
        {
            "Testfall Add(1, 2)",
            1,
            2,
            3,
        },
        {
            "Testfall Add(10, 20)",
            10,
```

```
            20,
            30,
        },
    }
    for _, tt := range tests {
        t.Run(tt.testfall, func(t *testing.T) {
            s := Add(tt.a, tt.b)
            if s != tt.erwartet {
                t.Errorf("Add(%d, %d) = %d", tt.a, tt.b, s)
            }
        })
    }
}
```

Wenn wir nun noch einmal go test ausführen, erhalten wir wieder die Fehlermeldung des zweiten Tests.

```
> go test
--- FAIL: TestAdd (0.00s)
    --- FAIL: TestAdd/Testfall_Add(10,_20) (0.00s)
        add_test.go:29: Add(10, 20) = 3
FAIL
exit status 1
FAIL    beispiel.de/gobuch/calc 0.653s
```

Diese Art des Tests wird *tabellarischer Test* genannt, da wir mit dem Slice einer Struktur eine Tabelle definieren, die dann die einzelnen Tests steuert. Wir können nun leicht weitere Testfälle anlegen. Dafür müssen wir nur dem Slice weitere Einträge hinzufügen.

11.4 Eigenes Testpaket

- Was ist anders, wenn wir ein eigenes Testpaket verwenden?

Bisher haben wir unsere Tests einfach immer im aktuellen Paket angelegt. Das ist so weit logisch, da in einem Verzeichnis auch nur eine Paketdefinition vorhanden sein darf. Wenn wir also die Funktion Add() aus dem calc-Paket testen, befindet sich unsere Testdatei natürlich im gleichen Verzeichnis, wodurch auch die Tests in diesem Paket liegen.

Wenn wir aber im gleichen Paket testen, haben wir natürlich auch Zugriff auf die nicht exportierten Elemente des Pakets. Das kann manchmal gewollt, aber auch gefährlich sein. Um nun ein Paket von extern zu testen, haben wir die Möglichkeit, den Test in einem eigenen Testpaket laufen zu lassen.

Das Testpaket bekommt den gleichen Namen, wie das ursprüngliche Paket plus das Suffix _test. Der tabellarische Test aus dem letzten Kapitel sieht nun wie folgt aus:

Listing 11–9
Externes Test-Paket

```
package calc_test

import (
    "testing"

    "beispiel.de/gobuch/calc"
)

func TestAdd(t *testing.T) {
    tests := []struct {
        testfall string
        a        int
        b        int
        erwartet int
    }{
        // ...
    }
    for _, tt := range tests {
        t.Run(tt.testfall, func(t *testing.T) {
            s := calc.Add(tt.a, tt.b)
            if s != tt.erwartet {
                t.Errorf("Add(%d, %d) = %d", tt.a, tt.b, s)
            }
        })
    }
}
```

Eigentlich unterscheidet sich der Code hier nur an zwei Stellen. Als Erstes müssen wir unter `import` das `calc`-Paket importieren. Als Zweites müssen wir dann beim Aufruf von `Add()` zusätzlich den Namespace des Pakets angeben.

Ein eigenes Testpaket ermöglicht uns, unser Paket so zu prüfen, wie es durch andere Pakete aufgerufen wird. Deshalb ist diese Sicht durchaus sinnvoll. Das Testpaket bezieht sich dabei auch immer nur auf die jeweilige Datei. Das heißt, wir müssen uns nicht für eine Logik entscheiden, sondern können auch Tests erstellen, die auf nicht exportierte Elemente zugreifen.

11.5 Testen mit Beispielen

- Wie legen wir ein Beispiel an?
- Was ist der Vorteil von Beispielen beim Testen?

Das Testpaket bietet uns zusätzlich die Möglichkeit, Tests über Beispiele anzulegen. Diese Beispiele legen wir einfach innerhalb unserer Testdatei an. Damit das Beispiel auch getestet werden kann, muss es immer einen Output erzeugen. Den erwarteten Output geben wir innerhalb eines Kommentars an. Für unsere Add-Funktion schreiben wir einfach mal:

```
func ExampleAdd() {
    r := Add(2, 3)
    fmt.Println(r)
    //Output: 5
}
```

Listing 11–10
Example-Funktion für Add()

Der große Vorteil einer solchen Example-Funktionen ist, dass sie auch innerhalb der Dokumentation aufgeführt wird. Sowohl der Code als auch der Output des Beispiels kommen in die Doku.

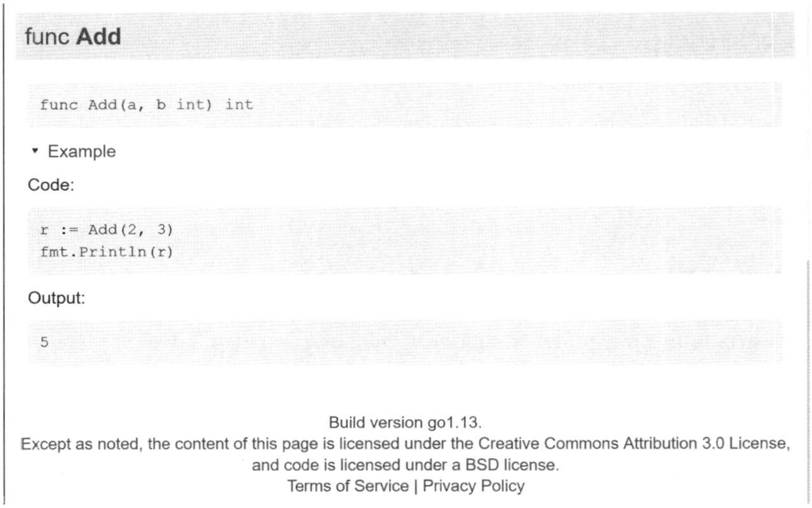

Abb. 11–1
Unser Beispiel in godoc

func **Add**

```
func Add(a, b int) int
```

▾ Example

Code:

```
r := Add(2, 3)
fmt.Println(r)
```

Output:

```
5
```

Build version go1.13.
Except as noted, the content of this page is licensed under the Creative Commons Attribution 3.0 License, and code is licensed under a BSD license.
Terms of Service | Privacy Policy

Wenn wir unsere Tests laufen lassen, werden die Beispiele getestet. Ändern wir nun einfach mal den erwarteten Output auf einen falschen Wert und führen dann unsere Tests aus.

```
--- FAIL: ExampleAdd (0.00s)
got:
5
want:
4
FAIL
```

Die Ausgabe benennt die Testfunktion und gibt uns außerdem formatiert aus, welchen Wert wir erwarten und welchen Wert wir aus der Funktion bekommen haben.

Die Definition eines Beispiels erfolgt über eine Funktion ohne Input-Werte, die mit `Example` beginnt. Danach folgt der Name der Funktion oder des Typs, für den dieses Beispiel gedacht ist. Darüber wird das Beispiel innerhalb der Dokumentation zugeordnet. Wir können auch mehrere Beispiele zu einer Funktion anlegen.

Listing 11–11
Mehrere Beispiele zu einer Funktion

```
func ExampleAdd(){...}
func ExampleAdd_zwei(){...}
func ExampleAdd_drei(){...}
```

Wenn wir für eine Methode ein Beispiel anlegen wollen, gilt die gleiche Logik.

Listing 11–12
Beispiel zu einer Methode

```
// Dokumentiert die Methode Bar vom Typ Foo
func ExampleFoo_Bar(){}
```

Beispiele sind somit ein sehr hilfreiches Mittel, das uns auf einfache Weise Tests schreiben lässt und zusätzlich die Dokumentation aufpeppt.

11.6 Ein ganzes Projekt testen

- Wie können wir alle Tests eines Projekts ausführen?
- Mit welchem Flag lässt sich zusätzlich die Test-Coverage ausgeben?

Bis hier haben wir uns hauptsächlich mit dem Schreiben von Tests beschäftigt. Mit dem Befehl `go test` haben wir unsere Tests ausgeführt. Dieser Aufruf testet immer nur die Tests im aktuellen Arbeitsverzeichnis. Größere Projekte bestehen jedoch aus mehreren Modulen. Das Testen pro Verzeichnis, also pro Modul, ist dabei nicht praktikabel. Wir können aber auch alle Tests innerhalb eines Projekts mit einem Befehl ausführen. Dafür müssen wir im Root-Verzeichnis `test` wie folgt ausführen:

```
> go test ./...
```

Nun werden alle Unterverzeichnisse nach vorhandenen Tests durchsucht und ausgeführt. Dieser Testlauf kann bei großen Projekten natürlich etwas länger dauern. Das gilt jedoch nur für die erste Ausführung, denn die erfolgreichen Tests werden seit Version 1.10 in einem Cache zwischengespeichert. Solange sich an einem Modul oder Paket nichts ändert, wird das Testergebnis aus dem Cache verwendet.

Sollten wir dem Cache-Mechanismus nicht trauen, können wir mit dem Flag `-count=1` das Test-Caching übergehen.

```
> go test -count=1 ./...
```

Die Go-Testumgebung erlaubt uns auch auszugeben, wie viel Prozent unseres Codes durch Tests abgedeckt wird. Mit dem Flag `-cover` können wir uns die *Test-Coverage* ausgeben lassen.

Test-Coverage

```
> go test -cover ./...
PASS
coverage: 76.0% of statements
```

Diese Kennzahl ist dabei mit Vorsicht zu genießen, denn es kommt nicht darauf an, wie viele Statements getestet werden, sondern natürlich auch wie und welche.

In Go können wir uns diese Testabdeckung auch direkt im Browser anzeigen lassen. Dafür verwenden wir das Flag `-coverprofile`. Damit wird eine Datei angelegt, die die Testabdeckung beschreibt.

```
> go test -coverprofile cover.out ./...
```

Nachdem wir diesen Befehl ausgeführt haben, gibt es nun in unserem Verzeichnis die Datei `cover.out`. Sie beinhaltet die Information, wo welche Anweisung durch Tests abgedeckt ist und welche nicht. Diese Informationen sind rein technisch und helfen uns nicht direkt weiter.

Für eine schöne Darstellung benötigen wir noch einen weiteren Befehl, der uns die Testabdeckung direkt im Browser anzeigt.

```
> go tool cover --html=cover.out
```

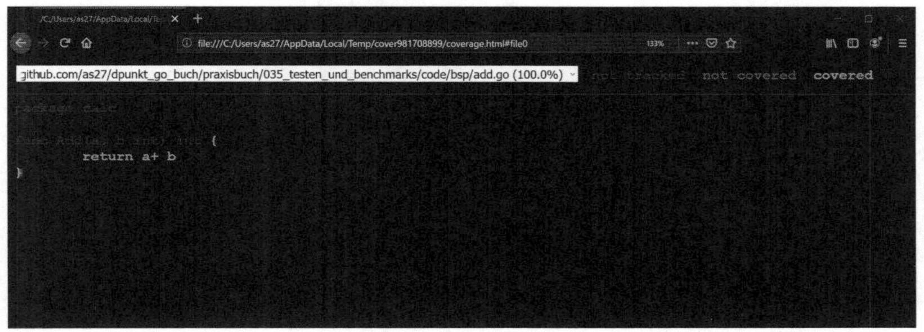

Abb. 11–2
Test-Coverage im Browser

Dieser Befehl erzeugt eine HTML-Datei in einem temporären Verzeichnis und öffnet sie im Standardbrowser. Auf der Seite sehen wir nun unseren Code in Grau, Grün und Rot hinterlegt. Grün steht für getestet und Rot für nicht getestete Anweisungen. Grau hinterlegt sind die Zeilen, die nicht testbar sind. Darunter fällt z. B. die Paketdefinition.

Diese Darstellung gibt uns mehr Kontext als die reine Test-Coverage. Immerhin können wir sehen, welche Teile des Codes noch nicht getestet wurden. Hier sollten wir darauf achten, dass die wichtige Logik immer schön grün ist. Wir müssen also nicht wirklich alle erdenklichen Fehler in unseren Tests nachbauen.

Es ist auch möglich, diese Darstellung in Visual-Studio-Code direkt zu erhalten. Denn die Go-Erweiterung erkennt automatisch Testdateien und erlaubt es uns, die Tests direkt aus dem Editor heraus zu starten. Wenn wir hierüber alle Tests eines Pakets ausführen, erhalten wir direkt im Editor diese Darstellung.

11.7 Benchmarks

Mit welchem Befehl werden Benchmarks gestartet?

Benchmarks sind ein wichtiges Tool, um die Geschwindigkeit unterschiedlicher Implementierungen zu testen. Sie sind Teil des Testpakets und werden mit dem Flag `-bench` aufgerufen.

```
> go test -bench .
```

Genauso wie die Tests schreiben wir Benchmarks in unsere Testdateien, also die Dateien, mit der Endung `_test.go`.

Die Benchmark-Funktionen ähneln vom Aufbau den Testfunktionen, nur dass sie in der Form `BenchmarkName(b *testing.B)` aufgebaut sind. Für *Name* können wir einen beliebigen Namen wählen. Dieser wird dann bei der Ausgabe der Ergebnisse immer mit aufgeführt.

Grundsätzlich sind Benchmarks mit Vorsicht zu genießen. Es gibt nämlich zu viele Faktoren, die Einfluss auf das Ergebnis haben.

11.8 Syntax der Benchmarks

- Wie schreiben wir Benchmarks?

Aber genug der Theorie, schauen wir uns einmal an, wie wir Benchmarks ganz einfach selbst schreiben können. Wir möchten zwei Strings zusammenfügen und uns fallen mehrere Lösungen ein:

- Verwendung von `fmt.Sprintf()`
- Verwendung von `strings.Join()`
- direkt über `x + y`

Als Erstes erstellen wir eine Variable für das Ziel und zwei Variablen, die zusammengeführt werden sollen. Diese Definition erfolgt auf Paketebene.

```
var s string

var (
    x = "abcd"
    y = "abcd"
)
```

Listing 11–13
In- und Output für die Benchmark

```
func BenchmarkSprintf(b *testing.B) {
    var str string
    for i := 0; i < b.N; i++ {
        str = fmt.Sprintf("%s%s", x, y)
    }
    s = str
}
```

Listing 11–14
Sprintf Benchmark

Als Nächstes erstellen wir eine Benchmark-Funktion. In Listing 11–14 definieren wir mit `BenchmarkSprintf` eine Benchmark mit dem Namen *Sprintf*. Die Funktion hat als Input den Typ `*testing.B`, dieser bildet die Basis. Mit `for i := 0; i < b.N; i++` definieren wir den Loop für unsere Benchmark, wobei der Wert von `b.N` dynamisch angepasst wird. Das ist notwendig, da wir in der Regel die Laufzeit der Benchmarks vorab festlegen.

Mit `str = fmt.Sprintf("%s%s", x, y)` führen wir die Funktion aus und weisen das Ergebnis jedes Mal der Variablen `str` zu. Diese Zuweisung müssen wir machen, da es sonst vorkommen kann, dass der Compiler den Funktionsaufruf nach dem ersten Mal einfach wegoptimiert. Aus dem gleichen Grund müssen wir mit `s = str` nach dem Loop die lokale Variable auf die Paketebene weiterreichen.

Auf gleiche Weise erstellen wir eine weitere Benchmark für die Verwendung von +, wie in Listing 11–15 dargestellt.

Listing 11–15
Plus Benchmark

```
func BenchmarkPlus(b *testing.B) {
    var str string
    for i := 0; i < b.N; i++ {
        str = x + y
    }
    s = str
}
```

Mit dem Befehl `go test -bench .` führen wir nun die Benchmarks aus.

```
> go test -bench .
goos: windows
goarch: amd64
pkg: github.com/as27/bsp/benchmarks/stringcat1
BenchmarkSprintf-4        5000000              212 ns/op
BenchmarkPlus-4          30000000               45.9 ns/op
PASS
ok      github.com/as27/bsp/benchmarks/stringcat1         7.870s
```

Die Ausgabe der Benchmark enthält Informationen über die Architektur `goarch` und das System `goos`, auf dem diese ausgeführt wurden. Mit `BenchmarkSprintf-4` wird der Name der Funktion und mit `4` die Anzahl der CPUs für die Benchmark angegeben. Die Zahl `5000000` gibt den Wert von `b.N` aus, was zeigt, wie oft unsere Funktion während der Benchmark aufgerufen wurde. Anschließend folgt die Angabe der Zeit pro Operation. Hier wäre das `212 ns/op`. Vergleichen wir die Ergebnisse der beiden Benchmarks sehen wir, dass `BenchmarkPlus` gut um den Faktor 4 schneller ist.

11.9 Subbenchmarks

- Was sind Subbenchmarks?
- Wofür können wir diese verwenden?

Mit Benchmarks lassen sich nicht nur unterschiedliche Funktionen vergleichen. Es ist auch möglich, die Leistungsfähigkeit einer Funktion mit unterschiedlichen Input-Werten zu messen.

Listing 11–16 zeigt eine rekursive Implementierung der Fibonacci-Funktion. Umso höher `x` ist, desto öfter ruft sich die Funktion selbst auf. Diese Umsetzung ist für größere `x`-Werte sehr ineffektiv. Denn wenn sich der Input-Wert verdoppelt, verlängert sich die Laufzeit um mehr als das Doppelte.

Listing 11–16
Fibonacci-Funktion

```
func fib(x int) int {
    if x < 2 {
        return x
    }
    return fib(x-1) + fib(x-2)
}
```

In Listing 11–17 ist der Code für unsere Benchmark dargestellt. Hinzugekommen sind zwei neue Elemente. Jetzt verwenden wir die Methode `b.Run()`, die hier die gleiche Funktion wie bei den Tests aus Kapitel 11.1 besitzt. Wir erzeugen damit quasi *Subbenchmarks*. Um nun Benchmarks mit unterschiedlichen Input-Werten erstellen zu können, schreiben wir uns die Hilfsfunktion `benchmarkFib(int, *testing.B)`. Als Input nimmt diese Funktion einen Integer, der später für den Aufruf der Funktion `fib()` verwendet wird, und `*testing.B`, das für die Steuerung des Loops innerhalb der Benchmark benötigt wird.

Listing 11–17
Fibonacci-Benchmark

```
var result int

func benchmarkFib(x int, b *testing.B) {
    var f int
    for i := 0; i < b.N; i++ {
        f = fib(x)
    }
    result = f
}

func BenchmarkFibonacci(b *testing.B) {
    b.Run("1", func(b *testing.B) {
        benchmarkFib(1, b)
    })
    b.Run("10", func(b *testing.B) {
        benchmarkFib(10, b)
    })
    b.Run("20", func(b *testing.B) {
        benchmarkFib(20, b)
    })

}
```

Nun können wir unsere Benchmark einmal ausführen.

```
> go test -bench .
goos: windows
goarch: amd64
pkg: github.com/as27/bsp/benchmarks/fibonacci1
BenchmarkFibonacci/1-4  1000000000              3.76 ns/op
BenchmarkFibonacci/10-4     3000000              506 ns/op
BenchmarkFibonacci/20-4       20000            58567 ns/op
PASS
ok      github.com/as27/bsp/benchmarks/fibonacci1       8.091s
```

Wie erwartet, skaliert unsere Funktion nicht besonders gut. Die Ausgabe der Subbenchmarks erfolgt analog zu den Tests wieder einzeln.

Da sich bei jedem Aufruf eigentlich nur der Input-Wert für die fib()-Funktion ändert, können wir die Benchmark auch über einen Loop aufrufen. In diesem Fall können wir auch auf die Hilfsfunktion verzichten.

Listing 11–18
Fibonacci-Benchmark

```
var result int

func BenchmarkFibonacci(b *testing.B) {
    inValues := []int{1, 10, 20}
    for _, v := range inValues {
        b.Run(fmt.Sprintf("fib(%d)", v), func(b *testing.B) {
            var f int
            for i := 0; i < b.N; i++ {
                f = fib(v)
            }
            result = f
        })
    }

}
```

Die Logik der Benchmarks läuft nun genauso wie in Listing 11–17. Würden wir diese auf die gleiche Weise aufrufen, wäre der Output ähnlich. Jetzt wollen wir die Benchmarks jedoch länger laufen lassen. Hierfür verwenden wir das Flag -benchtime. Mit dem Wert 15s setzten wir die Ausführung eines Benchmark-Laufs auf 15 Sekunden hoch.

-benchtime

```
go test -bench . -benchtime 15s
goos: windows
goarch: amd64
pkg: github.com/as27/bsp/benchmarks/fibonacci2
BenchmarkFibonacci/fib(1)-4        10000000000          3.20 ns/op
BenchmarkFibonacci/fib(10)-4          50000000           504 ns/op
BenchmarkFibonacci/fib(20)-4            300000         60888 ns/op
PASS
ok      github.com/as27/bsp/benchmarks/fibonacci2       77.259s
```

Zeiträume für -benchtime

Für das Setzen des Wertes von Benchtime muss ein String angegeben werden, der durch die Funktion `time.ParseDuration()` verarbeitet werden kann. Laut Dokumentation[1] sind für unsere Benchmarks die Buchstaben `s` für Sekunden, `m` für Minuten und `h` für Stunden möglich. Soll eine Benchmark eine Stunde, 45 Minuten und zehn Sekunden laufen, würde der String `1h45m10s` lauten.

Mit der Laufzeit von 15 Sekunden pro Benchmark dauert *der Lauf* natürlich viel länger als zuvor: jetzt 77 anstatt 8 Sekunden. Die Anzahl der *Läufe* pro Benchmark erhöht sich natürlich auch. Je höher diese Werte, desto aussagekräftiger ist die Benchmark.

[1] *https://golang.org/pkg/time/#ParseDuration()*

12 Projekt: Image Resizer

12.1 Einleitung

In diesem Projekt wollen wir ein einfaches kleines Tool für das Verkleinern von Bildern erstellen. Das Ziel dieser Übung ist, ein simples Programm mithilfe eines externen Pakets zu erstellen. Zusätzlich schreiben wir auch noch ein paar kleine Tests, damit wir sicher sein können, dass unsere Funktionen auch das machen, was wir erwarten. Für eine bessere Fehlerbehandlung werden wir einen eigenen Error-Typ bauen und ganz zum Schluss das Verkleinern der Bilder nebenläufig durchführen.

Die Logik des Programms ist es, alle Dateien eines Verzeichnisses mit einer JPEG-Endung zu verkleinern. Die Größe der verkleinerten Bilder definieren wir über einen String der Form `[max Breite]x[max Höhe]`. Für eine maximale Breite und Höhe von 100 px würde der Anwender dann `100x100` schreiben. Diesen Wert lassen wir uns über ein Flag liefern.

Für das Verkleinern der Bilder verwenden wir das Paket `github.com/disintegration/imaging`. Dieses unterstützt unterschiedliche Algorithmen für das Verkleinern von Bildern. Das Paket hat die Major-Version 1, also sollte es eine stabile API besitzen.

Wenn wir externe Abhängigkeiten innerhalb unseres Pakets haben, vertrauen wir dabei immer ein wenig den *Contributern*, die dafür sorgen, dass weitere Features eingebaut und Sicherheitslücken geschlossen werden. Es gibt sogar einige Entwickler, die externe Pakete grundsätzlich ablehnen. Komischerweise findet man viele davon auf Stack Overflow. Dort wir das Mantra *Just use the standard library* regelmäßig wiederholt. Aus Sicherheitsperspektive ist diese Einstellung sicher sinnvoll, jedoch müssen wir nicht wirklich das Rad immer wieder neu erfinden. Wir sollten jedoch jedes Mal auch daran denken, dass wir durch externe Abhängigkeiten ein wenig die Kontrolle für unser Paket bzw. Tool in dritte Hände abgeben.

Die Lernziele für dieses Projekt sind:

- Aufbauen eines Command Line Interface
- Parsen eines einfachen Strings
- Schreiben von einfachen Tests
- Anwenden eines externen Pakets
- Umbau einer sequentiellen Ausführung zu einer nebenläufigen Ausführung

12.2 Command Line Interface – Erstellen der Flags

Als Erstes definieren wir das Interface für unser Programm. Als Eingabewerte benötigen wir vom User ein paar Informationen:

- den Quellordner, der die originalen Bilder beinhaltet
- den Zielordner, wo die verkleinerten Bilder hineingespeichert werden sollen
- die Definition der Größe, die über die Logik `[max Breite]x[max Höhe]` angegeben wird

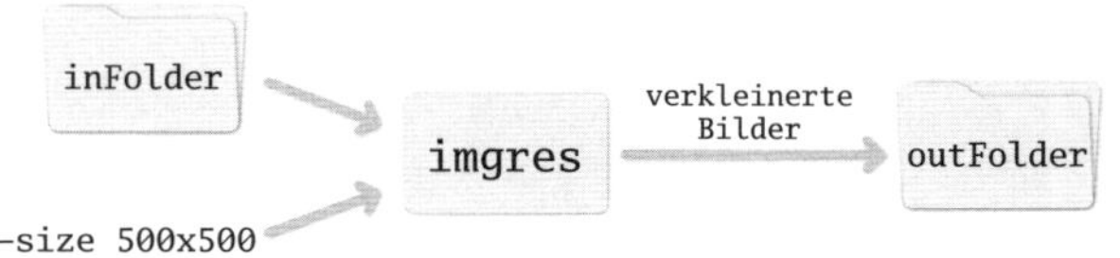

Abb. 12–1
Funktionsweise von imgres

Vorteile von Flags

Die Definition der einzelnen Parameter erfolgt hier über Flags und nicht über eine eigene conf-Datei, denn Flags haben einige Vorteile:

- Wir können alles gleich neben dem Einstieg `main()` in unserem Programm definieren. An diesem Punkt fangen wir sowieso immer an, den Code für ein Programm zu lesen.
- Zu jedem Flag gibt es eine Beschreibung, die für uns und den Anwender als Dokumentation gilt.
- Durch den Aufruf der Hilfe mit dem Flag `-h` werden uns und dem Anwender alle Optionen ausgegeben.
- Für jedes Flag können wir einen Default-Wert definieren. Beim Aufruf muss somit nur die Option definiert werden, die von dem gegebenen Wert abweicht.
- Der Anwender kann für komplizierte Aufrufe auch ein Bash-Skript oder Batch-Skript anlegen.

Nachdem wir nun um die Vorteile von Flags gegenüber conf-Dateien wissen, legen wir ein neues Verzeichnis `imgres` für unser neues Projekt an. Wir initialisieren das Projekt.

```
> go mod init beispiel.de/imgres
```

Dann erzeugen wir, wie immer, die Datei `main.go`. Innerhalb dieser Datei definieren wir unsere Flags in einer Variablengruppe. Anschließend müssen wir die Funktion `flag.Parse()` aufrufen. Den Aufruf packen wir dieses Mal direkt als erste Anweisung in die `main()`-Funktion.

Listing 12–1
Definition der Flags

```
package main

import (
    "flag"
)

var (
    flagInFolder  = flag.String("in", "./", "Input-Ordner")
    flagOutFolder = flag.String("out", "", "Output-Ordner")
    flagSize      = flag.String("size", "500x500", "maximale Größe")
)

func main() {
    flag.Parse()

}
```

Jetzt können wir uns den Output der Flags mit `go run main.go -h` einfach mal ausgeben lassen. Der ausgegebene Programmname ist in diesem Fall der Pfad zu der temporär kompilierten Datei. Ansonsten ist das der Hilfetext, so wie er auch später erscheinen wird.

```
> go run main.go -h
Usage of /tmp/go-build220702205/b001/exe/main:
    -in string
        Input-Ordner (default "./")
    -out string
        Output-Ordner
    -size string
        maximale Größe (default "500x500")
exit status 2
```

Das Text-Interface zeigt dem Anwender und auch dem Entwickler, welche Optionen zur Verfügung stehen und mit welchen Default-Werten diese arbeiten. Wir haben also unser Interface soweit erstellt. Jetzt können wir mit der Umsetzung der einzelnen Funktionen weitermachen.

12.3 Größe erzeugen

Der Anwender soll für unser Programm über einen String die maximale Größe der verkleinerten Bilder definieren. Für diese Abmessungen erstellen wir einen eigenen Typ, der für die maximale Breite und die maximale Höhe Parameter als `int` aufnehmen kann.

```
type picSize struct {
    width  int
    height int
}
```

Listing 12–2
Struktur für das Speichern der Abmessungen

Als Eingabe erwarten wir dafür einen String in der Logik `[max Breite]x [max Höhe]`. Das heißt wir müssen den gegebenen String in den Datentyp `picSize` umwandeln. Da dieser String durch den Benutzer eingegeben wird, müssen wir bedenken, dass auch unsinnige Eingaben gemacht werden können. Wir müssen dann einen sprechenden Fehler erzeugen.

Die Signatur für unsere Funktion ist somit `parseSize(s string) (picSize, error)`. Wir legen sie erst einmal als leere Hülle an.

```
func parseSize(s string) (picSize, error) {
    var ps picSize
    return ps, nil
}
```

Listing 12–3
Leere Hülle für die Funktion

Diese Hülle ist notwendig, da wir jetzt funktionierende Tests schreiben können. Denn ohne Hülle liefert der Compiler noch vor dem Test einen Fehler, da wir im Test die Funktion aufrufen müssen.

Für die Tests erzeugen wir eine Datei `main_test.go`. Wir erstellen nun eine Testfunktion mit zwei Testfällen.

```
func TestParseSize(t *testing.T) {
    tests := []struct {
        s       string
        want    picSize
        wantErr bool
    }{
        {"500x500", picSize{500, 500}, false},
        {"500-500", picSize{}, true},
    }
}
```

Listing 12–4
Testfunktion mit zwei Testfällen

Für die Definition eines Testfalles erstellen wir ein anonymes Struct. Die jeweiligen Testfälle speichern wir in einem Slice. Mit den Parametern `want` und `wantErr` definieren wir die Erwartungswerte. Bei den Fehlern prüfen wir nur, ob ein solcher auftaucht, wenn wir ihn erwarten. Der Inhalt des Fehlers wird dabei nicht geprüft. Für unsere ersten zwei Testfälle definieren wir einmal einen korrekten und einmal einen falschen String als Input.

Als Erstes machen wir ein `range` über unsere Testfälle. Als Bezeichnung des Testfalls verwenden wir einfach den Input-String. Damit können wir im Fall eines `FAIL` gut herausfinden, welcher Testfall zu dem Fehler geführt hat. Dann prüfen wir zunächst auf den erwarteten Error.

Listing 12–5
Prüfung auf den erwarteten Fehler

```
for _, tt := range tests {
    t.Run(tt.s, func(t *testing.T) {
        got, err := parseSize(tt.s)
        if (err != nil) != tt.wantErr {
            t.Errorf("parseSize(%s) error = %v, wantErr %v",
                tt.s, err, tt.wantErr)
            return
        }
    })
}
```

Wenn der Test bezüglich des Errors fehlgeschlagen ist, brechen wir den Test an dieser Stelle mit `return` ab. Alternativ könnten wir mit `continue` nur den Testfall abbrechen.

Dann prüfen wir den erhaltenen Rückgabewert. Da es sich hierbei um eine Struktur handelt, ist es nicht einfach möglich, dies mit einem `==` zu prüfen. Für zusammengesetzte Typen stellt uns das `reflect`-Paket die Funktion `reflect.DeepEqual()` bereit.

Listing 12–6
Prüfung auf den Rückgabewert

```
for _, tt := range tests {
    t.Run(tt.s, func(t *testing.T) {
        got, err := parseSize(tt.s)
        // ...
        if !reflect.DeepEqual(got, tt.want) {
            t.Errorf("parseSize(%s)=%v want %v", tt.s, got, tt.want)
        }
    })
}
```

Auch hier geben wir im Fehlerfall eine Meldung aus. Unsere Testfunktion sieht nun komplett wie folgt aus:

```
func TestParseSize(t *testing.T) {
    tests := []struct {
        s       string
        want    picSize
        wantErr bool
    }{
        {"500x500", picSize{500, 500}, false},
        {"500-500", picSize{}, true},
    }
    for _, tt := range tests {
        t.Run(tt.s, func(t *testing.T) {
            got, err := parseSize(tt.s)
            if (err != nil) != tt.wantErr {
                t.Errorf("parseSize(%s) error = %v, wantErr %v",
                    tt.s, err, tt.wantErr)
                return
            }
            if !reflect.DeepEqual(got, tt.want) {
                t.Errorf("parseSize(%s)=%v want %v",
                    tt.s, got, tt.want)
            }
        })
    }
}
```

Listing 12–7
Die komplette Testfunktion

Da wir bereits eine Hülle für `parseSize()` angelegt haben, können wir mit `go test` unseren Test ausführen und es kommt zu einem `FAIL`.

```
> go test
--- FAIL: TestParseSize (0.00s)
    --- FAIL: TestParseSize/500x500 (0.00s)
        main_test.go:25: parseSize(500x500)={0 0} want {500 500}
    --- FAIL: TestParseSize/500-500 (0.00s)
        main_test.go:21: parseSize(500-500) error = <nil>,
         ↪ wantErr true
FAIL
exit status 1
FAIL    beispiel.de/imgres      0.024s
```

Nachdem wir gesehen haben, dass die Tests ohne Code nicht durchlaufen, können wir uns nun an die Funktion machen. Wir erhalten also einen String `500x500` und müssen Höhe und Breite daraus ermitteln.

In einem ersten Schritt werden wir den String bei `x` teilen. Dafür verwenden wir `strings.Split()`. Wenn der Input die korrekte Form hat, erhalten wir aus dieser Funktion ein `[]string` der Größe 2. Sollte das nicht der Fall sein, liefern wir einen Fehler zurück.

Listing 12–8
String beim x teilen

```
parts := strings.Split(s, "x")
if len(parts) != 2 {
    return ps, fmt.Errorf("%s nicht in der korrekten Form", s)
}
```

Anschließend müssen wir die beiden Strings innerhalb unseres Slices noch nach `int` umwandeln. Hierfür gibt es die Funktion `strconv.Atoi()`. Sollte es nicht möglich sein, den String umzuwandeln, bekommen wir bei dieser Funktion einen Fehler gemeldet. In diesem Fall brechen wir die Funktion natürlich ab und melden den Fehler zurück. Mit `fmt.Errorf()` haben wir dabei die Möglichkeit, dem Fehler noch einen weiteren Kontext mitzugeben.

Unsere Funktion ist in Listing 12–9 komplett dargestellt.

Listing 12–9
Komplette parseSize-Funktion

```
func parseSize(s string) (picSize, error) {
    var ps picSize
    parts := strings.Split(s, "x")
    if len(parts) != 2 {
        return ps, fmt.Errorf("%s nicht in der korrekten Form", s)
    }
    var err error
    ps.width, err = strconv.Atoi(parts[0])
    if err != nil {
        return ps, fmt.Errorf("parseSize: ps.x: %w", err)
    }
    ps.height, err = strconv.Atoi(parts[1])*)
    if err != nil {
        return ps, fmt.Errorf("parseSize: ps.y: %w", err)
    }
    return ps, nil
}
```

Jetzt können wir erneut unsere Tests ausführen.

```
> go test
PASS
ok      example.com/imgres      0.014s
```

Der Test läuft erfolgreich durch. Somit können wir sichergehen, dass unsere Funktion die beiden Tests wie erwartet durchführt. Wir können auch noch weitere Testfälle erstellen, um weitere sinnvolle und nicht sinnvolle Eingaben zu prüfen.

12.4 Bild verkleinern

Für das Verkleinern der Bilder verwenden wir ein externes Paket. Dessen Funktion sollten wir nicht zusätzlich testen. Das heißt wir vertrauen darauf, dass der Output aus dem Paket auch korrekt funktioniert.

Da wir in Go den In- und Output immer über `io.Reader` und `io.Writer` leiten, erstellen wir eine Funktion, die auch diese Schnittstelle besitzt. Zusätzlich benötigen wir in unserer Funktion den Typ `picSize`. Für das Anpassen der Größe wollen wir die Funktion `imaging.Fit()` verwenden, da diese die Proportionen des Bildes beibehält. Diese Funktion erwartet als Eingangswert das Interface `image.Image`.

Listing 12–10
Decodierung des Inputs

```
func resize(ps picSize, r io.Reader, w io.Writer) error {
    img, format, err := image.Decode(r)
    if err != nil {
        return fmt.Errorf("Fehler beim Decoding: %w", err)
    }
    if format != "jpeg" {
        return fmt.Errorf("Nur jpeg wird unterstützt")
    }
}
```

Durch die `io.Reader`-Abstraktion erhalten wir automatisch ein gutes Zusammenspiel mit der Standardbibliothek. Mit `image.Decode()` können wir aus einem `io.Reader` ein Bild decodieren. Sollte es dabei zu einem Fehler kommen, brechen wir die Funktion ab und liefern den Fehler mit zusätzlichem Kontext zurück. Eine kleine Besonderheit von `image.Decode()` ist, dass drei Werte zurückgeliefert werden. Der zweite Rückgabewert enthält das Format des Bildes als `string`.

Da unser Programm nur das JPEG-Format unterstützen soll, prüfen wir, ob das Format des Bildes gleich `jpeg` ist. Sollte dies nicht der Fall sein, beenden wir die Funktion und melden einen Fehler.

Anschließend können wir das decodierte Bild verkleinern. Wir übergeben dafür neben dem Bild und der Größe noch einen Filter, der bestimmt, mit welchem Algorithmus die einzelnen Pixel berechnet werden sollen. Hier wählen wir `imaging.Lanczos`, der die beste Qualität liefert.

Listing 12–11
Aufruf der externen Funktion

```
resized := imaging.Fit(
    img,
    ps.width, ps.height,
    imaging.Lanczos,
)
```

Zum Schluss müssen wir das verkleinerte Bild noch speichern. Dazu schreiben wir das Bild in den `io.Writer`. Hierfür verwenden wir `jpeg.Encode()` aus der Standardbibliothek. Da wir keine besonderen Optionen angeben wollen, ist der dritte Parameter `nil`.

```
return jpeg.Encode(w, resized, nil)
```

In Listing 12–12 ist noch einmal der komplette Code unserer Resize-Funktion dargestellt.

Listing 12–12
Die komplette resize-Funktion

```
func resize(ps picSize, r io.Reader, w io.Writer) error {
    img, format, err := image.Decode(r)
    if err != nil {
        return fmt.Errorf("Fehler beim Decoding: %w", err)
    }
    resized := imaging.Fit(
        img,
        ps.width, ps.height,
        imaging.Lanczos,
    )
    if format != "jpeg" {
        return fmt.Errorf("Nur jpeg wird unterstützt")
    }
    return jpeg.Encode(w, resized, nil)
}
```

Da wir mit `resize()` eigentlich nur Elemente aus anderen Bibliotheken aufrufen, werden wir hier den Code nicht testen. Außerdem ist der Test von veränderten Bildern hierfür auch zu komplex. Wichtig ist, dass wir alle Fehler mitbekommen und diese auch richtig nach oben weiterleiten.

Ein weiterer wichtiger Punkt ist wieder die Abstraktion über `io.Reader` und `io.Writer`. Da idiomatische Go-Pakete auch diese Interfaces verwenden, können wir hier sehr einfach die Daten lesen und schreiben, ohne dass wir uns um die tatsächliche Quelle und das tatsächliche Ziel kümmern müssen.

12.5 Filename prüfen

Im nächsten Schritt benötigen wir noch eine Funktion zum Prüfen unserer Dateien. Wir wollen nämlich nur Dateien verwenden, die auch eine JPEG-Endung besitzen. Wir wollen dabei sowohl Groß- als auch Kleinschreibung zulassen. Somit sind *.jpeg*, *.jpg*, *.JPEG* oder auch *.JPG* zulässig. Alle anderen Dateien werden wir einfach ignorieren.

Unsere Funktion soll immer dann `true` zurück liefern, wenn ein Datei verwendet werden soll. Wir legen also erst mal die Hülle für unsere Funktion an.

Listing 12–13
Leere Hülle für useFile

```
func useFile(s string) bool {
    return false
}
```

Jetzt können wir wieder einen Test mit mehreren Testfällen erstellen. Wir verwenden wieder ein Slice mit einem anonymen Struct, der die einzelnen Testfälle beinhaltet.

Listing 12–14
Test für useFile

```
func TestUseFile(t *testing.T) {
    tests := []struct {
        filename string
        want     bool
    }{
        {"a/b/file.JPG", true},
        {"file.jpeg", true},
        {"kein_bild.ABC", false},
        {"keine_endung", false},
    }
    for _, tt := range tests {
        t.Run(tt.filename, func(t *testing.T) {
            if got := useFile(tt.filename); got != tt.want {
                t.Errorf("useFile() = %v, want %v", got, tt.want)
            }
        })
    }
}
```

Das Erstellen der Testfunktion erfolgt wieder nach dem gewohnten Vorgehen.

Da wir auf mehrere Endungen prüfen, definieren wir die erlaubten Werte innerhalb eines Slice. So sind wir auch in Zukunft flexibel, falls noch weitere erlaubte Endungen hinzukommen sollten.

Listing 12–15
Slice für die Endungen

```
func useFile(filename string) bool {
    allowed := []string{".jpg", ".jpeg"}

    return false
}
```

Anschließend lesen wir die Dateiendung mit `filepath.Ext` aus und prüfen den Wert innerhalb eines Loop.

Listing 12–16
useFile-Funktion komplett

```
func useFile(filename string) bool {
    allowed := []string{".jpg", ".jpeg"}
    ext := filepath.Ext(filename)
    for _, e := range allowed {
        if strings.EqualFold(ext, e) {
            return true
        }
    }
    return false
}
```

Für die Prüfung verwenden wir `strings.EqualFold()`. Diese Funktion prüft dabei zwei Strings auf Gleichheit, unabhängig von der Groß- und Kleinschreibung. Anschließend prüfen wir unsere Funktion und sehen, dass alle Testfälle bestanden werden. Wir können nun noch zwei weitere Testfälle für die noch offenen Schreibweisen hinzufügen und danach noch einmal den Test laufen lassen.

12.6 Funktionen zusammenführen

Jetzt ist es Zeit, unsere einzelnen Funktionen zusammenzubringen und eine erste lauffähige Funktion unseres Tools zu erstellen.

Betrachten wir aber zunächst noch einmal die Eingabeparameter für unser Programm.

```
var (
    flagInFolder  = flag.String("in", "./", "Input-Ordner")
    flagOutFolder = flag.String("out", "", "Output-Ordner")
    flagSize      = flag.String("size", "500x500", "maximale Größe")
)
```

Wir müssen also den Inhalt des Quellordners auslesen und dort nur die JPEG-Dateien verwenden. Dann müssen wir im Zielordner eine Datei für das verkleinerte Bild erstellen. Diese beiden Dateien übergeben wir anschließend mit der maximalen Bildgröße unserer `resize`-Funktion.

Im ersten Schritt erzeugen wir aus dem Flag -size eine Variable vom Typ picSize. Hierfür rufen wir parseSize() auf und prüfen, ob es dabei zu einem Fehler kommt.

```
func main() {
    flag.Parse()
    size, err := parseSize(*flagSize)
    if err != nil {
        fmt.Println("Kann Größe nicht erzeugen: ", err)
        os.Exit(1)
    }
}
```

Listing 12–17
Setzen der Größe

Im nächsten Schritt definieren wir einen Default-Wert für den Zielordner. Hierfür wählen wir einfach den Wert von -size. Anschließend prüfen wir, ob das -out gesetzt wurde, und überschreiben dann gegebenenfalls den Ursprungswert.

```
func main() {
    flag.Parse()
    // ...
    outFolder := *flagSize
    if *flagOutFolder != "" {
        outFolder = *flagOutFolder
    }
}
```

Listing 12–18
Name für den Zielordner

Anschließend legen wir mit MkdirAll() den Zielordner an. Diese Funktion ist sehr hilfreich, da der komplette Pfad angelegt wird, sollte dieser nicht vorhanden sein. Mit 0777 geben wir die Berechtigung für die angelegten Verzeichnisse an. Die Notierung entspricht den Unix-Dateirechten. Mit 0777 gewähren wir also alle Rechte.

```
func main() {
    flag.Parse()
    // ...
    err = os.MkdirAll(outFolder, 0777)
    if err != nil {
        fmt.Println("Kann Zielverzeichnis nicht erzeugen: ", err)
    }
}
```

Listing 12–19
Anlegen des Zielordners

Als Nächstes lesen wir den Inhalt des Quellverzeichnisses mit ioutil .ReadDir() aus. Sollte es hier zu einem Fehler kommen, geben wir diesen auch aus und beenden das Programm.

Listing 12–20
Lesen des Quellordners

```
dir, err := ioutil.ReadDir(*flagInFolder)
if err != nil {
    fmt.Println("Fehler beim Lesen des Ordners:")
    fmt.Println(err)
    os.Exit(1)
}
```

Im letzten Schritt machen wir einen Loop über die einzelnen Dateien. Als Erstes müssen wir prüfen, ob der jeweilige Eintrag nicht ein Ordner ist, denn diese werden mit `ioutil.ReadDir` auch ausgelesen. Dann prüfen wir mit `useFile(fi.Name())`, ob wir die Datei auch verwenden sollen. Sollte das nicht der Fall sein, überspringen wir mit `continue` einfach die aktuelle Iteration und gehen zur nächsten Datei über.

Anschließend öffnen wir mit `os.Open()` die Quelldatei und mit `os.OpenFile()` die Zieldatei. Der Unterschied zwischen den beiden Funktionen ist, dass mit `Open` nur lesender Zugriff auf die Datei möglich ist. Die Flags `os.O_CREATE|os.O_WRONLY` bewirken, dass die Datei angelegt wird, falls sie noch nicht vorhanden ist, und dass wir zusätzlich in diese Datei schreiben können. Mit `0777` definieren wir die Berechtigung der angelegten Datei. Anschließend übergeben wir die Dateien und die Größe der Funktion `resize()`. Danach schließen wir `inFile` und `outFile`.

```
for _, fi := range dir {
    if fi.IsDir() || !useFile(fi.Name()) {
        continue
    }
    inPath := filepath.Join(*flagInFolder, fi.Name())
    inFile, err := os.Open(inPath)
    if err != nil {
        fmt.Printf("Fehler beim Öffnen von %s: %s", inPath, err)
        continue
    }
    outPath := filepath.Join(outFolder, fi.Name())
    outFile, err := os.OpenFile(outPath,
        os.O_CREATE|os.O_WRONLY, 0777)
    if err != nil {
        fmt.Printf("Fehler beim Anlegen von \%s: \%s", outPath, err)
        inFile.Close()
        continue
    }
    err = resize(size, inFile, outFile)
```

```
    if err != nil {
        fmt.Printf("Fehler beim Verkleinern von \%s: \%s",
            inPath, err)
    }
    inFile.Close()
    outFile.Close()
}
```

Natürlich prüfen wir auch an jeder Stelle, ob es zu einem Fehler gekommen ist. Den Fehler geben wir mit zusätzlichem Kontext aus. Je nachdem, wo wir uns im Loop befinden, überspringen wir bei einem Fehler den jeweiligen Iterationsschritt.

Listing 12–21
main() komplett

```
func main() {
    flag.Parse()
    size, err := parseSize(*flagSize)
    if err != nil {
        fmt.Println("Kann Größe nicht erzeugen: ", err)
        os.Exit(1)
    }
    outFolder := *flagSize
    if *flagOutFolder != "" {
        outFolder = *flagOutFolder
    }
    err = os.MkdirAll(outFolder, 0777)
    if err != nil {
        fmt.Println("Kann Zielverzeichnis nicht erzeugen: ", err)
    }
    dir, err := ioutil.ReadDir(*flagInFolder)
    if err != nil {
        fmt.Println("Fehler beim Lesen des Ordners:")
        fmt.Println(err)
        os.Exit(1)
    }
    for _, fi := range dir {
        if fi.IsDir() || !useFile(fi.Name()) {
            continue
        }
        inPath := filepath.Join(*flagInFolder, fi.Name())
        inFile, err := os.Open(inPath)
```

```
        if err != nil {
            fmt.Printf("Fehler beim Öffnen von %s: %s", inPath, err)
            continue
        }
        outPath := filepath.Join(outFolder, fi.Name())
        outFile, err := os.OpenFile(outPath,
            os.O_CREATE|os.O_WRONLY, 0777)
        if err != nil {
            fmt.Printf("Fehler beim Anlegen von \%s: \%s",
                outPath, err)
            inFile.Close()
            continue
        }
        err = resize(size, inFile, outFile)
        if err != nil {
            fmt.Printf("Fehler beim Verkleinern von \%s: \%s",
                inPath, err)
        }
        inFile.Close()
        outFile.Close()
    }
}
```

Jetzt, da wir alle Komponenten zusammengesetzt haben, können wir mit `go install` unser Programm installieren. Wenn wir nun in unserem Terminal in einen Ordner mit Bildern wechseln und dann `imgres` ausführen, wird ein Ordner `500x500` angelegt und die verkleinerten Bilder dort gespeichert.

12.7 Refactoring in eine zusätzliche Funktion

Wenn wir uns die Funktion `main()` aus Listing 12–21 ansehen, fällt auf, dass sehr viel Code dort untergebracht ist. Um hier die Lesbarkeit zu erhöhen, können wir die Logik in eine eigene Funktion auslagern.

Wir erstellen eine Funktion `resizeFolderImages()`, die die maximale Bildgröße, den Pfad für den Input- und Output-Ordner erwartet und uns einen Fehler zurückmeldet.

Da die Variablen `inFolder` und `outFolder` beide Strings sind, können wir bei `inFolder` den Typ weglassen. Verschieben wir den Code aus `main()` in die neue Funktion und rufen diese von dort aus auf. Jetzt ist der Code viel lesbarer.

```
func main() {
    flag.Parse()
    size, err := parseSize(*flagSize)
    if err != nil {
        fmt.Println("Kann Größe nicht erzeugen: ", err)
        os.Exit(1)
    }
    outFolder := *flagSize
    if *flagOutFolder != "" {
        outFolder = *flagOutFolder
    }
    err = resizeFolderImages(*flagInFolder, outFolder, size)
    if err != nil {
        fmt.Println(err)
        os.Exit(1)
    }
}
```

Innerhalb von `main()` haben wir jetzt nur noch die Behandlung der Optionen über die Flags und den Aufruf der Funktion `resizeFolderImages()`. Bei kleineren Go-Projekten können wir zuerst einfach mal anfangen und zuerst den ganzen Code in der `main()`-Funktion schreiben. Sobald die Logik dort komplexer wird, sollten wir mit dem Refactoring beginnen. Die strenge Typisierung ist bei der Auslagerung von Code in Funktionen eine große Hilfe. Denn sobald der umgestellte Code kompiliert, ist sichergestellt, dass alle Typen zusammenpassen. In der Regel passen dann auch die Ergebnisse der Funktionen.

Innerhalb der Funktion `resizeFolderImages` übergeben wir die Werte der Flags mit den Variablen `inFolder` und `outFolder`. Außerdem können wir Fehler, die zum Abbruch der Funktion führen, direkt zurückmelden. Nach der Umstellung sieht nun die Funktion wie folgt aus:

Listing 12–22
resizeFolderImages mit Inhalt

```
func resizeFolderImages(inFolder, outFolder string, size picSize)
        ↪ error {
    err := os.MkdirAll(outFolder, 0555)
    if err != nil {
      return fmt.Errorf("Kann Zielverzeichnis nicht erzeugen: %w\n",
          err)
    }
    dir, err := ioutil.ReadDir(inFolder)
    if err != nil {
      return fmt.Errorf("Fehler beim Lesen des Ordners: %w\n", err)
    }
```

```
    for _, fi := range dir {
        if fi.IsDir() || !useFile(fi.Name()) {
            continue
        }
        inPath := filepath.Join(inFolder, fi.Name())
        inFile, err := os.Open(inPath)
        if err != nil {
            fmt.Printf("Fehler beim Öffnen von %s: %s", inPath, err)
            continue
        }
        outPath := filepath.Join(outFolder, fi.Name())
        outFile, err := os.OpenFile(outPath,
            os.O_CREATE|os.O_WRONLY, 0555)
        if err != nil {
            fmt.Printf("Fehler beim Anlegen von \%s: \%s",
                outPath, err)
            inFile.Close()
            continue
        }
        err = resize(size, inFile, outFile)
        if err != nil {
            fmt.Printf("Fehler beim Verkleinern von \%s: \%s",
                inPath, err)
        }
        inFile.Close()
        outFile.Close()
    }
    return nil
}
```

Die Funktionsweise unseres Programms hat sich durch das Refactoring nicht verändert, lediglich ist der Code lesbarer geworden. Außerdem haben wir die Funktionen nun sauber getrennt. Denn innerhalb von `main()` sollten wir nur die Optionen des Programms den Funktionen zuordnen.

12.8 Eigener Fehlertyp

Nach dem Refactoring gibt es innerhalb von `resizeFolderImages` noch eine ziemlich unschöne Fehlerbehandlung. Denn alle Fehler innerhalb des `for`-Loops werden direkt über `fmt.Printf()` ausgegeben. Das ist auch notwendig, da wir den Programmlauf nicht komplett abbrechen wollen, wenn es bei einer Datei zu einem Fehler kommt.

Eine Lösung für diese unschöne Fehlerbehandlung ist, dass wir alle Fehler innerhalb von einem Slice sammeln und dann am Ende verarbeiten. Da in Go der Typ `error` ein Interface ist, können wir hierfür sogar einen eigenen Fehlertyp definieren. Damit dieser Typ als `error` verwendet werden kann, muss er nur die Methode `Error()string` implementieren.

Wir erstellen also einen eigenen Typen, der Fehler in einem Slice speichern und bei der Implementierung von `Error()` alle Fehler innerhalb eines Strings zurückliefern kann. Unseren Typ nennen wir `errList`.

Listing 12–23
Definition von errList

```
type errorList struct {
    errs []error
}
```

Um komfortabel einen Fehler hinzuzufügen, definieren wir einfach `add(err error)` als Methode.

Listing 12–24
Hilfsmethode für das Hinzufügen von Fehlern

```
func (e *errorList) add(err error) {
    if err != nil {
        e.errs = append(e.errs, err)
    }
}
```

Als Nächstes implementieren wir das `error`-Interface. Dafür muss die Methode `Error()` als exportiert angelegt werden, da sie für die Implementierung notwendig ist. Zusätzlich bauen wir eine Hilfsmethode `has Error`, die `true` zurückliefert, sobald ein Fehler gespeichert ist.

Listing 12–25
Implementierung des Error-Interfaces

```
func (e *errorList) hasError() bool {
    // liefert true ab einem vorhandenen Fehler
    return len(e.errs) > 0
}

func (e *errorList) Error() string {
    if !e.hasError() {
        return ""
    }
    out := fmt.Sprintf("Number of errors %d:", len(e.errs))
    for i, err := range e.errs {
        out = fmt.Sprintf("%s\n%d: \%s", out, i, err.Error())
    }
    return out
}
```

Unser Error-Typ gibt nun alle gespeicherten Fehler nacheinander mit dem jeweiligen Index des Fehlers aus. Der Vorteil daran ist, dass wir am Ende von `resizeFolderImages` prüfen können, ob es zu Fehlern innerhalb des Loops gekommen ist. Wenn nicht, geben wir `nil` zurück. Denn unter `main()` prüfen wir mit `if err != nil`.

Listing 12–26
resizeFolderImages mit errList

```
func resizeFolderImages(inFolder, outFolder string, size picSize)
        ↪ error {
    // ...
    errList := &errorList{}
    for _, fi := range dir {
        // ...
        inFile, err := os.Open(inPath)
        if err != nil {
            errList.add(fmt.Errorf("Fehler beim Öffnen von %s: %w",
                inPath, err))
            continue
        }
        outPath := filepath.Join(outFolder, fi.Name())
        outFile, err := os.OpenFile(outPath,
            os.O_CREATE|os.O_WRONLY, 0555)
        if err != nil {
            errList.add(fmt.Errorf("Fehler beim Anlegen von %s: %w",
                outPath, err))
            inFile.Close()
            continue
        }
        err = resize(size, inFile, outFile)
        if err != nil {
            errList.add(
                fmt.Errorf("Fehler beim Verkleinern von %s: %w",
                    inPath, err))
        }
        inFile.Close()
        outFile.Close()
    }
    if errList.hasError() {
        return errList
    }
    return nil
}
```

Wir haben nun einen Container für unsere Fehler geschaffen. Dieser Container kann mehrere Fehler aufnehmen, selbst implementiert dieser Typ auch das error-Interface. Dadurch können wir diesen wie jeden anderen Fehler weiter verwenden.

12.9 Von sequentieller Ausführung zu nebenläufiger Ausführung

Bisher arbeitet unser Tool alle Bilder nacheinander ab. Das Verkleinern eines Bildes lässt sich aber auch problemlos unabhängig ausführen. Das heißt, wir können unser Programm nun so umschreiben, dass wir die Verkleinerung der Bilder nebenläufig ausführen.

Als Erstes müssen wir dafür sorgen, dass unsere Dateien durch `resize` auch geschlossen werden können. Hierfür gibt es die Interfaces `io.ReadCloser` und `io.WriteCloser`, die bereits durch `os.Files` implementiert werden. Es ist jedoch nicht immer gut, bereits bestehende Signaturen zu ändern. Deshalb entscheiden wir uns für eine zusätzliche Funktion `resizeClose`.

```
func resizeClose(ps picSize, r io.ReadCloser, w io.WriteCloser)
        ↪ error {
    defer r.Close()
    defer w.Close()
    return resize(ps, r, w)
}
```

Diese Funktion kümmert sich nun auch um das Schließen von geöffneten Ressourcen. Die Kapselung in eine eigene Funktion ist sinnvoll, da wir die Funktionalitäten Schließen und Verkleinern dadurch voneinander trennen.

Jetzt müssen wir uns noch Gedanken darüber machen, wie unser Programm nebenläufig ablaufen soll. Wir haben aktuell folgende Funktionalitäten, die wir abarbeiten müssen:

- Lesen des Quellverzeichnisses
- Filtern der Dateien
- Öffnen der Quelldatei
- Öffnen der Zieldatei
- Verkleinern des Bildes
- Schließen der Dateien

Die Liste der Funktionalitäten enthält die tatsächlichen Anforderungen an unser Programm. Wir müssen uns nun überlegen, auf welcher Ebene wir unsere Goroutinen laufen lassen. Als erste Umsetzung entscheiden wir uns dafür, dass alles auf Dateiebene in einer Goroutine ablaufen soll. Das heißt wir benötigen nun eine Funktion, die folgende Aufgaben erledigt:

- Öffnen der Quelldatei
- Öffnen der Zieldatei
- Verkleinern des Bildes
- Schließen der Dateien

Jetzt müssen wir noch definieren, ob wir pro Bild eine Goroutine starten oder eine definierte Anzahl an Goroutinen verwenden. Wir entscheiden uns für Letzteres. Eine Goroutine benötigt für ihre Arbeit dabei den Pfad zur Quell- und Zieldatei sowie die Abmessungen für die verkleinerten Bilder. Damit wir diese Informationen alle auf einmal über einen Channel verschicken können, definieren wir dafür ein Struct.

Listing 12–27
Argumente für das Verkleinern

```
type resizeArgs struct {
    inPath  string
    outPath string
    size    picSize
}
```

Jetzt erstellen wir eine Funktion `resizer`, die dann als Goroutine die Aufgaben über einen Channel erhält. Für die Fehlerbehandlung geben wir der Funktion noch einen zusätzlichen `errChan` mit. Damit die Goroutine sicher alle Bilder zu Ende verkleinert und das Hauptprogramm nicht frühzeitig beendet wird, verwenden wir noch zusätzlich die `sync.WaitGroup`.

Listing 12–28
Die resizer-Funktion für das nebenläufige Verkleinern von Bildern

```
func resizer(wg *sync.WaitGroup, c chan resizeArgs,
    errChan chan error) {
    for a := range c {
        log.Println("Verkleinere: ", a.inPath)
        inFile, err := os.Open(a.inPath)
        if err != nil {
            errChan <- fmt.Errorf("Fehler beim Öffnen von %s: %w",
                a.inPath, err)
            continue
        }
        outFile, err := os.OpenFile(a.outPath,
            os.O_CREATE|os.O_WRONLY, 0555)
        if err != nil {
            errChan <- fmt.Errorf("Fehler beim Anlegen von %s: %w",
                a.outPath, err)
```

```
            inFile.Close()
            continue
        }
        err = resizeClose(a.size, inFile, outFile)
        if err != nil {
         errChan <- fmt.Errorf("Fehler beim Verkleinern von %s: %w",
          a.inPath, err)
        }
    }
    wg.Done()
}
```

Die Funktion resizer beinhaltet alles, was wir für die Ausführung innerhalb einer Goroutine benötigen. Der Input wird über c an die Goroutine gesendet. Wir lesen also aus dem Channel und öffnen dann die Dateien. Diese übergeben wir anschließend dem resizeClose. Sollte ein Fehler auftreten, melden wir diesen über den errChan. Der einzige Unterschied hier ist die Verwendung der Channels.

Als Nächstes werden wir nun unseren resizer() als Goroutine ausführen. Dafür passen wir unsere Funktion resizeFolderImages() an. Statt der Resize-Funktion verwenden wir nun resizer(). Davor müssen wir die notwendigen Channels und die WaitGroup erzeugen. Dann starten wir den resizer() über mehrere Goroutinen. Wir erzeugen eine weitere Goroutine, um die Fehler aus dem errChan verarbeiten zu können. Jeden Fehler aus dem Channel schreiben wir dann in unsere errList. Auf diese Weise werden wieder alle Fehler gesammelt.

Listing 12–29
Nebenläufiger Aufruf mit Fehlerbehandlung

```
func resizeFolderImages(inFolder, outFolder string, size picSize)
        ↪ error {
    err := os.MkdirAll(outFolder, 0555)
    if err != nil {
      return fmt.Errorf("Kann Zielverzeichnis nicht erzeugen: %w\n",
        err)
    }
    // ...
    wg := &sync.WaitGroup{}
    errList := &errorList{}
    errChan := make(chan error)
    resizeChan := make(chan resizeArgs)
    wg.Add(3)
    go resizer(wg, resizeChan, errChan)
    go resizer(wg, resizeChan, errChan)
    go resizer(wg, resizeChan, errChan)
```

```
    go func(errList *errorList, errChan chan error) {
        for err := range errChan {
            errList.add(err)
        }
    }(errList, errChan)

    // ...
    if errList.hasError() {
        return errList
    }
    return nil
}
```

Mit den einzelnen Dateien aus dem Verzeichnis erzeugen wir die Struktur `resizeArgs`, die wir dann in den `resizeChan` stecken.

Listing 12–30
Verwendung von resizeChan

```
func resizeFolderImages(inFolder, outFolder string, size picSize)
        ↪ error {
    // ...

    for _, fi := range dir {
        if fi.IsDir() || !useFile(fi.Name()) {
            continue
        }
        inPath := filepath.Join(inFolder, fi.Name())
        outPath := filepath.Join(outFolder, fi.Name())
        resizeChan <- resizeArgs{inPath, outPath, size}
    }
    close(resizeChan)
    close(errChan)
    wg.Wait()
    if errList.hasError() {
        return errList
    }
    return nil
}
```

Mehrere Goroutinen können nun Daten aus `resizeChan` verarbeiten. Dieses Pattern nennt sich *Fan-Out*, das wir in Kapitel 9.8 noch ausführlicher behandeln werden. Danach schließen wir die Channels. Dadurch wird das `range` innerhalb der Goroutinen abgebrochen und die Goroutinen beendet. Mit `wg.Wait()` warten wir noch, bis die letzte Goroutine ihr Bild verkleinert und geschrieben hat.

Die komplette Funktion sieht nun wie folgt aus:

Listing 12–31
resizeFolder komplett

```
func resizeFolderImages(inFolder, outFolder string, size picSize)
        ↪ error {
    err := os.MkdirAll(outFolder, 0555)
    if err != nil {
      return fmt.Errorf("Kann Zielverzeichnis nicht erzeugen: %w\n",
        err)
    }
    dir, err := ioutil.ReadDir(inFolder)
    if err != nil {
      return fmt.Errorf("Fehler beim Lesen des Ordners: %w\n", err)
    }
    wg := &sync.WaitGroup{}
    errList := &errorList{}
    errChan := make(chan error)
    resizeChan := make(chan resizeArgs)
    wg.Add(3)
    go resizer(wg, resizeChan, errChan)
    go resizer(wg, resizeChan, errChan)
    go resizer(wg, resizeChan, errChan)
    go func(errList *errorList, errChan chan error) {
        for err := range errChan {
            errList.add(err)
        }
    }(errList, errChan)

    for _, fi := range dir {
        if fi.IsDir() || !useFile(fi.Name()) {
            continue
        }
        inPath := filepath.Join(inFolder, fi.Name())
        outPath := filepath.Join(outFolder, fi.Name())
        resizeChan <- resizeArgs{inPath, outPath, size}
    }
    close(resizeChan)
    close(errChan)
    wg.Wait()
    if errList.hasError() {
        return errList
    }
    return nil
}
```

In diesem Beispiel haben wir gesehen, wie man aus einem sequentiellen Programm ein nebenläufiges Programm macht. Der hauptsächliche Aufwand ist die Koordination der Goroutinen und die damit einhergehende Verwendung von Channels. Innerhalb des Loops rufen wir jetzt nicht mehr die Funktion auf, sondern kommunizieren nur noch die Eingangswerte über den Channel.

13 Interfaces

13.1 Bessere Abstraktion mit Interfaces

- Wozu werden Interfaces verwendet?
- Wie wird ein Interface definiert?

Eines der wichtigsten Konzepte in Go ist die strenge Typisierung. Für alle Variablen benötigen wir immer einen Typ. Wenn wir zu einer Variablen einmal einen Typ definiert haben, kann sich dieser auch nicht mehr ändern. Das ist sehr praktisch, denn beim Aufruf einer Funktion ist somit sichergestellt, dass die zugehörigen Variablen auch dem richtigen Typ entsprechen.

Abb. 13–1
Interfaces definieren Eigenschaften, damit die richtigen Typen im Kasten landen.

Es gibt aber auch Bereiche, in denen unser Code mit unterschiedlichen Typen umgehen muss. Wenn wir z. B. eine Print-Funktion für jeden einzelnen Typ implementieren müssten, würde dies den Code unnötig aufblähen und komplexer machen. Damit wir flexiblere Funktionen schreiben können, die mit unterschiedlichen Typen umgehen können, gibt es sogenannte Interface-Typen.

Interfaces existieren ebenfalls in anderen objektorientierten Sprachen und werden auch als *Schnittstellen* oder *Klassenschnittstellen* bezeichnet. Dabei definieren wir in einem Interface nur das Verhalten und nicht die konkreten Eigenschaften. Diese Eigenschaften werden über Methoden ausgedrückt. Ein Interface besitzt somit keine Parameter wie ein `struct`.

Listing 13–1
Definition des Stringer-Interfaces

```
type Stringer interface {
    String() string
}
```

Das Interface `Stringer` besitzt nur die Methode `String()`. Die Definition selbst beginnt mit `type`, danach folgt der Name und dann `interface`, gefolgt von einem Block, der die Methoden des Interfaces beinhaltet.

Namenskonvention Interfaces

Für die Benennung von Interfaces gibt es eine einfache Namenskonvention. Bei Interfaces mit ein bis drei Methoden sollen die Methodennamen, gefolgt von einem *er*, verwendet werden. Also aus der Methode `String()` wird `Stringer` und aus `Read()` wird `Reader` und aus `Read()` und `Close()` wird `ReadCloser`. Diese Namenskonvention ist sehr hilfreich, wenn wir viele kleine Interfaces definieren.

Verwendung des Interfaces

Der Interface-Typ `Stringer` kann wie jeder andere Typ verwendet werden. Natürlich ist es dabei nur möglich die definierten Methoden des Interfaces zu verwenden.

Listing 13–2
Verwendung des Stringer-Interfaces

```
func Ausgabe(s Stringer){
    fmt.Println(s.String())
}

func GrosseAusgabe(s Stringer){
    upper := strings.ToUpper(s.String())
    fmt.Println(upper)
}
```

Die Funktionen `Ausgabe` und `GrosseAusgabe` verwenden das `stringer`-Interface, indem die Methode `String()` aufgerufen wird. Für diese Funktionen können wir alle Typen verwenden, die diese Methode implementieren. Sollten wir beim Funktionsaufruf einen Typ verwenden, der dieses Interface nicht implementiert, erhalten wir beim Kompilieren einen Fehler.

Listing 13–3
Typ implementiert nicht das Interface.

```
type meinTyp string
var a meinTyp = "abc"
Ausgabe(a)

Output:
cannot use a (type meinTyp) as type Stringer in argument to Ausgabe:
meinTyp does not implement Stringer (missing String method)
```

Wenn unser Typ als `Stringer` verwendet werden soll, müssen wir nur eine Methode implementieren.

Listing 13–4
Implementierung des Stringer-Interfaces

```
type user struct {
    name string
}

func (u user) String() string {
    return "Name: " + u.name
}

func main() {
    gopher := user{"Gopher"}
    Ausgabe(gopher)
    GrosseAusgabe(gopher)
}
```

Da `user` nun die Methode `String()` implementiert, kompiliert unser Code ohne Fehler.

Interface-Typen können wir aber nicht nur als Input-Werte von Funktionen verwenden, sondern auch als Variablen.

Listing 13–5
Variable mit Interface-Typ

```
var s Stringer
s = user{"Gopher"}
Ausgabe(s)
```

Die Variable `s` deklarieren wir nun vom Typ `Stringer`. Jetzt können wir dieser Variablen auch unterschiedliche Typen zuordnen, solange diese das entsprechende Interface implementieren. Wenn wir `meinTyp` aus Listing 13–3 verwenden wollen, kommt es zu einem Fehler.

13.2 Die richtige Interface-Erstellung

- Warum sollten wir möglichst kleine Interfaces erstellen?
- Wo sollen wir ein Interface definieren?

Wie wir im letzten Kapitel gesehen haben, müssen wir bei der Definition eines Typen nicht angeben, welche Interfaces der Typ implementiert. Dadurch ist der Typ unabhängig von allen Interfaces. Der Compiler hilft uns, wenn wir eine Variable einem Interface zuordnen, indem er prüft, ob der verwendete Typ auch alle notwendigen Eigenschaften mitbringt.

Durch diese Entkoppelung von Interface und Typ ergeben sich einige Eigenschaften, die wir ausnutzen sollten. Denn es ist damit sehr einfach, ein Interface zu erstellen. Deshalb sollten wir lieber viele kleine Interfaces anstatt wenige große Interfaces bauen. Denn je weniger Eigenschaften für ein Interface notwendig sind, umso mehr Typen implementieren dieses Interface.

Wenn wir uns die Definition des `io.Writer` aus der Standardbibliothek ansehen, so benötigt ein Typ nur die Methode `Write`, um als `io.Writer` verwendet werden zu können.

Listing 13–6
Definition des io.Writer

```
type Writer interface {
        Write(p []byte) (n int, err error)
}
```

Damit ein Typ den `io.WriteCloser` implementiert, braucht es noch zusätzlich die Methode `Close`. Es gibt aber weniger Typen, die beide Methoden implementieren.

Listing 13–7
Definition des io.WriteCloser

```
type WriteCloser interface {
        Write(p []byte) (n int, err error)
        Close() error
}
```

Damit sind wir an einem weiteren wichtigen Punkt angekommen. Wo in unserem Code sollen wir unsere Interfaces definieren? Da Interface und Typ entkoppelt sind, sollten wir immer dort das Interface definieren, wo wir es auch anwenden.

Besonders am Anfang neigen wir schnell dazu, als Erstes das Interface als Abstraktion zu definieren und danach die Typen, die diese Interface implementieren sollen. Dieses Vorgehen kennen wir aus anderen Sprachen oder Design-Patterns. Das führt jedoch dazu, das der Typ durch den Aufbau unseres Codes wieder an das Interface gekoppelt wird. Und gerade das wollen wir ja vermeiden.

Listing 13–8
Interface-Definition vor Typ-Definition

```
type Form interface {
 Fläche() int
    Position() (int, int)
}

type Rechteck struct {
 länge int
    breite int
    // ...
}

func (r Rechteck) Fläche() int
 return r.länge *r.breite
}

func (r Rechteck) Position() (int, int) {
    // ...
    return x, y
}
```

In Listing 13–8 bilden wir unsere Abstraktion, indem wir das Interface `Form` erstellen. Wenn wir in unserem Programm mit unterschiedlichen Formen arbeiten möchten, definieren wir Methoden für das Ausgeben der Fläche und eine Methode, die die Position der Form ausgibt. Wenn wir Formen erstellen möchten, müssen wir nur diese beiden Methoden implementieren und können dann die Form verarbeiten.

Listing 13–9
Form-Interface in einer Funktion

```
func gleicheFläche(a, b Form) bool
 return a.Fläche() == b.Fläche()
}
```

Wenn wir jetzt den Typ `Rechteck` in `gleicheFläche` verwenden, haben wir, ohne es wirklich zu wollen, eine Verbindung zwischen `Rechteck` und dem Interface `Form` hergestellt. Auf den ersten Blick ist das nicht schlimm, denn genau diese Verbindung kennen wir auch aus anderen Sprachen. Aber das ist für Go nicht die optimale Lösung.

Zu einer besseren Umsetzung kommen wir, wenn wir unser Interface so klein wie möglich halten. Wir warten deshalb mit der Definition des Interfaces, bis wir tatsächlich eines benötigen. Wir definieren deshalb zuerst den Typ.

Listing 13–10 Definition unserer Formen

```
package formen

type Rechteck struct {
    // ...
}

func (r Rechteck) Fläche() int
 return r.länge *r.breite
}

func (r Rechteck) Position() (int, int) {
    // ...
    return x,y
}

type Kreis struct {
        // ...
}

func (k Kreis) Fläche() int
        return 3 * k.durchmesser
}

func (k Kreis) Durchmesser() int {
        return k.durchmesser
}
```

Um unser Projekt ein wenig zu strukturieren, legen wir alle Formen in einem Paket `formen` an. Da wir nicht nur ein Rechteck benötigen, definieren wir auch gleich einen Kreis, wobei der Kreis vorerst keine Position speichern und zurückmelden kann. Außerdem nehmen wir es bei der Flächenberechnung auch nicht allzu genau.

Wir wollen wieder eine Funktion `gleicheFläche()` schreiben. Diese Funktion soll auch unterschiedliche Typen aus dem Paket `formen` verarbeiten können. Jetzt ist also der erste Moment, in dem wir ein Interface benötigen.

Listing 13–11 Definition des Flächer-Interface

```
// Flächer Interface liefert die Fläche
// einer Form. Da wir dem Interface das Suffix
// er anhängen ergibt sich der Name Flächer
type Flächer interface {
    Fläche()
}
```

```
func gleicheFläche(a, b Flächer) bool {
    return a.Fläche() == b.Fläche()
}
```

Die idiomatische Lösung ist, ein eigenes Interface anzulegen, das nur die Methode `Fläche` beinhaltet. Denn mehr ist für unsere Funktion nicht notwendig. Die Funktion bestimmt somit das Design des Interfaces. Gemäß Konvention, hängen wir bei der Bezeichnung ein `er` an den Methodennamen, weshalb das Interface nun den Namen `Flächer` erhält.

Durch diese Lösung entkoppeln wir die Typen `Rechteck` und `Kreis`, von der Verwendung in unserer Funktion. Hieraus hat sich für das Design von Funktionen die Regel entwickelt: *Verwende ein Interface als Input und gib einen Typ zurück.*

Wenn wir also ein Interface definieren, sollte das immer an der Stelle passieren, wo das Interface benötigt wird. Dies bedeutet, dass das Interface auch im Paket der Funktion angelegt werden sollte. Denn so erreichen wir eine maximale Entkopplung der direkten Typen von unserer abstrahierten Programmlogik. Außerdem definieren wir so auch nur die Eigenschaften, die wir auch tatsächlich benötigen.

13.3 Interne Abbildung der Interface-Typen

- Was ist der Nullwert eines Interfaces?
- Wie werden Interfaces intern abgebildet?
- Was ist die iTable?

Das Anwenden und Definieren von Interfaces ist einfach und funktioniert eigentlich fast wie jeder andere Typ auch. Doch im Hintergrund ist die Abbildung komplexer. Genau diese Abbildung wollen wir uns in diesem Kapitel ein wenig näher ansehen. Denn nur so können wir das volle Potenzial der Interfaces ausnutzen und das Verhalten unseres Codes besser verstehen. Beginnen wir zunächst mit einem einfachen Beispiel.

```
var w io.Writer
fmt.Println(w) // <nil>
```

Listing 13–12
Nullwert eines Interfaces

Als Erstes definieren wir `w` als `io.Writer`. Solange wir `w` keinen Wert zugewiesen haben, besitzt es den Nullwert `nil`. Das ist der gleiche Nullwert wie bei Pointern. Im Hintergrund stellt eine Variable eines Interface-Typs auch einen Pointer dar. Wenn ich diese Variable verwenden möchte, muss sie auf einen *echten* Typ zeigen, da es sonst zu einer Panik kommt.

Listing 13–13
Panik eines Interfaces ohne Wert

```
var w io.Writer
w.Write([]byte("hallo"))
Output:
panic: runtime error: invalid memory address or nil pointer
    dereference
```

Unser Interface benötigt also auch einen Wert, damit wir es verwenden können.

Listing 13–14
bytes.Buffer als io.Writer

```
var w io.Writer
b := &bytes.Buffer{}
w = b
w.Write([]byte("hallo"))
fmt.Println(w) // hallo
fmt.Println(b) // hallo
```

Für `w` verwenden wir jetzt den Typ `bytes.Buffer`. Dieser Typ implementiert den `io.Writer`. Wenn wir nun wieder `w.Write()` aufrufen, zeigt `w` auf den Speicherbereich von `b`. Nach dem `w.Write` sind auch beide Werte gleich. Das sehen wir, wenn wir uns beide Variablen mit `fmt.Println()` ausgeben lassen.

Wenn wir also einem Interface einen konkreten Typen zugewiesen haben, besitzt das Interface auch einen Wert. Wir sprechen in dem Fall von einem *Interface-Wert*, und dass obwohl Interfaces ja eigentlich keinen Wert, sondern nur Methoden besitzen. Hier müssen wir aufpassen, denn der tatsächliche Interface-Wert ist erst zur Laufzeit des Programms vorhanden.

Schauen wir uns die weitere interne Abbildung genauer an.

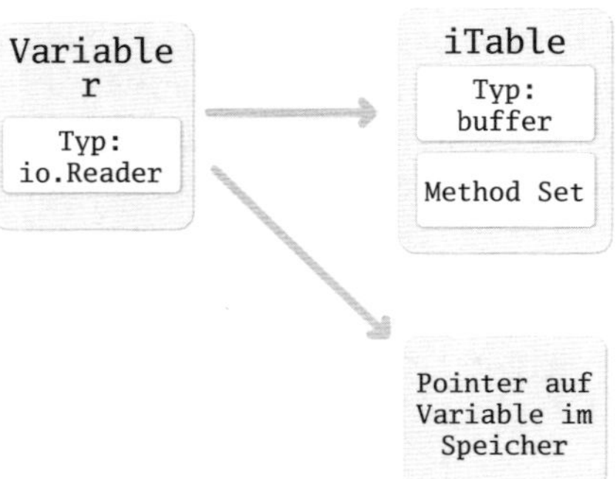

Abb. 13–2
Interne Abbildung einer Variable vom Typ Interface

Zu einer Interface-Variablen gibt es neben dem Pointer auf einen konkreten Typ noch die *iTable*, die Informationen zum darunterliegenden Typ und den vorhandenen Methoden beinhaltet. Das ganze Konstrukt ist in Abbildung 13–2 schematisch dargestellt.

Schauen wir uns die Funktion dieser internen Abbildung einmal an einem Beispiel an. Eines der am meisten verwendeten Interfaces ist wohl das `error`-Interface. Dieses ist bereits durch die Sprache vordefiniert.

```
type error interface {
        Error() string
}
```

Listing 13–15
Error-Interface

Die Prüfung, ob es zu diesem Interface auch einen Wert gibt, ist Teil der gängigen Fehlerbehandlung. Dieses `if err != nil` haben wir auch an vielen anderen Stellen bereits gesehen.

```
func meineFunktion() error {
    // ...
    file, err := os.Open("file.go")
    if err != nil {
        return err // Fehler mit Wert
    }
    // ...
    return nil // Fehler ohne Wert
}
```

Listing 13–16
Fehlerbehandlung durch den nil-Wert

Jetzt kennen wir auch den Hintergrund. Alle Fehler werden über das `error`-Interface abgebildet. Solange dort intern kein Wert vorhanden ist, sind diese `nil`. Deshalb können wir dies auch prüfen.

```
var w io.Writer
b := &bytes.Buffer{}
w = b
w.Write([]byte("hallo"))
w = nil
fmt.Println(w) // <nil>
```

Listing 13–17
nil einer Interface-Variablen zuweisen

Das Ganze funktioniert natürlich auch umgekehrt. Wir können einem Interface auch wieder `nil` zuweisen. Das direkte Zuweisen von `nil` zu einer Interface-Variablen, so wie in Listing 13–17, wird in der Praxis nicht angewendet. Die übliche Anwendung erfolgt dann, wenn eine Funktion einen Fehler zurückmelden soll. Wenn die Funktion also ohne Fehler durchläuft, setzen wir den Return-Wert, wie in Listing 13–16 gleich `nil`.

13.4 Leeres Interface

- Was ist ein leeres Interface?
- Wann sollte ein leeres Interface verwendet werden?

Über definierte Methoden besitzen Interfaces normalerweise ein bestimmtes Verhalten. Das leere Interface, auch *Empty Interface* genannt, ist die Ausnahme von dieser Regel. Denn wie der Name schon sagt, ist dieser Typ leer. Da hierfür keine Methode implementiert werden muss, implementiert jeder Typ dieses Interface. Eine Funktion, die als Input `interface{}` akzeptiert, kann somit jeden Typ aufnehmen. Ein Beispiel ist hierfür eine Print-Funktion aus dem `fmt`-Paket.

Listing 13–18
Signatur von fmt.Println()

```
func Println(a ...interface{}) (n int, err error) {
    // ...
}
```

So ziemlich alle Print-Funktionen müssen mit beliebigen Typen umgehen können, da ja die Ausgabe nicht an einen konkreten Typ gebunden sein soll.

Achtung Umsteigerfehler!

Besonders Umsteiger aus nicht typisierten Sprachen wie Python, PHP oder JavaScript tun sich am Anfang schwer mit der strengen Typisierung. Denn die strenge Verwendung von Typen erfordert ein leichtes Umdenken. Schnell wird dann das leere Interface verwendet. Der Grund ist häufig, dass damit gewohnte Patterns auch in Go umgesetzt werden. Jedoch ist die Verwendung des leeren Interfaces gefährlich, da uns in diesem Fall der Compiler nicht helfen und es so zu Fehlern während der Laufzeit kommen kann. Wir sollten leere Interfaces also möglichst sparsam verwenden.

Es gibt natürlich auch Ausnahmen, bei denen wir in einer Funktion auch ein leeres Interface akzeptieren können, etwa wenn der Input-Wert direkt an eine andere Funktion weitergereicht wird. Meistens sind dies *Encoding-Funktionen*, die Typen in XML- oder JSON-Output umwandeln, oder auch Logger, die intern eine Print-Funktion verwenden.

13.5 Vom Interface zum konkreten Typ

- Welche Möglichkeiten haben wir, aus einem Interface wieder einen Typ herzustellen?
- Was ist der Unterschied zwischen Typzuweisung und Type-Switch?

Wie wir in den letzten Kapiteln gesehen haben, hat ein Interface selbst keinen konkreten Typ. Das ist logisch, da ja dies genau der Sinn eines Interfaces ist, nämlich verschiedene Typen unterstützen zu können. Innerhalb des Interfaces haben wir nur Zugriff auf die Methoden des Interfaces und nicht auf Methoden des jeweiligen Typs. Es ist aber auch möglich, aus einem Interface den konkreten Typ zu ermitteln.

Listing 13–19
Type-Switch

```
func main() {
    var r io.Reader
    myFunc(r)
    r = bytes.NewBufferString("Hallo Interface")
    myFunc(r)
}

func myFunc(r io.Reader) {
    switch v := r.(type) {
    case nil:
        fmt.Println("nil Pointer")
    case *bytes.Buffer:
        fmt.Println("bytes.Buffer", v.Bytes())
    default:
        fmt.Println("Typ unbekannt")
    }
}
Output:
nil Pointer
bytes.Buffer [72 97 108 108 111 32 73 110 116 101 114 102 97 99 101]
```

Unsere Funktion `myFunc` hat als Input einen `io.Reader`. Innerhalb der Funktion verwenden wir einen *Type-Switch* für die Bestimmung des darunterliegenden Typs. Denn die Funktion kann ja jedes Mal mit einem anderen `io.Reader` aufgerufen werden. Mit `v := r.(type)` weisen wir der Variablen den Typ von `r` zu. Den allgemeinen Typ können wir so auch nur innerhalb eines Type-Switch verwenden. Die Variable `v` besitzt nun den Typ, den wir in unseren `case`-Anweisungen abfragen können. Innerhalb dieser Anweisung besitzt `v` dann auch den Typ und es ist möglich, auf alle Elemente dieses Typs zuzugreifen. In dem Fall von `case *bytes.Buffer` können wir z. B. die Methode `Bytes()` verwenden, ohne dass der Compiler hier einen Fehler erzeugt. Wenn wir die Funktion einmal mit `nil` und einmal mit `*bytes.Buffer` aufrufen, sehen wir, wie unser Type-Switch funktioniert.

Eine weitere Möglichkeit, aus einem Interface einen Typ herzustellen, bietet die *Type Assertion*. Der Variablen wird dafür `.(T)` angehängt, wobei `T` für die Typ-Definition steht.

Listing 13–20
Type Assertion

```
var r io.Reader
r = bytes.NewBufferString("Hallo Interface")
b := r.(*bytes.Buffer)
fmt.Println(b.Bytes())
```

Da wir wissen, dass `r` ursprünglich vom Typ `*bytes.Buffer` ist, können wir innerhalb unseres Codes diesen Typ auch wiederherstellen. `b` ist vom Typ `*bytes.Buffer` und nicht wie `r` ein `io.Reader`. Das Problem an der Type Assertion ist, dass es dabei zu einer Panik kommen kann, wenn der dort spezifizierte Typ nicht dem darunterliegenden Typ entspricht.

Listing 13–21
Panic bei der Type Assertion

```
var r io.Reader
r = bytes.NewBufferString("Hallo Interface")
f := r.(*os.File)
defer f.Close()
Output:
panic: interface conversion: io.Reader is *bytes.Buffer,
        ↪ not *os.File
```

In diesem Beispiel versuchen wir `r` in `*os.File` umzuwandeln. Dies führt zu einer Panik und zu einem Programmabbruch. Es gibt aber auch eine Möglichkeit, diese Panik zu umgehen, indem wir den zweiten Parameter bei der Type Assertion abfragen.

Listing 13–22
Type Assertion mit ok-Prüfung

```
f, ok := r.(*os.File)
if !ok {
    fmt.Printf("*os.File erwartet. %T bekommen", r)
    // ...
}
defer f.Close()
```

Mit `ok` prüfen wir nun, ob unsere Umwandlung geklappt hat, und falls nicht, geben wir eine Meldung aus und können weiter im Code darauf reagieren.

Aber ehrlich gesagt sind die Beispiele aus Listing 13–21 und 13–22 nicht besonders praxisrelevant, wobei es für die Type Assertion allgemein sehr wenige sinnvolle Anwendungsfälle gibt. Ein solches Beispiel wäre, wenn wir einen Speicher haben, der unterschiedliche Werte speichern soll und wir an anderer Stelle wieder den Typ benötigen.

Listing 13–23
Unterschiedliche Typen in einer map

```
storage := make(map[string]interface{})
storage["name"] = "Max Mustermann"
storage["age"] = 42
// ...
name, ok := storage["name"].(string)
if !ok {
    name = ""
}
```

Unser `storage` kann in unserem Beispiel alle Typen speichern. Wenn wir wissen, dass unter dem Schlüssel `name` immer ein `string` gespeichert ist, können wir diesen Typ auch wieder herstellen.

Ein weiteres Beispiel verwendet nicht den konkreten Typ, sondern die Prüfung auf das `ok`, denn damit können wir den darunterliegenden Typ prüfen. Das gibt uns zusätzlichen Kontext zu einer Variable von einem Interface-Typ. Ganz nützlich ist dieses Pattern beispielsweise bei der Auswertung von Fehlern.

Listing 13–24
Prüfen des Typs

```
err := doSomething()
_, ok := err.(ParseError)
if ok {
    fmt.Println("ParseError: ", err)
}
```

Da `error` ja ein Interface ist, besitzt es keinen konkreten Typ. Wenn wir in unserem Code verschiedene Typen wie `ParseError` oder `readError` definieren, können wir mit unterschiedlichen Fehlertypen arbeiten.

13.6 Interface in andere Interfaces einbinden

- Wie werden Interfaces durch kleinere Interfaces definiert?

In Kapitel 13.2 haben wir gesehen, warum wir kleine Interfaces erstellen sollen. Denn diese können durch mehr Typen implementiert werden. Dadurch erreichen wir eine bessere Abstraktion unseres Codes.

Bei der Definition von Interfaces können wir unser Interface durch andere Interfaces definieren. Dieses Vorgehen nennt sich *Embedding*.

Listing 13–25 *Embedding von Interfaces*

```
type ReadWriter interface {
    io.Reader
    io.Writer
}

type ReadWriteCloser interface {
    ReadWriter
    Close()
}
```

Unser `ReadWriter` definiert sich hier nicht über die Methoden, sondern über die Interfaces `io.Reader` und `io.Writer`. Bei `ReadWriteCloser` verwenden wir zum einen ein Interface und zum anderen eine Methode. Wir können somit einfach andere Interfaces in unsere Definition mit einbinden.

Abb. 13–3 *Interface-Komposition*

Bei der Komposition unterschiedlicher Interfaces zu einem Interface müssen wir aufpassen, dass jede Methode nur einmal definiert ist.

Listing 13–26 *Doppelte Methode Write*

```
type ReadWriteCloser interface {
    ReadWriter
    io.Writer
    Close()
}
// Fehler: duplicate method Write
```

Sollte eine Methode mehrfach vorkommen, kommt es zu einem Fehler beim Kompilieren. Denn bei der Definition des neuen Interfaces spielt es keine Rolle, ob ich die Methoden einzeln definiere oder dies über bereits vorhandene Interfaces mache. Das Ergebnis ist in beiden Fällen das gleiche.

13.7 Interfaces in Strukturen einbinden

- Was bedeutet es, wenn Interfaces innerhalb von Strukturen eingebunden werden?

Im letzten Kapitel haben wir gesehen, was es bedeutet, wenn wir Interfaces für die Definition von Interfaces verwenden. Das Ergebnis ist ein neues Interface. Anders verhält es sich, wenn wir Interfaces innerhalb von Strukturen einbinden.

```
type meinTyp struct {
    io.Reader
    io.Writer
}
```

Listing 13–27
Interface Embedding in einem struct

Wenn wir das Embedding bei Strukturen verwenden, definieren wir dadurch zwei eigenständige Parameter. Da wir den Parametern keinen konkreten Namen gegeben haben, wird automatisch der Name des Interfaces intern gesetzt.

```
type meinTyp struct {
    Reader io.Reader
    Writer io.Writer
}
```

Listing 13–28
Embedding mit benannten Parametern

Das obige Listing entspricht also der internen Abbildung der Definition aus Listing 13–27. Wenn wir eine Variable mit `meinTyp` erzeugen wollen, müssen wir beide Parameter separat definieren.

```
m := meinTyp {
    file,
    buf,
}
```

Hier verwenden wir für den Reader `file` und für den Writer den Buffer `buf`.

Eine kleine Besonderheit gibt es noch, wenn wir unbenannte Parameter wie in Listing 13–27 definieren. Solange es bezüglich der Methoden zu keinem Namenskonflikt kommt, können wir direkt die Methoden über unseren Typ ansprechen.

```
m.Write([]byte("Hallo Writer"))
m.Writer.Write([]byte("Hallo Writer"))
```

Die beiden Aufrufe von `Write()` sind gleich. Sollte es zu einem Namenskonflikt zwischen den beiden Interfaces kommen, würde ein Fehler ausgegeben werden.

Listing 13–29 *Namenskonflikt bei eingebundenen Interfaces*

```
type meinTyp struct {
    io.ReadWriter
    io.Writer
}

b1 := &bytes.Buffer{}
b2 := &bytes.Buffer{}
m := meinTyp{b1, b2}

// Fehler: ambiguous selector m.Write
m.Write([]byte("Hi"))
```

Beim Aufruf von `m.Write()` ist nicht klar, welcher Parameter verwendet werden soll. Das Auflösen des Fehlers ist einfach, wir müssen in diesem Fall nur zusätzlich angeben, welchen Parameter wir meinen.

Listing 13–30 *Auflösung des Namenskonflikts*

```
m.ReadWriter.Write([]byte("Hi ReadWriter"))
m.Writer.Write([]byte("Hi Writer"))
```

Das löst aber nicht das Problem, wenn wir unseren Typ selbst als `io.Writer` verwenden möchten. In dem Fall sollten wir wirklich immer, also auch ohne Namenskonflikt, die jeweilige Methode explizit implementieren. Denn ansonsten wird unser Code sehr schwer nachzuvollziehen sein.

```
func (m meinTyp) Write(b []byte) (int, error) {
    return m.Writer.Write(b)
}
```

Die Implementierung beinhaltet eigentlich nur das Weiterreichen der Werte an den internen Writer. Mit dieser Definition ist nun klar, wie der `io.Writer` durch `meinTyp` implementiert wird.

13.8 Mocking und Tests mit io.Reader und io.Writer

- Warum lassen sich Funktionen mit Interfaces besser testen?
- Warum sollten wir `io.Reader` und `io.Writer` für Ein- und Ausgabe verwenden?
- Wann können wir `bytes.Buffer` für Tests verwenden?

In diesem Kapitel möchten wir uns ein wenig dem Thema Testen widmen. Wenn eine Funktion nämlich ein Interface als Input erwartet, können wir beim Test einen eigenen Testtypen verwenden.

Aber schauen wir uns zuerst ein Beispiel an. Wir behandeln Funktionen, die Daten in Dateien schreiben oder Daten auslesen, was in der Praxis laufend vorkommt. Wir wollen eine Funktion erstellen, die den Inhalt einer JSON-Datei einliest. In dieser Datei sind beliebige Zahlen in einem Array aufgeführt.

```
[1,2,3]
```

Listing 13–31
Inhalt von zahlen.json

Unsere Funktion soll die Zahlen aus der einen Datei auslesen, addieren und dann das Ergebnis in eine zweite Datei schreiben. In dem obigen Beispiel würde in der Ergebnisdatei nur `6` stehen.

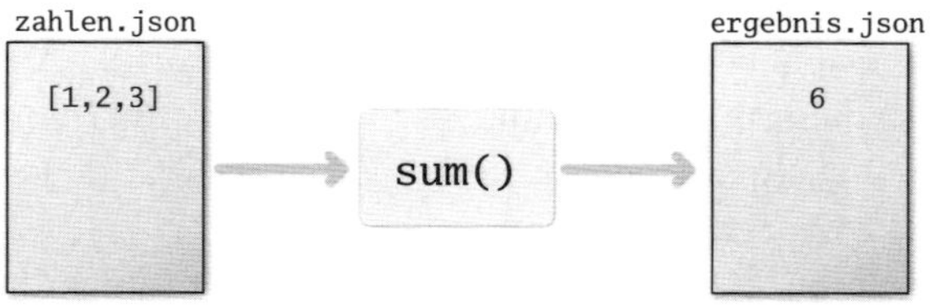

Abb. 13–4
Funktionsweise von sum()

Die Aufgabe ist also klar: Wir wollen eine Funktion `sum()` schreiben, die aus einer Datei Zahlen einliest und dann das Ergebnis in eine zweite Datei schreibt.

Wenn wir ganz unbedarft an diese Aufgabe herangehen, würden wir die Signatur unserer Funktion am Anfang vielleicht wie folgt definieren:

Listing 13–32
Erste Version von sum()

```go
func sum(inFileName, outFileName string) error {
    in, err := os.Open(inFileName)
    defer in.Close()
    if err != nil {
        return fmt.Errorf("sum(): open inFile: %w", err)
    }
    b, err := ioutil.ReadAll(in)
```

```
    if err != nil {
        return fmt.Errorf("sum(): reading data: %w", err)
    }
    out, err := os.OpenFile(outFileName,
        os.O_CREATE|os.O_WRONLY, 0666)
    defer out.Close()
    if err != nil {
        return fmt.Errorf("sum(): creating outFile: %w", err)
    }
    var numbers []int
    err = json.Unmarshal(b, &numbers)
    if err != nil {
        return fmt.Errorf("sum(): unmarshal numbers: %w", err)
    }
    summe := 0
    for _, n := range numbers {
        summe = n + summe
    }
    _, err = out.Write([]byte(fmt.Sprintf("%d", summe)))
    return err
}
```

Als Input erwarten wir zuerst den Dateinamen für die Datei mit den Zahlen und anschließend noch den Dateinamen für die Ausgabedatei. Da innerhalb dieser Funktion einiges schiefgehen kann, muss die Funktion natürlich auch einen `error` zurückliefern. Der Code besteht selbst hauptsächlich aus Fehlerbehandlung.

Damit wir sicherstellen, dass diese Funktionen auch das tun, was wir erwarten, benötigen wir Tests. Aber für die Tests ist die Ein- und Ausgabe über Dateien nicht mehr ganz so praktisch. Denn für jeden Test benötigen wir eine Input-Datei und danach müssen wir die Output-Datei auswerten und vergleichen. Je mehr Testfälle wir haben, umso unübersichtlicher wird deren Verwaltung.

In Go haben wir für Ein- und Ausgaben die Interfaces `io.Reader` und `io.Writer`. Statt der Dateinamen erwarten wir nun zwei Interfaces. Da Dateien auch beide Interfaces implementieren, also eine Write- und eine Read-Funktion besitzen, müssen wir unsere Funktion eigentlich gar nicht groß verändern.

Listing 13–33
sum() mit io.Reader und io.Writer

```
func sum(r io.Reader, w io.Writer) error {
    b, err := ioutil.ReadAll(r)
    if err != nil {
        return fmt.Errorf("sum(): reading data: %w", err)
    }
    var numbers []int
    err = json.Unmarshal(b, &numbers)
    if err != nil {
        return fmt.Errorf("sum(): unmarshal numbers: %w", err)
    }
    summe := 0
    for _, n := range numbers {
        summe = n + summe
    }
    _, err = w.Write([]byte(fmt.Sprintf("%d", summe)))
    return err
}
```

Das Öffnen der Dateien haben wir jetzt einfach an den Caller ausgelagert. Wir können auch eine Funktion `sumFile()` erstellen, die Dateinamen als Input besitzt, Dateien öffnet und schließt sowie dazwischen `sum()` aufruft.

Listing 13–34
sumFile() für die Verwendung von Dateien

```
func sumFile(inFileName, outFileName string) error {
    in, err := os.Open(inFileName)
    defer in.Close()
    if err != nil {
        return fmt.Errorf("sumFile: open inFile: %w", err)
    }
    out, err := os.OpenFile(outFileName,
        os.O_CREATE|os.O_WRONLY, 0666)
    defer out.Close()
    if err != nil {
        return fmt.Errorf("sumFile: creating outFile: %w", err)
    }
    return sum2(in, out)
}
```

Durch die allgemeine Schnittstelle sind wir nun bezüglich der Quelle und des Ziels flexibel. Da z. B. HTTP-Anfragen auch über `io.Reader` und `io.Writer` abstrahiert werden, könnten wir unsere Funktion ganz leicht an einen Server hängen, der dann per HTTP diese Funktion ausführt.

Genau diese Flexibilität benötigen wir nun für unsere Tests. Wir schreiben also unsere Tests wieder als tabellarische Tests und erstellen drei Testfälle.

Listing 13–35
Tests für die sum-Funktion

```
func TestSum(t *testing.T) {
    tests := []struct {
        input   string
        want    string
        wantErr bool
    }{
        {
            "[1,2,3]",
            "6",
            false,
        },
        {
            "[]",
            "0",
            false,
        },
        {
            "[a,b]",
            "",
            true,
        },
    }
    for _, tt := range tests {
        t.Run(tt.input, func(t *testing.T) {
            r := strings.NewReader(tt.input)
            b := &bytes.Buffer{}
            err := sum(r, b)
            if (err != nil) != tt.wantErr {
                t.Errorf("sum() error = %v want: %v\n",
                    err, tt.wantErr)
                return
            }
            if b.String() != tt.want {
                t.Errorf("sum()=%s want: %s\n", b.String(), tt.want)
            }
        })
    }
}
```

Für den Input erzeugen wir einen Reader mit `strings.NewReader()`. Diese Funktion erzeugt aus einem String einen `io.Reader`. Als Datenziel verwenden wir den `bytes.Buffer`. Jetzt können wir damit die Funktion `sum()` aufrufen. Dann prüfen wir, ob wir einen Fehler zurückgemeldet bekommen. Hierfür haben wir eigene Testfälle, die auch einen Fehler erwarten. Am Schluss vergleichen wir das, was im Buffer steht, mit unserem erwarteten Wert.

Funktionen, die Daten schreiben oder lesen, sollten, wenn möglich, immer über einen `io.Reader` Daten einlesen bzw. über den `io.Writer` Daten schreiben. Das ermöglicht uns eine gute Abstraktion bezüglich dieser Vorgänge und erleichtert dadurch das Testen.

14 Projekt: Kopieren mit Reflection

14.1 Einleitung

Bei diesem Projekt werden wir dieses Mal kein ausführbares Programm, sondern nur ein Paket schreiben. Außerdem werden wir uns mit dem `reflect`-Paket beschäftigen. Mit *Reflection* haben wir die Möglichkeit, auf die interne Abbildung der Typen zuzugreifen. Das heißt wir müssen dabei um unsere Typen herumprogrammieren.

Wir haben bereits das leere Interface in Kapitel 13.4 kennengelernt. Wenn wir eine Variable mit `interface{}` definieren, können wir dieser Variablen jeden Wert zuweisen. Genau diesen allgemeinen Typen werden wir nun verwenden. Da uns der Compiler dabei nicht mehr helfen kann, müssen wir den Typ während der Laufzeit prüfen und ggf. einen Fehler zurückliefern. Ohne den Typ wird unser Code auch sehr schnell unübersichtlich. Deshalb sollten wir das `reflect`-Paket immer erst als letzte Lösung einsetzen.

Um die interne Struktur von Go besser kennenzulernen, wollen wir uns ausnahmsweise ein wenig mit Reflection beschäftigen. Da unser Projekt dieses Mal ein reines Paket ist, werden wir verstärkt mit Tests arbeiten und auch auf die *externe* Dokumentation für `godoc` achten.

Die Lernziele sind somit:

- Analyse von Strukturen zur Laufzeit
- Anwenden von Tags
- Testen von Paketen
- Dokumentation von Paketen

14.2 Reflection in Go

Mit diesem Kapitel wagen wir uns das erste Mal weg von unseren geliebten Typen und bewegen uns auf unsicheres Terrain. Wir wollen daher zuerst noch ein paar Grundlagen erarbeiten, bevor wir uns an unser Projekt wagen.

Bei der Verwendung des `reflect`-Pakets arbeiten wir meistens mit `reflect.Type` und `reflect.Value`. Darüber haben wir die Möglichkeit, mehr über den Typ und dessen Wert zu erfahren.

Type und Value

Wir bauen uns also eine Funktion `refl()`, die ein leeres Interface als Input verwendet und Informationen zum Typ und zum Wert ausgibt. In diese Funktion stecken wir nun unterschiedliche Typen.

Listing 14–1
Typ und Wert auslesen

```
func main() {
    type MeinTyp string
    var (
        myInt    int     = 12
        myString string  = "Hallo"
        myBool   bool    = true
        myType   MeinTyp = "MeinTyp"
    )
    refl(myInt)
    refl(myString)
    refl(myBool)
    refl(myType)
    refl(&myType)
}

func refl(i interface{}) {
    fmt.Println("Typ:", reflect.TypeOf(i))
    val := reflect.ValueOf(i)
    fmt.Println("Wert:", val, val.Kind())
}
// Output:
// Typ: int
// Wert: 12 int
// Typ: string
// Wert: Hallo string
// Typ: bool
// Wert: true bool
// Typ: main.MeinTyp
// Wert: MeinTyp string
// Typ: *main.MeinTyp
// Wert: 0x40c138 ptr
```

Die Anwendung der Funktionen `reflect.TypeOf()` und `reflect.ValueOf()` liefert uns zusätzliche Informationen zur Laufzeit. Mit der Methode `val.Kind()` erhalten wir mehr Informationen über die Art der Variable, als ob es sich um einen String, eine Zahl oder einen Pointer handelt.

Wir können zur Laufzeit aber auch Daten in Variablen schreiben. Der Typ `reflect.Value` hat auch die Methode `Set()`. Jedoch müssen wir sicherstellen, dass ein Schreiben auch möglich ist. Mit der weiteren Methode `CanSet()` können wir prüfen, ob eine Variable überhaupt schreibbar ist.

Innerhalb von Funktionen können wir ja nur Variablen ändern, die wir als Pointer definiert haben. Ansonsten würden wir nur auf einer Kopie der Variablen etwas verändern. Wir prüfen also einmal eine normale Variable und einmal einen Pointer.

Listing 14–2
CanSet()-Ausgabe

```
func main() {
    var myInt int = 100
    refl2(myInt)
    refl2(&myInt)
}

func refl2(i interface{}) {
    val := reflect.ValueOf(i)
    fmt.Println(val.CanSet())
}
// Output:
// false
// false
```

Aber ein Pointer selbst kann auch nicht beschrieben werden. Wir müssen dafür aus dem Pointer zuerst wieder einen Wert herstellen. Das passiert mit der Methode `Elem()`. Diese Methode dürfen wir aber nur dann anwenden, wenn wir einen Pointer bekommen, ansonsten kommt es zu einer Panik. Deshalb müssen wir zuerst prüfen, ob wir einen Pointer bekommen.

```
func refl2(i interface{}) {
    val := reflect.ValueOf(i)
    if val.Kind() == reflect.Ptr {
        val = val.Elem()
    }
    fmt.Println(val.CanSet())
}
```

```
// Output:
// false
// true
```

Wir sehen schon, wie umständlich Reflection schon die kleinsten Dinge macht. Wenn wir an der Stelle nicht aufpassen, kann es sehr schnell zu einer Panik kommen. Wir prüfen also mit der Methode `Kind()`, ob unsere Variable von dem Typ Pointer ist. Nur in diesem Fall rufen wir anschließend die Methode `Elem()` auf.

Jetzt, da unsere Variable beschreibbar ist, können wir sie auch mit einem anderen Wert füllen.

Listing 14–3
Verändern von Werten

```
func main() {
    var myInt int = 100
    refl2(myInt)
    fmt.Println(myInt)
    refl2(&myInt)
    fmt.Println(myInt)
}

func refl2(i interface{}) {
    val := reflect.ValueOf(i)
    if val.Kind() == reflect.Ptr {
        val = val.Elem()
    }
    if val.CanSet() {
        val.SetInt(99)
    }
}
// Output:
// 100
// 99
```

In diesem Beispiel gehen wir davon aus, dass wir nur Integers in unsere Funktion `refl2()` stecken. Denn eigentlich müssten wir nach der Umwandlung des Pointers zunächst prüfen, ob wir `SetInt()` verwenden können und ob die Art des Werts jetzt einem Integer entspricht.

Wir sehen schon, wie viel Arbeit uns der Compiler abnimmt. Denn die Prüfung auf den Typ, bevor das Programm erstellt wird, stellt sicher, dass zur Laufzeit nur die Werte in einer Funktion landen, die dort auch verarbeitet werden können.

Schauen wir uns als Letztes noch an, wie wir Felder aus Strukturen auslesen können. Das Vorgehen ist dabei ähnlich wie bei einfachen Typen, jedoch können wir nun durch die einzelnen Felder iterieren.

Listing 14–4
Auslesen von Werten

```
func main() {
    myStruct := struct {
        Feld1 string
        Feld2 string
    }{
        "Wert Feld1",
        "Wert Feld2",
    }
    refl3(myStruct)
}

func refl3(i interface{}) {
    val := reflect.ValueOf(i)
    typ := val.Type()
    for i := 0; i < val.NumField(); i++ {
        field := typ.Field(i)
        fmt.Println("Name:", field.Name)
        fmt.Println("Wert:", val.Field(i))
    }
}
// Output:
// Name: Feld1
// Wert: Wert Feld1
// Name: Feld2
// Wert: Wert Feld2
```

An der Stelle müssen wir wieder klar zwischen Wert und Typ trennen. Wenn wir den Namen des Felds erfahren möchten, benötigen wir den Typ `reflect.Type`. Den Wert lesen wir über `reflect.Value` aus.

14.3 Beschreibung des Pakets

Bevor wir mit der Umsetzung des Pakets loslegen, müssen wir die Funktionalitäten des Pakets definieren. Unser Paket soll Daten von einem Struct in ein anderes Struct kopieren können. Dabei dürfen die beiden Strukturen unterschiedliche Felder besitzen. Wir wollen nur die Felder kopieren, die in beiden Strukturen vorkommen.

Da wir uns mit Feldern und Strukturen beschäftigen, wollen wir das Paket `structfield` nennen. Die Funktion zum Kopieren werden wir `Copy` nennen. Da die Funktion mit dem Paketnamen zusammen aufgerufen wird, wäre ein Aufruf also `structfield.Copy()`. Dies stellt somit unsere API dar.

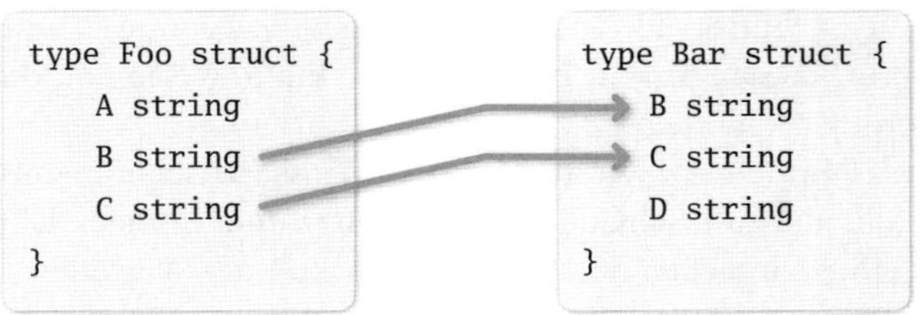

Abb. 14–1
Kopieren von gleichen Feldern unterschiedlicher Typen

Wir erzeugen somit ein Verzeichnis `structfield` und initialisieren das Modul.

```
> go mod init beispiel.de/structfield
```

Danach erstellen wir eine Datei `copy.go` und befüllen diese mit einer leeren Copy-Funktion. Damit später zu unserem Paket auch eine Dokumentation erzeugt wird, müssen wir sowohl das Paket als auch die Funktion dokumentieren. Das geschieht durch Kommentare innerhalb des Quellcodes.

Listing 14–5
Initiale Copy-Funktion

```
// Package structfield is used to handle different fields
// inside structs
package structfield

// Copy struct data from src to dst, when both structs
// have different fields. It is important that dst is a
// pointer, otherwise no data can be copied.
func Copy(dst, src interface{}) error {
    return nil
}
```

Jetzt, da wir die grundlegende Struktur erstellt haben, können wir mit der Entwicklung beginnen.

14.4 Testfälle für unser Paket

Da wir innerhalb des Pakets keine ausführbare Datei erstellen, haben wir bis jetzt keinen Startpunkt, über den wir die Funktion ausführen können. Das lässt sich aber ganz schnell ändern. Dafür müssen wir einfach nur einen Test anlegen.

Da unsere Funktion in einen Pointer schreibt, läuft unser Test ein wenig anders ab als sonst. Wir müssen zuerst einen Quell- und einen Zieltypen definieren. Diese stecken wir dann in die Funktion. Nach dem Funktionsaufruf müssen wir prüfen, ob die *gleichnamigen* Felder auch kopiert wurden.

Für die Definition des Tests verwenden wir, wie immer, eine anonyme Struktur. Diese Struktur beinhaltet alle Input-Werte und die erwarteten Outputs.

Für das Prüfen der Werte nach dem Kopieren benötigen wir eine Lösung, die mit unterschiedlichen Strukturen funktioniert. Dafür werden wir einen einfachen Trick verwenden und die Werte der Struktur einfach mit `fmt.Sprintf("%v")` in einen String umwandeln.

Listing 14–6
Testfunktion mit einem Testfall

```
func TestCopy(t *testing.T) {
  tests := []struct {
    name       string
    dst        interface{}
    src        interface{}
    wantErr    bool
    wantString string
  }{
    {
      "Testfall nur B",
      &struct {
        A string
        B string
      }{"-", "-"},
      struct {
        B string
        C string
      }{"B", "C"},
      false,
      "&{- B}",
    },
  }
  for _, tt := range tests {
    t.Run(tt.name, func(t *testing.T) {
      if err := Copy(tt.dst, tt.src); (err != nil) != tt.wantErr {
        t.Errorf("Copy() error = %v, wantErr %v", err, tt.wantErr)
        return
      }
      if fmt.Sprintf("%v", tt.dst) != tt.wantString {
        t.Errorf("Got: \n%v\nWant:\n%s", tt.dst, tt.wantString)
      }
    })
  }
}
```

Wenn wir diesen Test ausführen, sehen wir, dass er funktioniert und uns informiert, dass die Funktion Copy() noch nicht das tut, was sie eigentlich sollte. Außerdem sehen wir, wie man mit Sprintf() komfortabel die Werte innerhalb der Struktur prüfen kann.

14.5 Umsetzung

In einem ersten Schritt schreiben wir unsere Funktion mit minimalem Aufwand. Wir kümmern uns dabei auch nicht um irgendeine Fehlerbehandlung. Die werden wir später Schritt für Schritt noch hinzufügen.

Wir gehen also davon aus, dass dst auch ein Pointer ist. Deshalb rufen wir gleich die Methode Elem() mit auf. Dadurch erhalten wir einen Wert, den wir schreiben können. Später müssen wir hier natürlich prüfen, ob die Funktion auch einen Pointer bekommen hat.

Anschließend laufen wir durch alle Felder aus der Datenquelle. Damit wir den Namen des jeweiligen Felds bekommen, benötigen wir noch den Typ, den wir der Variablen typeSrc zuweisen.

Listing 14–7
Copy ohne Fehlerbehandlung

```
func Copy(dst, src interface{}) error {
    valDst := reflect.ValueOf(dst).Elem()
    valSrc := reflect.ValueOf(src)
    typeSrc := reflect.TypeOf(src)
    for i := 0; i < valSrc.NumField(); i++ {
        srcField := typeSrc.Field(i)
        dstField := valDst.FieldByName(srcField.Name)
        if !dstField.IsValid() {
            continue
        }
        dstField.Set(valSrc.Field(i))
    }
    return nil
}
```

Mit der Methode FieldByName holen wir uns das Feld des Datenziels. Da die beiden Strukturen jedoch unterschiedlich sein können, müssen wir prüfen, ob dieses Feld auch gefunden wurde. Dafür verwenden wir die Methode IsValid(). Sollten wir kein gültiges Feld bekommen haben, springen wir mit continue einfach in die nächste Iteration. Im letzten Schritt schreiben wir den Wert einfach in das Ziel. Für unseren ersten Testfall funktioniert unser Code. Jetzt können wir weitere Testfälle hinzufügen.

Wir kopieren also unseren ersten Testfall und entfernen den Pointer von dst.

Listing 14–8
Testfall kein Pointer

```
{
    "Testfall kein Pointer",
    struct { // hier ist jetzt kein Pointer
        A string
        B string
    }{"-", "-"},
    struct {
        B string
        C string
    }{"B", "C"},
    true,
    "{- -}",
},
```

Anschließend lassen wir die Tests laufen. Autsch! Wir bekommen keinen Fehler, sondern unsere Funktion erzeugt eine Panik:

```
panic: reflect: call of reflect.Value.Elem on struct Value
        ↪ [recovered]
    panic: reflect: call of reflect.Value.Elem on struct Value

goroutine 9 [running]:
testing.tRunner.func1(0xc0000ae300)
...
```

Genau dieser Punkt macht das `reflect`-Paket so gefährlich. Wenn wir nicht alle möglichen Input-Typen berücksichtigen, kann es sein, dass unser Code irgendwann zur Laufzeit mit einer Panik abbricht.

Wir müssen also noch vor dem Aufruf von `Elem()` prüfen, ob die übergebene Variable vom Typ Pointer ist.

Listing 14–9
Prüfen auf Pointer als Ziel

```
func Copy(dst, src interface{}) error {
    typeDst := reflect.TypeOf(dst)
    if typeDst.Kind() != reflect.Ptr {
        return fmt.Errorf("dst is not a pointer")
    }
    // ...
}
```

Für die Prüfung müssen wir den Typ von `dst` ermitteln. Anschließend können wir auf den Pointer prüfen.

Als nächsten Testfall wollen wir den Typ in unserem Datenziel so wählen, dass wir den Wert der Quelle dort nicht verwenden können. Wir nehmen also einfach ein `int`. In diesem Fall soll der Wert natürlich nicht kopiert werden. Jetzt müssen wir uns noch überlegen, ob wir einen Fehler ausgeben wollen oder nicht. Wir entscheiden uns für die Variante ohne Fehler. Das hat den Vorteil, dass bei längeren Strukturen die anderen passenden Felder noch kopiert werden.

Listing 14–10
Inkompatible Feldtypen

```
{
    "Testfall anderer Feldtyp",
    &struct {
        A string
        B int
    }{"-", 5},
    struct {
        B string
        C string
    }{"B", "C"},
    false,
    "&{- 5}",
},
```

Wenn wir jetzt den Test aufrufen, erhalten wir wieder sofort eine Panik:

```
panic: reflect.Set: value of type string is not assignable to type
    int [recovered]
    panic: reflect.Set: value of type string is not assignable to
        type int
```

Wir passen also erneut unsere Funktion an. Dieses Mal müssen wir die Art des Werts prüfen. Deshalb prüfen wir auf `reflect.Value`.

```
func Copy(dst, src interface{}) error {
    // ...
    for i := 0; i < valSrc.NumField(); i++ {
        typeSrcField := typeSrc.Field(i)
        dstField := valDst.FieldByName(typeSrcField.Name)
        if !dstField.IsValid() {
            continue
        }
        if dstField.Kind() != valSrc.Field(i).Kind() {
            // src and dst has differen types
            continue
        }
        dstField.Set(valSrc.Field(i))
    }
    return nil
}
```

Wenn die Werte nicht kompatibel sind, liefert die Methode Kind() unterschiedliche Ergebnisse für Quelle und Ziel. In diesem Fall kann der Wert nicht kopiert werden. Deshalb brechen wir dann die Iteration ab.

Die wichtigsten und offensichtlichen Fälle haben wir nun mit unseren Tests abgedeckt. Um sicher zu sein, dass unser Copy() wirklich stabil läuft, müssen wir aber eigentlich noch mehr Strukturen und Typen durchprobieren.

14.6 Verwenden von Tags

Wenn wir mit Strukturen arbeiten, können wir zu den einzelnen Feldern mittels Tags weitere Metadaten pflegen. In Kapitel 2.7 haben wir gesehen, wie wir Tags definieren. Jetzt wollen wir Tags selbst interpretieren und in unserer Copy()-Funktion verwenden.

Um ein Tag auszulesen, können wir innerhalb eines Felds, also im Typ reflect.StructField, direkt darauf zugreifen. Ein Tag selbst besteht dabei aus einem Key und einem Wert. Es ist dabei möglich, auch mehrere Tags für ein Feld zu definieren.

Listing 14–11
Aufbau von Tags

```
type MeineStruktur struct {
    Feld1 string `key1:"value1" key2:"-"`
    Feld2 string `key1:"value2"`
}
```

Mit der Methode Get() können wir den Wert eines Tags auslesen.

Listing 14–12
Auslesen von Tags

```
func main() {
    s := MeineStruktur{"abc", "def"}
    stype := reflect.TypeOf(s)
    field := stype.Field(0)
    fmt.Println(field.Tag.Get("key1"), field.Tag.Get("key2"))
}
// Output:
// value1 -
```

Mit diesem Wissen können wir nun für unsere Funktion Copy() auch Tags definieren, um die Funktion besser steuern zu können.

Als Key für unsere Tags verwenden wir den Paketnamen structfield. Wenn wir nun den Wert nocopy setzen, wird dieses Feld nicht kopiert. Die Auswertung von Tags implementieren wir dabei nur für die Datenquelle.

Schreiben wir also als Erstes wieder einen Testfall.

Listing 14–13
Testfall für die Verwendung von Tags

```
{
    "Tags",
    &struct {
        A string
        B string
        C string
    }{"-", "-", "-"},
    struct {
        A string `structfield:"nocopy"`
        B string
        C string
    }{"A", "B", "C"},
    false,
    "&{- B C}",
},
```

Wenn nun `nocopy` gesetzt ist, dann wird das Feld nicht kopiert. Das heißt in der Ausgabe steht an der Stelle nach dem Kopieren immer noch -. Deshalb erwarten wir `&{- B C}` in diesem Fall.

Listing 14–14
Berücksichtigung von nocopy-Tag

```
func Copy(dst, src interface{}) error {
    // ...
    for i := 0; i < valSrc.NumField(); i++ {
        // ...
        srcTag := typeSrc.Field(i).Tag
        if srcTag.Get("structfield") == "nocopy" {
            continue
        }
        dstField.Set(valSrc.Field(i))
    }
    return nil
}
```

Die Implementierung dieser Funktion ist nun relativ einfach. Aus dem Typ ermitteln wir den Typ für das Feld. Hierüber bekommen wir dann das `srcTag` der Datenquelle. Mit `srcTag.Get("structfield")` bekommen wir den Wert des Tags. Wenn ein Schlüssel nicht vorhanden ist, bekommen wir einen leeren String zurück, was für unsere Zwecke komplett ausreicht.

15 Fehlerbehandlung

15.1 Grundlagen

- Worin unterscheidet sich die Fehlerbehandlung in Go zu anderen Sprachen?
- Wie gehen wir mit Fehlern in Go um?

Fehler in Go sind eigentlich nichts Besonderes, denn ein *Error* ist hier eine Variable wie jede andere auch. Darin unterscheidet sich Go von der Logik vieler anderen Sprachen, die Fehler über Ausnahmen (*Exceptions*) abbilden. Durch die Exceptions wird der normale Programmfluss jedoch unterbrochen. Dies wollte das Go-Team vermeiden.

Da Go einen Fehler als normale Variable abbildet, hat dies zur Folge, dass der Fehler Teil des Programmflusses wird. Ich persönlich finde den Code dadurch leichter verständlich. Trotzdem gehört die Fehlerbehandlung zu einem der meistdiskutierten Punkte in der Community. Insbesondere Umsteiger müssen sich am Anfang erst einmal auf diesen Ansatz einlassen. Es gibt nämlich kein `try` oder einen Stacktrace.

Ein Fehler wird über den Typ `error` abgebildet. Dies ist ein vordefiniertes Interface, das direkt in die Sprache integriert ist.

Listing 15–1
Definition von error

```
type error interface {
    Error() string
}
```

Die Verwendung eines Interfaces erlaubt es uns, unterschiedliche Typen als `error` zu verwenden. Dadurch kann jedes Paket auch eigene Fehlertypen erstellen.

Da der Nullwert für jedes Interface `nil` ist, sind Variablen mit dem Typ `error` nil-Pointer, solange sie noch keinen Wert zugewiesen bekommen haben. Genau diese Tatsache machen wir uns zu Nutze, wenn wir prüfen, ob eine Funktion einen Fehler zurückgemeldet hat.

Listing 15–2
Funktion mit error

```
func foo() error {
    // ...
    if i == 0 {
        return errors.New("...")
    }
    // ...
    // nil wenn kein Fehler aufgetaucht
    // ist.
    return nil
}

func main() {
    err := foo()
    if err != nil {
        // mach was mit dem Fehler
        // hier
    }
    // ...
}
```

Wenn wir eine Funktion aufrufen, die uns einen Fehler meldet, sollte die Variable immer `err` genannt werden. Das Ignorieren dieser Konvention führt zu nicht idiomatischem und schlecht lesbarem Go-Code. Umgekehrt sollten auch keine anderen Variablen so bezeichnet werden. Das gilt auch für durchnummerierte `err`-Variablen.

Listing 15–3
sehr schlechte Benamung

```
err1 := foo()
if err1 != nil {
    fmt.Println("Fehler beim Aufruf foo()", err1)
}
err2 := bar()
if err2 != nil {
    fmt.Println("Fehler beim Aufruf bar()", err2)
}
```

In dem Fall verwenden wir nur das erste Mal die Kurzdeklaration `:=` für die Variable `err`.

Listing 15–4
idiomatische Benamung

```
err := foo() // Kurzdeklaration hier
if err != nil {
    fmt.Println("Fehler beim Aufruf foo()", err)
}
err = bar() // normale Zuweisung hier
if err != nil {
    fmt.Println("Fehler beim Aufruf bar()", err)
}
```

Solange eine Funktion nur ein `error` als Rückgabewert besitzt, lässt sich der Aufruf mit der `if`-Abfrage kombinieren. Der Vorteil hierbei ist, dass der Scope von `err` nur für den `if`-Block gilt.

Listing 15–5
Funktion mit error

```
func main() {

    if err := foo(); err != nil {
        // mach was mit dem Fehler
        // hier
    }
    // ...
}
```

Wenn eine Funktion weitere Parameter als Rückgabewert besitzt, wird `error` immer als letztes Argument definiert.

Listing 15–6
Funktion mit Rückgabe und error

```
func bar() (counter int, err error) {
    // ...
    if somethingWrong {
        return 0, errors.New("...")
    }
    return counter, nil
}
```

```
func main() {
    c, err := bar()
    if err != nil {
        // mach was mit dem Fehler
        // hier
    }
    // ...
}
```

Außerdem sollte der Fehler niemals ignoriert werden. Mir ist durchaus bewusst, dass die Versuchung sehr groß ist, mit dem *Blank Identifier* _ den Fehler einfach ins Nirwana zu schicken, aber so bekommen wir natürlich nicht mit, was falsch gelaufen ist.

Das Schreiben des Codes samt dem Prüfen auf den Fehler ist für viele Entwickler ganz schön nervig. Jedoch bekommen wir hierbei ein besseres Gefühl, was alles an welcher Stelle schiefgehen kann. Wenn wir eigene Funktionen schreiben, müssen wir uns dabei auch immer Gedanken über die möglichen Fehler machen. Dies führt zu stabilerem Code, denn wir befassen uns tatsächlich auf jeder Ebene immer auch mit dem Fehler.

15.2 Variablen und Konstanten

- Wie können Fehler als Variable definiert werden?
- Wie können wir Konstanten als Fehler verwenden?

Eine sehr hilfreiche Technik bezüglich Fehlern in einem Paket ist es, die verschiedenen Fehler als Variable zu definieren. Die Definition erfolgt am besten als Variablengruppe, also per `var ()`. Somit stehen alle Fehler auch an einer Stelle.

Listing 15–7
Fehler als Variable definieren

```
var (
    ErrFileNotFound    = errors.New("Datei nicht gefunden")
    ErrWrongFileFormat = errors.New("Datei hat falsches Format")
)
```

Das Schöne an dieser Lösung ist, dass der Verwender des Pakets einfach prüfen kann, um welchen Fehler es sich handelt.

```
err := meinPaket.Foo()
if err != nil {
    if err == meinPaket.ErrFileNotFound {
        // ...
    }
    // ...
}
```

Jedoch ist die Verwendung von Variablen an dieser Stelle nicht perfekt. Denn als exportierte Variablen können diese durch jedes importierte Paket verändert werden. Viel schöner wäre es, hierfür Konstanten zu verwenden. Jedoch benötigen Konstanten einen konkreten Typ. Das heißt die Verwendung der Funktion `errors.New()` funktioniert hier nicht, da sie nur ein Interface definiert. Außerdem ist es nicht ohne Weiteres möglich, zwei Variablen mit einem Interface als Typ zu vergleichen.

Damit wir einer Konstanten einen Fehler zuordnen können, müssen wir selbst einen Fehlertyp definieren. Wir schreiben unseren eigenen Fehlertyp groß. Dadurch unterscheidet sich unser Typ vom vordefinierten `error`-Typ.

Listing 15–8
Einfache error-Implementierung

```
type Error string

func (e Error) Error() string { return string(e) }
```

Jetzt können wir unsere Fehler einfach als Typ `Error` definieren. Dafür verwenden wir die Typumwandlung aus Kapitel 2.6.

```
const (
    ErrFileNotFound     = Error("Datei nicht gefunden")
    ErrWrongFileFormat = Error("Datei hat falsches Format")
)
```

Da die Konstanten vom Typ `Error` auch das `error`-Interface implementieren, können wir diese dafür verwenden. Zusätzlich besitzt jede Konstante nun einen konkreten Typ. Diese Technik wurde von *Dave Cheney* auf seinem Blog *https://dave.cheney.net* veröffentlicht und bietet eine einfache Lösung, unsere Fehlerbehandlung stabiler zu machen.

15.3 Eigene Fehlertypen

- Welchen Vorteil haben eigene Fehlertypen?

Wie wir bereits in Kapitel 15.1 gesehen haben, ist der Typ `error` nur ein vordefiniertes Interface. Das bedeutet natürlich auch, dass jeder Typ `error` implementieren kann. So ist es möglich, dass wir weitere Informationen zu einem Fehler erfassen können. Insbesondere bei nebenläufigen Programmen, wenn wir z. B. einen Fehler über einen Channel an einen anderen Prozess übergeben, ist es sinnvoll, weitere Parameter zu übermitteln. Das Thema Channels werden wir in Kapitel 8.4 noch ausführlich behandeln. Ich denke aber, dass wir den Code auch jetzt schon verstehen.

Wir können z. B.l einen Request, der über eine Goroutine läuft, mit weiteren Informationen wie Zeitpunkt, URL oder einen Statuscode anreichern. Dafür definieren wir einfach ein Struct.

Listing 15–9 *Eigenen Fehler definieren*

```
type RequestError struct {
    Time       time.Time
    URL        string
    StatusCode int
    Msg        string
    Err        error
}

func (e *RequestError) Error() string {
    return fmt.Sprintf("%s: %v", e.Msg, e.Err)
}
```

Mit der Methode `Error()` definieren wir, welche Werte am Ende durch die Fehlermeldung ausgegeben werden. Um das Beispiel simpel zu halten, geben wir einfach nur die Nachricht und dann noch den Fehler aus. Hier sehen wir, dass man nicht zwangsweise alle internen Werte des Fehlers in der tatsächlichen Fehlermeldung ausgeben muss.

Das Spannende an diesem Konstrukt ist der Teil, in dem es zum Fehler kommt.

```
func request(urlChan chan string, errChan chan error) {
    for url := range urlChan {
        resp, err := http.Get(url)
        if err != nil {
            errChan <- &RequestError{
                Time:       time.Now(),
                URL:        url,
```

```
                StatusCode: resp.StatusCode,
                Msg:        "Fehler bei http.Get()",
                Err:        err,
            }
            continue
        }
    }
    // ...
}
```

Unsere Funktion hat als Input einen Channel für die eintreffenden URLs und einen für Fehler. Wenn es innerhalb eines Requests zu einem Fehler kommt, können wir unseren `RequestError` mit zusätzlichem Kontext füllen und in den Channel packen.

Die Fehlerbehandlung muss nun den Fehler bezüglich des Typs auswerten, denn der Channel beinhaltet vom Typ nur ein `error`-Interface. Mit einem Type-Switch (Kapitel 13.5) können wir auf die einzelnen Parameter innerhalb unseres Fehlertyps zugreifen und alle notwendigen Informationen direkt auslesen.

Listing 15–10
Fehlerbehandlung

```
func handleError(errChan chan error) {
    for err := range errChan {
        switch e := err.(type) {
        case *RequestError:
            if e.StatusCode == http.StatusInternalServerError {
                tryAgain(e.URL)
                break
            }
            // ...
        default:
            // ...
        }
    }
}
```

In diesem Beispiel prüfen wir nach dem `StatusCode`. Im Fall eines `http.StatusInternalServerError` würden wir unsere Anfrage mit `tryAgain()` noch einmal probieren.

15.4 Einem Fehler Kontext hinzufügen

- Warum sollten wir einem Fehler zusätzlichen Kontext mitgeben?
- Welche Funktionen der Standardbibliothek können wir dafür verwenden?

Insbesondere bei größeren Projekten hilft uns *ein Fehler* wie *Fehler beim Schreiben in Datei log.txt* oft nicht weiter. Denn es gibt vielleicht hunderte Stellen, wo wir in diese Datei etwas heineinschreiben möchten. Aus diesem Grund sollten wir bei der Fehlerbehandlung unserem Fehler immer einen weiteren Kontext hinzufügen.

Eine einfache Möglichkeit hierfür ist, `fmt.Errorf()` zu verwenden. Die Funktionsweise ist analog zu `fmt.Printf()`, jedoch wird dabei ein `error` erzeugt.

Listing 15–11
Verwendung von fmt.Errorf()

```
func foo() error {
    for _, fname := range files {
        b, err := os.Open(fname)
        if err != nil {
            return fmt.Errorf("foo(): Open: %s: %w", fname, err)
        }
        // ...
    }
    return nil
}
```

Seit Go-Version 1.13 steht innerhalb der `Errorf()`-Funktion das Verb `%w` zur Verfügung. Dadurch wird der ursprüngliche Fehler intern gespeichert und kann mit der Funktion `errors.Unwrap()` aus dem errors-Paket, wiederhergestellt werden. Das heißt, wenn wir über mehrere Funktionsaufrufe jedes Mal einen Kontext hinzufügen, erhalten wir irgendwann eine längere Fehlerkette.

In folgendem Beispiel haben wir mehrere verschachtelte Funktionen. Auf jeder Ebene erzeugen wir einen Kontext, der uns hilft, den Fehler innerhalb unseres Codes nachzuvollziehen.

Listing 15–12
barbarischer Fehler

```
var ErrBarBar = errors.New("barbarischer Fehler")

func main() {
    err := foo()
    // Ausgabe des Fehlers
    fmt.Println(err)
    // Ist der Fehler ein ErrBarBar-Fehler?
    fmt.Println(errors.Is(err, ErrBarBar))
}
```

```
func foo() error {
    err := bar()
    if err != nil {
        return fmt.Errorf("foo():%w", err)
    }
    return nil
}

func bar() error {
    err := barbar()
    if err != nil {
        return fmt.Errorf("bar():%w", err)
    }
    return nil
}

func barbar() error {
    return ErrBarBar
}
// Output:
foo(): bar(): barbarischer Fehler
true
```

Anhand der Fehlermeldung können wir nun gut zurückverfolgen, wo im Code der Fehler herkommt. Mit der Funktion `errors.Is()` prüfen wir zusätzlich, ob unsere Fehlermeldung von `ErrBarBar` stammt. Diese Funktion verwendet dafür den Inhalt der Fehlermeldung.

Listing 15–13
Prüfung auf die Fehlermeldung

```
if err == ErrBarBar {
    // ...
}
// entspricht
if errors.Is(err, ErrBarBar) {
    // ...
}
```

Der Unterschied zwischen der Prüfung mit `==` und `errors.Is` ist, dass `errors.Is()` die komplette Fehlerkette auswertet.

Die Funktion `errors.As()` prüft auf den Fehlertyp. Wir können unser Beispiel nun dahingehend ändern, dass wir einen eigenen Fehlertyp `barError` verwenden.

Listing 15–14
Prüfung auf Fehlertyp

```
type barError string

func (e barError) Error() string {
    return string(e)
}

func main() {
    err := foo()

    fmt.Println(err)
    var e barError
    fmt.Println(errors.As(err, &e))
    fmt.Println(e)
}

// ...

func barbar() error {
    return barError("barFehler")
}

// Output:
// bar(): barbar(): barFehler
// true
// barFehler
```

Wenn wir `errors.As()` verwenden, müssen wir dafür eine leere Variable eines Fehlertyps definieren. Wenn der Fehlertyp innerhalb der Kette von Fehlern auftaucht, wird zusätzlich die übergebene Variable mit dem Wert gefüllt. Wir sehen, dass am Ende auch nur der ursprüngliche Fehler ausgegeben wird. Damit die Zuordnung des Wertes funktioniert, müssen wir `errors.As()` den Pointer von e übergeben.

15.5 Keine Panik

- Was passiert bei einer Panik?
- Was bewirkt die Funktion recover()?

Anstatt error als Typ zu verwenden, gibt es auch ein Konstrukt, das den *Exceptions* aus anderen Sprachen ähnelt. Über die Funktion panic() ist es möglich, das Programm zur Laufzeit mit einer gleichnamigen Panik abzubrechen. Das Besondere hierbei ist, dass wir bei einer Panik das Programm mit der Funktion recover() wieder herstellen können.

Eine Panik darf immer dann verwendet werden, wenn der Fehler so gravierend ist, dass es nicht mehr sinnvoll erscheint, das Programm weiter auszuführen. In der Regel sollten wir also lieber darauf verzichten und error verwenden.

Aber es gibt auch Bereiche in Go selbst und in der Standardbibliothek, wo es zu einer Panik kommen kann, etwa wenn wir bei einem Slice außerhalb des Index Werte abfragen.

Listing 15–15
Fehlerhafte Funktion erzeugt eine Panik zur Laufzeit

```
func foo() {
    a := []int{0, 1, 2}
    fmt.Println(a[10])
}
Output:
panic: runtime error: index out of range
```

Wenn wir für das obige Beispiel verhindern wollen, dass unser Programm abbricht, können wir das mit recover() bewerkstelligen. Hierfür müssen wir den kritischen Code in eine weitere Funktion schachteln. So ist es möglich, mit defer Code nach dem Funktionsende auszuführen. Denn recover() muss nach der Panik aufgerufen werden und defer wird immer nach Funktionsende ausgeführt.

Die Funktion recover() hat als Rückgabeparameter laut Spezifikation ein interface{}, das exakt der Wert ist, der panic() übergeben wurde. Solange es zu keiner Panik kommt, ist dieser Wert nil.

Listing 15–16
Panik mit recover-Funktion abfangen

```
func main() {
    saveFoo(1)
    saveFoo(10)
    saveFoo(2)
}

func foo(i int) {
    a := []int{0, 1, 2}
    fmt.Printf("foo(%d): %d\n", i, a[i])
}
```

```
func saveFoo(i int) {
    defer func() {
        if err := recover(); err != nil {
            fmt.Println("recover() ausgeführt")
            fmt.Printf("foo(%d): err: %s\n", i, err)
        }
    }()
    foo(i)
}
Output:
foo(1): 1
recover() ausgeführt
foo(10): err: runtime error: index out of range
foo(2): 2
```

Beim obigen Code haben wir eine unsichere `foo()`-Funktion. Denn abhängig vom Input wird die Funktion entweder korrekt ausgeführt oder es kommt zu einer Panik. Diese Funktion packen wir nun in eine sichere Funktion, die neben dem Aufruf auch noch das `recover()` in Aktion zeigt. Den Rückgabeparameter an der Stelle behandeln wir wie einen Fehler.

16 Projekt: Ein einfacher Webserver

16.1 Einleitung

Mit diesem Projekt wollen wir in die Webentwicklung mit Go eintauchen. Als ganz einfache kleine Web-App wollen wir einen Webblog erstellen, der als Input Markdown-Dateien verwendet und diese dann gerendert über einen Webserver zur Verfügung stellt. Der Fokus liegt dabei nicht darauf, eine vollständige Blog-App wie WordPress zu ersetzen. Wir wollen einfach die einzelnen Konzepte kennenlernen, die uns Go für die Erstellung von Webservern bereitstellt.

Die Lernziele für dieses Projekt sind dabei folgende:

- Erstellen eines HTTP-Servers
- Verwenden von HTTP-Handler
- Verwenden von HTML-Templates
- Gezieltes Downgrade von Abhängigkeiten
- Auswerten von Formulardaten
- Schreiben und Lesen von JSON-Dateien

Als Allererstes müssen wir, wie immer, unser Projekt anlegen. Dafür erzeugen wir ein Verzeichnis `goblog`.

```
go mod init beispiel.de/goblog
```

Jetzt haben wir unser Projekt initialisiert und können beginnen.

16.2 Das Modell für unseren Blog

Bevor wir an die Umsetzung des Blogs gehen, müssen wir uns zuerst Gedanken über unser Datenmodell machen: Was sind die Elemente einer Seite und wie hängen diese zusammen?

Als Basis für den Blog verwenden wir Markdown-Dateien, die innerhalb eines Verzeichnisses liegen müssen. Dieses Verzeichnis nennen wir `seiten`. Zusätzlich benötigen wir für das Rendern der Seiten Templates, die wir in einem zusätzlichen Verzeichnis `templates` speichern werden.

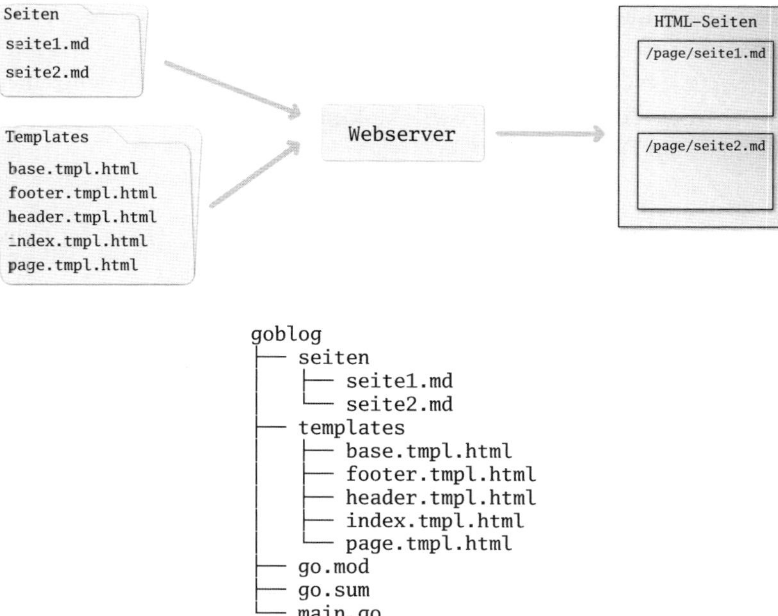

Abb. 16–1
Das Zusammenspiel von Template und Seiten

Abb. 16–2
Die grobe File-Struktur

Das Programm werden wir in der Datei `main.go` erstellen. Wir werden dabei versuchen, den Umfang des Programms übersichtlich zu halten. Deshalb sollten wir mit dieser einen Go-Datei auskommen.

Wir erstellen nun innerhalb von `main.go` die Datenstrukturen für unseren Blog. Dafür definieren wir die Typen `Page` und `Pages`.

Listing 16–1
Grundgerüst für unsere App

```
type Page struct {
    Title      string
    LastChange time.Time
    Content    string
}

type Pages []Page
```

Eine Seite bekommt einen Titel, den Zeitpunkt der letzten Änderung und natürlich noch einen Inhalt zugewiesen. Diese Struktur bildet nun das Grundgerüst für unsere App. Vielleicht mag sich der ein oder andere wundern, dass wir beide Typen als *exportiert* definiert haben. Dies ist notwendig, da wir später diese Typen innerhalb unserer Templates verwenden. Dafür müssen die Typen für `html/template` lesbar sein. Das funktioniert nur, wenn wir diese als exportiert aussteuern.

Innerhalb unserer Struktur haben wir zwei Verzeichnisse, die `seiten` und `templates` heißen. Jedoch ist es sinnvoll diese Namen als Konfiguration anzulegen, falls wir einmal andere Verzeichnisnamen wählen möchten. Anstatt nun eine *Conf-Datei* zu verwenden, erstellen wir zwei Flags. Dieses Vorgehen hat sich bewährt, denn so sind die einzelnen Optionen an einer zentralen Stelle dokumentiert und zu jeder Option ist bereits ein Default gesetzt.

Flags als Konfiguration

Listing 16–2
Konfiguration mit Flags

```
var (
    flagSrcFolder  = flag.String("src", "./seiten/", "blog folder")
    flagTmplFolder = flag.String("tmpl", "./templates/",
        "template folder")
)
```

Für das Rendern der Markdown-Dateien werden wir das Paket `github.com/russross/blackfriday` verwenden. Dieses liegt jedoch in unterschiedlichen Versionen vor. Zuerst müssen wir das Paket für unser Projekt mit `go get` installieren. Dann lassen wir uns mit `go list -m -versions` die verfügbaren Versionen auflisten.

Listing 16–3
Versionen einer Abhängigkeit auflisten.

```
> go get github.com/russross/blackfriday
...
> go list -m -versions github.com/russross/blackfriday

github.com/russross/blackfriday v1.5.1 v1.5.2 v2.0.0+incompatible
```

Da wir die Version 1 verwenden möchten, entscheiden wir uns für Version 1.5.2. Jetzt können wir die Version entweder direkt innerhalb von `go.mod` anpassen, oder wir setzten mit `go get` unsere gewünschte Version.

```
go get -u github.com/russross/blackfriday@v1.5.2
```

Jetzt kümmern wir uns um die Verarbeitung der Seiten. Wir werden dafür zwei Funktionen anlegen: `loadPages()`, die alle Dateien aus einem gegebenen Verzeichnis ausliest, und `loadPage()`, die uns die Informationen pro Seite liefert. Unser Blog soll mit lokalen Markdown-Dateien arbeiten. Deshalb abstrahieren wir den Input dieses Mal nicht über `io.Reader`, sondern verwenden direkt die Dateinamen.

Hilfsfunktionen zum Laden der Daten

Wir legen als Erstes `loadPage()` an, die uns über eine Datei eine `Page` erzeugt. Über den Dateinamen holen wir uns mit `os.Stat` weitere Informationen zur Datei. Dabei verwenden wir für den Titel der Seite den Dateinamen. Das ist nur eine Vereinfachung, damit unser Code übersichtlich bleibt.

Listing 16–4
loadPage lädt die Daten einer Seite

```
func loadPage(fpath string) (Page, error) {
    var p Page
    fi, err := os.Stat(fpath)
```

```
    if err != nil {
        return p, fmt.Errorf("loadPage: %w", err)
    }
    p.Title = fi.Name()
    p.LastChange = fi.ModTime()
    b, err := ioutil.ReadFile(fpath)
    if err != nil {
        return p, fmt.Errorf("loadPage.ReadFile: %w", err)
    }
    p.Content = string(blackfriday.MarkdownCommon(b))
    return p, nil
}
```

Nachdem wir den Titel und die letzte Änderung gesetzt haben, laden wir den Inhalt der Datei und parsen diese mittels `blackfriday.MarkdownCommon()`. Damit wird der Inhalt bereits im HTML-Format unter Content gespeichert. Da diese Funktion sowohl als Input als auch als Output den Typ `[]byte` verwendet, müssen wir hier eine Typumwandlung durchführen.

Als Nächstes erstellen wir die Funktion `loadPages()`, die aus allen Dateien eines Verzeichnisses `Pages` erzeugt. Diese Funktion ruft intern `loadPage()` auf.

Listing 16–5
alle Seiten eines Verzeichnisses laden

```
func loadPages(src string) (Pages, error) {
    var ps Pages
    fs, err := ioutil.ReadDir(src)
    if err != nil {
        return ps, fmt.Errorf("loadPages.ReadDir: %w", err)
    }
    for _, f := range fs {
        if f.IsDir() {
            continue
        }
        fpath := filepath.Join(src, f.Name())
        p, err := loadPage(fpath)
        if err != nil {
            return ps, fmt.Errorf("loadPages.loadPage: %w", err)
        }
        ps = append(ps, p)
    }
    return ps, nil
}
```

Diese Hilfsfunktion geht einmal das Verzeichnis durch und übermittelt pro Datei einen Pfad. Somit haben wir die Vorbereitungen abgeschlossen und können nun die Daten innerhalb von unserem Webserver verarbeiten.

16.3 Der Webserver und seine Handler

Einen Webserver in Go zu erstellen, funktioniert mit nur ein paar Zeilen Code. Wir benötigen eine Funktion, einen sogenannten *Handler*, der durch den Server aufgerufen wird, sobald dieser eine Anfrage beantworten muss. Eine *Handler-Funktion* hat in Go die Signatur `func(w http.ResponseWriter, r *http.Request)`. Die beiden Eingangsparameter werden bei Aufruf durch den Server mit Werten gefüllt. Unter `http.Request` befinden sich die Daten, die durch einen Client an den Server übermittelt wurden. Darüber können wir z. B. die abgefragte URL oder übermittelte Formulardaten auslesen. In die Variable `http.ResponseWriter` schreiben wir dann die Daten, die der Server als Antwort wieder an den Client schickt. Wie wir bereits durch den Namen vermuten, verbirgt sich dort ein `io.Writer`. Die URL und ein kurzes *Hallo Server* schicken wir als Antwort zurück.

Listing 16–6
Webserver in Go

```
func main() {
    // Handler-Funktion als anonyme Funktion
    http.HandleFunc("/",
        func(w http.ResponseWriter, r *http.Request) {
            // Ausgabe des URL-Pfades
            fmt.Fprintf(w, "url: %s: Hallo Server", r.URL.Path)
        })
    // Server starten
    err := http.ListenAndServe(":8001", nil)
    if err != nil {
        fmt.Println("ListenAndServe: ", err)
    }
}
```

Nachdem wir mit der Funktion `http.HandleFunc` einen Handler definiert haben, starten wir den HTTP-Server auf Port 8001 mit `http.ListenAndServe(":8001", nil)`. Da diese Funktion einen Fehler zurückmelden kann, müssen wir diesen natürlich auch abfangen und ausgeben. Sollte z. B. der Port bereits verwendet werden, bekommen wir hierüber eine vernünftige Fehlermeldung. In vielen Projekten wird dieser Fehler ignoriert, aber in diesem Fall werfen wir wichtige Informationen weg.

Jetzt können wir mit `go build` den Server erzeugen und dann mit `gcblog` einmal starten. Windows-Nutzer könnten eine Anfrage der internen Firewall erhalten, denn Windows 10 erlaubt es nicht mehr, per Default einfach auf einen Port zu lauschen und zu senden. Hier bitte nicht den Port blockieren.

Sobald unser Server läuft, rufen wir unsere Seite unter *http://localhost:8001/* mit einem beliebigen Browser auf. Jetzt ändern wir einfach mal den Pfad nach *http://localhost:8001/pfad1*. Wir sehen, dass die Ausgabe im Browser den aufgerufenen Pfad mit ausgibt.

Listing 16–7
Ausgabe im Browserfenster

```
Erster Aufruf: http://localhost:8001/
Ausgabe Browser:
url: /: Hallo Server

Zweiter Aufruf: http://localhost:8001/pfad1
Ausgabe Browser:
url: /pfad1: Hallo Server
```

Unseren Server können wir mit `Ctrl+c` wieder beenden. Jetzt ändern wir unser Programm so, dass wir zwei Handler verwenden.

Listing 16–8
integrierter Router

```
func main() {
    http.HandleFunc("/page/",
        func(w http.ResponseWriter, r *http.Request) {
            fmt.Fprintf(w, "url: %s: Seite", r.URL.Path)
        })
    http.HandleFunc("/",
        func(w http.ResponseWriter, r *http.Request) {
            fmt.Fprintf(w, "url: %s: Index", r.URL.Path)
        })
    err := http.ListenAndServe(":8001", nil)
    if err != nil {
        fmt.Println("ListenAndServe: ", err)
    }
}
```

Wenn der Pfad mit `/page/` beginnt, wird die erste `HandleFunc` aufgerufen. Dafür verantwortlich ist der interne *Multiplexer*. Dieser wertet alle registrierten Patterns aus und ruft dann die Funktion mit dem längsten passenden Pattern auf. Über diesen einfachen *Router* können wir die einzelnen Elemente unseres Blogs über die URL ansprechen.

Abbildung 16–3 zeigt, wie der Router die Anfragen von unterschiedlichen Browsern verteilt. Das Kriterium für die Verteilung ist die URL, die mit dem Request an den Server übergeben wird. Die

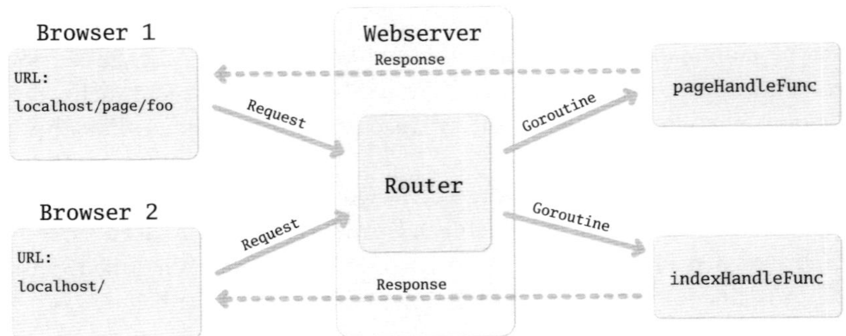

Abb. 16–3
Steuerung der HTTP-Requests des Webservers

Handler-Funktionen werden als Goroutinen aufgerufen. Damit kann der Webserver mehrere Anfragen gleichzeitigs bearbeiten. Über den `http.ResponseWriter` schickt die Handler-Funktion eine Antwort zurück.

Damit wir unsere `main()`-Funktion nicht überfrachten, definieren wir die Handler als separate Funktionen. Hierbei verwenden wir einen kleinen Trick: Wir erzeugen den Handler über ein Closure. Das heißt unsere Funktion hat beliebige Input-Parameter, liefert aber eine `http.HandleFunc` zurück. Aktuell ist diese Logik noch nicht unbedingt notwendig, wir werden dieses Feature jedoch später noch nutzen.

Listing 16–9
makeHandlerFunc als separate Funktion

```
func main() {
    http.HandleFunc("/page/", makePageHandlerFunc())
    http.HandleFunc("/", makeIndexHandlerFunc())
    err := http.ListenAndServe(":8001", nil)
    if err != nil {
        fmt.Println("ListenAndServe: ", err)
    }
}

func makePageHandlerFunc() http.HandlerFunc {
    return func(w http.ResponseWriter, r *http.Request) {
        fmt.Fprintf(w, "url: %s: Seite", r.URL.Path)
    }
}

func makeIndexHandlerFunc() http.HandlerFunc {
    return func(w http.ResponseWriter, r *http.Request) {
        fmt.Fprintf(w, "url: %s: Index", r.URL.Path)
    }
}
```

Innerhalb dieser Funktionen werden wir später die Inhalte für unsere Seiten laden. Doch bevor wir an dieser Stelle weiter machen können, müssen wir uns noch um unsere Templates kümmern.

16.4 Templates erstellen

Die Go-Standardbibliothek bringt bereits eine ganz flotte Template-Engine mit. Eine erste Erfahrung mit den Templates haben wir bereits im Kapitel 7 Projekt: Code generieren sammeln können. Die HTML-Templates funktionieren mit der gleichen Logik, jedoch werden je nach Context Strings anders gerendert. Dadurch soll vermieden werden, dass Angreifer Skripte in HTML-Seiten einschmuggeln.

Damit wir unseren Blog vernünftig gestalten können, werden wir unsere Templates verschachteln und für jeden Bereich ein eigenes Template definieren. Innerhalb einer Template-Datei können wir einen sogenannten *Block* definieren. Im Template selbst binden wir wiederum bereits definierte Blöcke ein. Dadurch entsteht eine Hierarchie. Bereits bei der Darstellung der Dateistruktur in Abbildung 16–2 haben wir gesehen, dass es mehrere Template-Dateien geben wird. Diese sollen sich wie in Abbildung 16–4 zusammensetzen.

```
base (base.tmpl.html)
├── header (header.tmpl.html)
├── content (dynamisch)
└── footer (footer.tmpl.html)
```

Abb. 16–4
Hierarchie der Template-Blöcke

Ganz oben definieren wir ein Template `base`, das die komplette Seite definiert. Dort definieren wir `<html>`, `<head>` und `<body>`. Dieses Template bindet dann die Blöcke `header`, `content` und `footer` ein.

Wir legen, sofern noch nicht geschehen, das Verzeichnis `templates` an. Dort erstellen wir die erste Datei `base.tmpl.html`.

Listing 16–10
Die Datei base.tmpl.html

```
{{ define "base" }}
<html>
{{ template "header" . }}
<body>
    <div class="container">
        {{ template "content" . }}
    </div>
</body>
{{ template "footer" . }}
</html>
{{ end }}
```

Die Befehle für das Template werden in doppelte geschweifte Klammern `{{ }}` gesetzt. Mit `define` definieren wir den Namen des Blocks. Der Befehl `template` bindet einen anderen Block ein. Wichtig ist der Punkt nach dem Block-Namen. Dieser Punkt beinhaltet die Daten, die wir innerhalb des Templates einbinden können. Sollten wir diesen Punkt vergessen, können wir in dem aufgerufenen Block auf keine Daten des Servers mehr zugreifen.

Anschließend definieren wir den Header und den Footer. Beide befüllen wir aber nur mit dem Notwendigsten. Denn der Fokus unseres Projekts ist nicht HTML-Design.

Listing 16–11 *Die Datei header.tmpl.html*

```
{{ define "header" }}
<head>
<meta charset="utf-8">
<link href="https://stackpath.bootstrapcdn.com/bootstrap/4.1.3/css/
        ↪ bootstrap.min.css" rel="stylesheet">
</head>
{{ end }}
```

Für eine schönere Default-Darstellung importieren wir *Bootstrap* über ein CDN. Jedoch können wir diese Zeile auch problemlos weglassen.

Den Footer lassen wir in unserem Beispiel leer. Hier können wir später Impressum, Kontakt usw. einfügen, da der Footer später auf jeder Seite eingebunden wird.

Listing 16–12 *Die Datei footer.tmpl.html*

```
{{ define "footer" }}

{{ end }}
```

Mit der Datei `page.tmpl.html` wollen wir nun die Darstellung der Seite definieren. Der Blockname für diesen Teil ist `content`. Als Input bekommt das Template eine Variable vom Typ `Page` übermittelt. Dann binden wir mit `{{ .Title }}` und `{{ .Content }}` die Parameter im Template ein.

Listing 16–13 *Die Datei page.tmpl.html*

```
{{ define "content" }}
<a href="/">Home</a>
<h1>{{ .Title }}</h1>
{{ .Content }}
{{ end }}
```

Nun definieren wir die Indexseite. Auch hier ist der Blockname wieder `content`. Dieses Template bekommt als Datentyp `Pages` übermittelt.

Zeit formatieren mit dem magischen Datum

Das `time`-Paket aus der Standardbibliothek hat für das Formatieren von Zeitpunkten und Daten einen ganz neuen interessanten Ansatz gewählt. Es gibt einen magischen Zeitpunkt, und zwar ist dieser der *2. Januar 2006 15:04:05 Uhr*. Dies ist genau der Zeitpunkt, den wir innerhalb unserer Formatdefinition angeben müssen. Anhand der Ausprägungen dieses Formatdatums kann dann das `time`-Paket das Datum bzw. den Zeitpunkt korrekt rendern. Go geht hierbei einen ganz anderen Weg, als wir dies von anderen Sprachen kennen. Wenn wir den Typ `time.Time` formatiert als String ausgeben möchten, dann verwenden wir das magische Datum.

```
t := time.Now()
fmt.Println(t.Format("02.01.2006 15:04"))
// 24.01.2019 18:32
fmt.Println(t.Format("2.1.06 03:04"))
// 24.1.19 06:32
```

Listing 16–14
Die Datei index.tmpl.html

```
{{ define "content" }}
<h1>Index</h1>

<ul>
    {{ range . }}
    <li><a href="/page/{{.Title}}">{{ .Title }}
        ({{.LastChange.Format "02.01.2006 15:04"}})</a></li>
    {{ end }}
</ul>
{{ end }}
```

Range über alle Seiten

In diesem Template führen wir nun ein `range` über alle Einträge der Eingangsvariablen aus. Innerhalb dieses Ranges ändert sich der Kontext unseres Punkts. Denn jetzt ist dies der jeweilige Wert, über den wir iterieren. Im konkreten Fall ist also der Wert des Punkts vom Typ `Page`. Hier geben wir einfach pro Seite einen Listeneintrag aus. Eine Besonderheit ist hier die Verwendung des Typs `time.Time`. Da dieser Typ in Go die Methode `Format()` implementiert, können wir darauf auch im Template zugreifen. Der Aufruf ist dabei ähnlich wie in Go, nur dass die Input-Parameter durch ein Leerzeichen getrennt angegeben werden.

Jetzt haben wir unsere Templates so angepasst, dass später die Daten vom Server dort dargestellt werden. Nun können wir uns darum kümmern, die Templates zu rendern. Dafür erstellen wir eine Funktion `renderPage()`. Diese Funktion soll die gerenderten Daten in einen `io.Writer` schreiben. Da wir für den Block `content` zwei unterschiedliche Template-Dateien angelegt haben, müssen wir der Funktion die Datei mitgeben, die für den Block `content` verwendet werden soll.

Innerhalb dieser Funktion führen wir nun die beiden Schritte aus, die bei der Verwendung von Go-Templates notwendig sind. Als Erstes muss das Template geparst werden. Dabei wird intern eine Baumstruktur erzeugt, die dann eine schnelle Ausführung des Templates ermöglicht. Der zweite Schritt ist, dass geparste Template auszuführen.

Listing 16–15
Rendern der Templates

```
func renderPage(w io.Writer, data interface{}, content string)
        ↪ error {
    tmpl, err := template.ParseFiles(
        filepath.Join(*flagTmplFolder, "base.tmpl.html"),
        filepath.Join(*flagTmplFolder, "header.tmpl.html"),
        filepath.Join(*flagTmplFolder, "footer.tmpl.html"),
        filepath.Join(*flagTmplFolder, content),
    )
    if err != nil {
        return fmt.Errorf("renderPage.ParseFiles: %w", err)
    }
    err = tmpl.ExecuteTemplate(w, "base", data)
    if err != nil {
        return fmt.Errorf("renderPage.ExecuteTemplate: %w", err)
    }
    return nil
}
```

Innerhalb unserer Funktion verwenden wir die `template.ParseFiles()`-Funktion, die mit mehreren Dateien umgehen kann. Dort geben wir alle Template-Dateien an. Anschließend führen wir das Template mit `tmpl.ExecuteTemplate(w, "base", data)` aus. Das Template schreibt dabei direkt in einen `io.Writer`. Zusätzlich müssen wir noch den Startblock angeben und die Daten, die im Template verarbeitet werden sollen.

In einem letzten Schritt müssen wir das Rendern der Templates unseren Handlern hinzufügen. Der Index-Handler lädt alle Seiten und reicht diese einfach an `renderPage()` weiter.

Listing 16–16
der fertige Index-Handler

```
func makeIndexHandlerFunc() http.HandlerFunc {
    return func(w http.ResponseWriter, r *http.Request) {
        ps, err := loadPages(*flagSrcFolder)
        if err != nil {
            fmt.Println(err)
        }
        err = renderPage(w, ps, "index.tmpl.html")
```

```
        if err != nil {
            fmt.Println(err)
        }
    }
}
```

Der Page-Handler verwendet auch die `renderPage()`-Funktion. Jedoch müssen wir hier nur die Daten von einer Seite laden. In einem ersten Schritt werten wir dafür die URL aus dem Request aus. Daraus ermitteln wir den Dateinamen, und laden anschließend diese Seite.

Listing 16–17 der fertige Page-Handler

```
func makePageHandlerFunc() http.HandlerFunc {
    return func(w http.ResponseWriter, r *http.Request) {
        f := r.URL.Path[len("/page/"):]
        fpath := filepath.Join(*flagSrcFolder, f)
        p, err := loadPage(fpath)
        if err != nil {
            fmt.Println(err)
        }
        err = renderPage(w, p, "page.tmpl.html")
        if err != nil {
            fmt.Println(err)
        }
    }
}
```

Jetzt haben wir alle Teile zusammengefügt und können unser Blog-Tool kompilieren. Da wir zur Ausführung sowohl die Seiten als auch die Templates laden, müssen wir `goblog` im korrekten Verzeichnis ausführen. Vor dem Test sollten wir noch ein paar Seiten im Verzeichnis `seiten` anlegen, da ja sonst nichts dargestellt wird.

```
> go build
> goblog
```

Wir rufen nun wieder *http://localhost:8001/* auf und sehen unsere Seiten aufgeführt. Wir klicken auf einen Link und lassen uns eine Seite anzeigen. Jedoch stellen wir fest, dass die HTML-Tags so dargestellt werden, dass diese eins zu eins im Browser erscheinen.

Der Grund dafür ist, dass das `html/template`-Paket alle Sonderzeichen in Texten ersetzt. Wir haben jedoch als Typ keinen normalen Text, sondern bereits HTML. Damit das bei der Ausführung der Templates korrekt berücksichtigt wird, müssen wir als Typ keinen `string`, sondern `template.HTML` übermitteln. Dieser Typ hat als Basis-Typ `string`. Wir müssen jetzt nur den Typ für den `Content`-Parameter ändern.

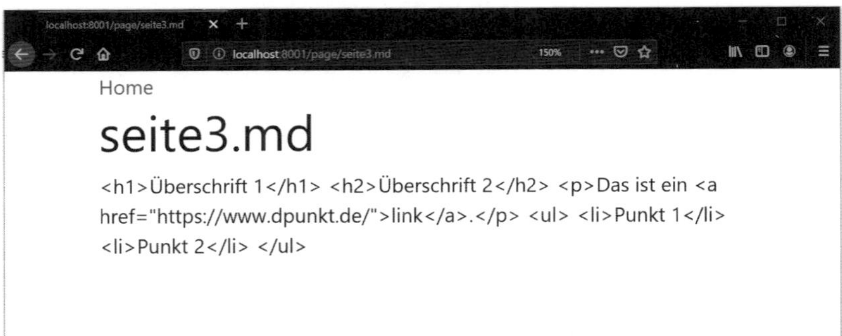

Abb. 16–5
Rendering von Text

Listing 16–18
Content als HTML-Typ

```
type Page struct {
    Title      string
    LastChange time.Time
    Content    template.HTML
}
```

Nachdem wir den Typ geändert haben, müssen wir noch alle Punkte anpassen, bei denen wir diesen Parameter auch verwenden. Hier kann uns der Compiler helfen. Denn wenn wir kompilieren, dann kommt es überall dort zu einem Fehler, wo wir noch eine Typumwandlung benötigen.

```
> go build

.\main.go:62:12: cannot use string(blackfriday.MarkdownCommon(b)) (
    type string) as type "html/template".HTML in assignment
```

Dieser Fehler tritt innerhalb der Funktion `loadPage()` auf. An der Stelle, an der wir das HTML aus dem Markdown erzeugen, müssen wir einmal eine Typumwandlung durchführen.

Listing 16–19
Anpassen des Typs in loadPage

```
func loadPage(fpath string) (Page, error) {
    var p Page
    // ...
    p.Content = template.HTML(blackfriday.MarkdownCommon(b))
    return p, nil
}
```

Jetzt kompiliert alles wieder korrekt und wir können erneut die Seite aufrufen. Und siehe da, es funktioniert nun alles korrekt. Zugegeben über das Aussehen der Seite müssen wir nicht streiten, hier geht es primär um den Go-Server. Durch die Struktur der Templates kann jetzt aber jeder das HTML einfügen, das er für seine eigene hübsche Seite benötigt.

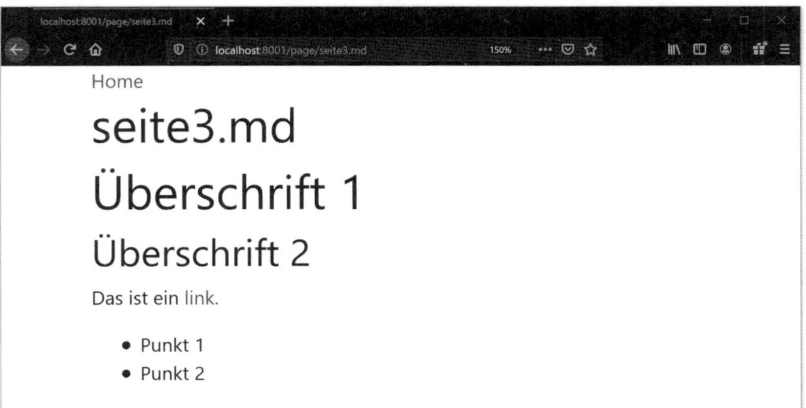

Abb. 16–6
Rendering von HTML

16.5 Kommentarfunktion

Zu einem guten Blog gehört auch die Interaktion mit dem Leser. Deshalb haben wir uns dazu entschieden, auch noch eine Kommentarfunktion zu implementieren. Kommentiert werden kann dabei immer nur eine `Page`. Wir erweitern also unser Modell um den Typ `Comment`.

Listing 16–20
Typ Comment einbinden

```
type Page struct {
    Title      string
    LastChange time.Time
    Content    template.HTML
    Comments   []Comment
}

type Comment struct {
    Name    string
    Comment string
}
```

Für die Kommentare legen wir noch ein weiteres Template an. Dafür definieren wir den Block `comment`.

Listing 16–21
die Datei comment.tmpl.html

```
{{ define "comment" }}
{{ range .Comments }}
<div>Name: {{ .Name }}</div>
<div>Kommentar: {{ .Comment }}</div>
<hr>
{{ end }}
```

```
<form action="/comment/{{.Title}}" method="POST">
    <label for="name">Name:</label>
    <input type="text" id="name" name="name" required size="10"><br>
    <label for="comment">Kommentar:</label>
    <div><textarea name="comment" id="comment" rows="4" cols="70">
    </textarea></div>
    <div><input type="submit" value="Kommentieren"></div>
</form>
{{ end }}
```

Diesen Block binden wir dann unter `page.tmpl.html` ein.

Listing 16–22
page.tmpl.html mit comment-Block

```
{{ define "content" }}
<a href="/">Home</a>
<h1>{{ .Title }}</h1>
{{ .Content }}
<hr>
{{ template "comment" . }}
{{ end }}
```

Im nächsten Schritt müssen wir noch die neue Datei unter `renderPage()` hinzufügen.

Listing 16–23
Anpassen von renderPage

```
func renderPage(w io.Writer, data interface{}, content string)
        ↪ error {
    tmpl, err := template.ParseFiles(
        filepath.Join(*flagTmplFolder, "base.tmpl.html"),
        filepath.Join(*flagTmplFolder, "header.tmpl.html"),
        filepath.Join(*flagTmplFolder, "footer.tmpl.html"),
        filepath.Join(*flagTmplFolder, "comment.tmpl.html"),
        filepath.Join(*flagTmplFolder, content),
    )
    // ...
    return nil
}
```

Jetzt ist die Grundstruktur so angepasst, dass Kommentare unterstützt werden. Nun müssen wir unseren Server so erweitern, dass Kommentare geladen und gespeichert werden können. Als Speicherformat wählen wir JSON. Wenn wir eine Struktur nach JSON konvertieren, sollten wir sogenannte *Tags* verwenden. Diese können wir zu jedem Parameter angeben. Die Tag-Bezeichnung überschreibt dabei den Namen der Struktur. Da in JSON die einzelnen Parameter kleingeschrieben werden, definieren wir dies entsprechend.

```
type Comment struct {
    Name    string `json:"name"`
    Comment string `json:"comment"`
}
```

Listing 16–24
Comment mit JSON-Tags

Die Kommentare werden wir pro Seite speichern. Als Dateinamen werden wir den ursprünglichen der Markdown-Datei plus die Endung `.json` verwenden. Die Kommentare der Datei `page1.md` werden also in der Datei `page1.md.json` gespeichert. Damit diese Dateien uns nirgends in die Quere kommen, legen wir dafür ein eigenes Verzeichnis `comments` an.

Jetzt erstellen wir Hilfsfunktionen für das Speichern und Laden der Kommentare zu einer Seite. Mit `fpath` definieren wir den Dateinamen, der fest im Verzeichnis `comments` liegt. Dem Titel hängen wir einfach die Endung `.json` an.

```
func saveComments(title string, cs []Comment) error {
    fpath := filepath.Join("comments", title+".json")
    f, err := os.OpenFile(
        fpath,
        os.O_CREATE|os.O_WRONLY,
        0555)
    if err != nil {
        return fmt.Errorf("saveComments: %w", err)
    }
    enc := json.NewEncoder(f)
    return enc.Encode(cs)
}
```

Listing 16–25
Speichern der Kommentare zu einem Titel

Für das Erzeugen des JSON verwenden wir das `json`-Paket. Dafür erzeugen wir einen `json.Encoder`. Dieser benötigt einen `io.Writer`, in den die Daten als JSON geschrieben werden. Anschließend übergeben wir die umzuwandelnde Variable einfach der Methode `Encode()`. Diese wertet die Struktur aus und erzeugt daraus ein entsprechendes JSON-Format. Das Erzeugen von JSON ist dadurch eigentlich nicht besonders aufregend.

Ein wenig spannender ist das Laden der Kommentare. Denn solange kein Kommentar zu einem Beitrag vorhanden ist, gibt es auch keine Datei. Wenn wir die Datei also öffnen möchten, bekommen wir einen Fehler. Mit der Funktion `errors.Is()` können wir prüfen, ob dieser Fehler einen bestimmten Wert hat. Denn im `os`-Paket gibt es mehrere vordefinierte Fehlerwerte, darunter auch `os.ErrNotExist`. Wenn eine Datei nicht geöffnet werden kann, weil sie nicht existiert, wird dieser Fehler ausgegeben. Nun werten wir den Fehler aus, denn eine nicht exis-

Prüfung auf Fehlerwerte

tierende Kommentardatei ist an der Stelle ein normaler Use Case. In diesem Fall liefern wir unsere leere Variable cs zurück, jedoch keinen Fehler. Bei allen anderen Fehlerwerten melden wir aber einen Fehler zurück.

Listing 16–26
Laden der Kommentare zu einem Titel

```
func loadComments(title string) ([]Comment, error) {
    var cs []Comment
    fpath := filepath.Join("comments", title+".json")
    f, err := os.Open(fpath)
    // Prüfung auf Fehlerwert
    if errors.Is(err, os.ErrNotExist) {
        // kein Fehler, wenn Datei nicht existiert
        return cs, nil
    }
    // Alle anderen Fehler sind auch Fehler
    if err != nil {
        return cs, fmt.Errorf("loadComments: %w", err)
    }
    dec := json.NewDecoder(f)
    err = dec.Decode(&cs)
    return cs, err
}
```

Nach unserer intelligenten Fehlerbehandlung erzeugen wir einen `json.Decoder()`, der aus der Datei liest. Bei der Methode `dec.Decode(&cs)` müssen wir einen Pointer übergeben, damit die Daten aus dem Reader in diese Variable geschrieben werden können. Auch das Auslesen von JSON-Dateien ist wieder relativ langweilig.

Als Nächstes benötigen wir einen Handler, der die übermittelten Formulardaten ausliest und den neuen Kommentar hinzufügt. Für das Auslesen der gesendeten Daten verwenden wir die Methode `r.FormValue()` des `http.Request`. Anhand der Formulardaten können wir den neuen Kommentar zusammenbauen.

Listing 16–27
Handler für die Verarbeitung eines neuen Kommentars

```
func makeCommentHandlerFunc() http.HandlerFunc {
    return func(w http.ResponseWriter, r *http.Request) {
        title := r.URL.Path[len("/comment/"):]
        // Formulardaten lesen
        name := r.FormValue("name")
        comment := r.FormValue("comment")
        // Kommentar erstellen
        c := Comment{Name: name, Comment: comment}
        cs, err := loadComments(title)
```

```
        if err != nil {
            http.Error(w, err.Error(),
                http.StatusInternalServerError)
        }
        cs = append(cs, c)
        err = saveComments(title, cs)
        if err != nil {
            http.Error(w, err.Error(),
                http.StatusInternalServerError)
        }
        http.Redirect(w, r, "/page/"+title, http.StatusFound)
    }
}
```

Um den neuen Kommentar den vorhandenen Kommentaren hinzuzufügen, verwenden wir unsere Hilfsfunktionen für das Schreiben und Lesen.

Diesen Handler müssen wir dann natürlich noch unter `main()` dem Server hinzufügen.

Listing 16–28
Kommentar-Handler für den Server

```
func main() {
    flag.Parse()
    http.HandleFunc("/page/", makePageHandlerFunc())
    http.HandleFunc("/comment/", makeCommentHandlerFunc())
    http.HandleFunc("/", makeIndexHandlerFunc())
    err := http.ListenAndServe(":8001", nil)
    if err != nil {
        fmt.Println("ListenAndServe: ", err)
    }
}
```

Als Letztes müssen wir unter `loadPage()` auch die Kommentare zu der jeweiligen Seite laden.

Listing 16–29
Kommentare bei loadPage

```
func loadPage(fpath string) (Page, error) {
    // ...
    p.Title = fi.Name()
    p.LastChange = fi.ModTime()
    p.Comments, err = loadComments(p.Title)
    if err != nil {
        return p, fmt.Errorf("loadPage.loadComments: %w", err)
    }
    // ...
    return p, nil
}
```

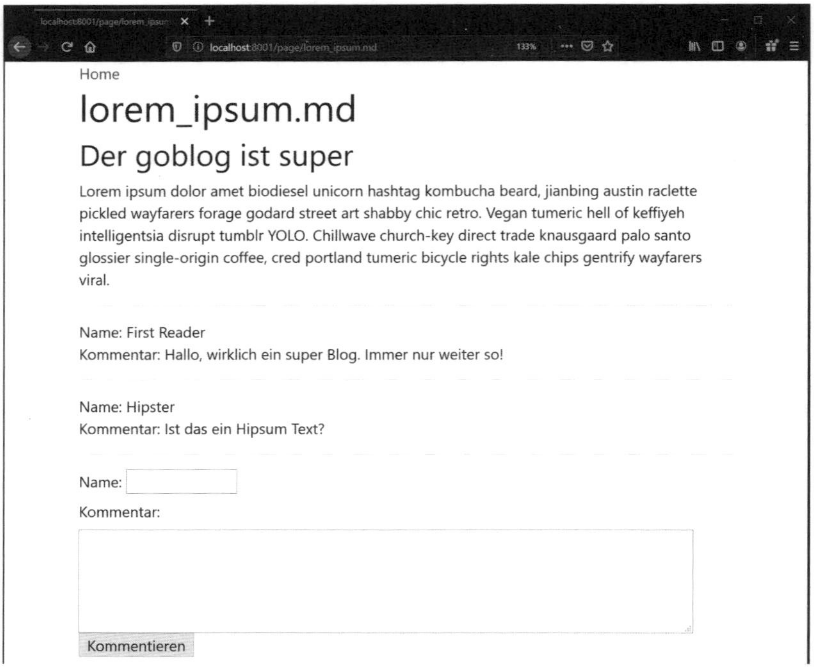

Abb. 16–7
Blog mit Kommentaren

Home

lorem_ipsum.md

Der goblog ist super

Lorem ipsum dolor amet biodiesel unicorn hashtag kombucha beard, jianbing austin raclette pickled wayfarers forage godard street art shabby chic retro. Vegan tumeric hell of keffiyeh intelligentsia disrupt tumblr YOLO. Chillwave church-key direct trade knausgaard palo santo glossier single-origin coffee, cred portland tumeric bicycle rights kale chips gentrify wayfarers viral.

Name: First Reader
Kommentar: Hallo, wirklich ein super Blog. Immer nur weiter so!

Name: Hipster
Kommentar: Ist das ein Hipsum Text?

Name:
Kommentar:

Kommentieren

Jetzt kompilieren wir den Blog und freuen uns über die neue Kommentarfunktion.

Wir starten den Server und legen ein paar Kommentare an. Mit dem ersten Kommentar einer Seite wird eine Datei angelegt. Wir öffnen einfach mal diese Datei. Da JSON relativ gut lesbar ist, erkennen wir unsere Kommentare gleich wieder.

Listing 16–30
Gespeicherte Kommentare im JSON-Format

```
[{"name":"First Reader",
"comment":"Hallo, wirklich ein super Blog. Immer nur weiter so!"},
{"name":"Hipster",
"comment":"Ist das ein Hipsum Text?"}]
```

Bei der Umsetzung der Kommentare haben wir gesehen, wie wir Formulare ganz einfach verarbeiten können. Das En- und Decodieren von JSON erfolgt zum Speichern der Kommentare. Hier verwenden wir die Standardbibliothek.

16.6 Files ausliefern

Bis jetzt liefert unser Server nur unsere Webseiten aus. Wir möchten den Server aber so erweitern, dass wir auch Dateien verwenden können. Dafür bietet uns das `http`-Paket einen Fileserver an, den wir ganz einfach einbinden können. Der Fileserver liefert Dateien aus einem Verzeichnis aus.

Um das Verzeichnis für den Fileserver zu definieren, verwenden wir wieder ein Flag. Dieses fügen wir einfach den bereits vorhandenen Flags hinzu.

Listing 16–31
flagFilesFolder als Flag

```
var (
    flagSrcFolder   = flag.String("src", "./seiten/", "blog folder")
    flagTmplFolder  = flag.String("tmpl", "./templates/",
        "template folder")
    flagFilesFolder = flag.String("files", "./files/",
        "path for the file server")
    flagPort        = flag.String("port", ":8001",
        "port of the webserver")
)
```

Als Default definieren wir das Verzeichnis `/files`. Dieses Verzeichnis legen wir an und darin die Datei `style.css`.

Listing 16–32
Inhalt von style.css

```
body {
    background-color: beige;
}
```

Unser Ziel ist, dass diese Datei über den Pfad `/files/style.css` verfügbar sein soll. Dafür müssen wir unter `main()` einen weiteren Handler anlegen.

```
func main() {
    flag.Parse()
    // ...
    http.Handle("/files/",
        http.StripPrefix("/files/",
            http.FileServer(http.Dir(*flagFilesFolder))))
    http.HandleFunc("/", makeIndexHandlerFunc())
    // ...
}
```

Unsere Definition des Handlers bindet die Funktion `http.FileServer()` ein. Der Typ `http.Dir()` ermöglicht dem Fileserver auf alle Daten eines lokalen Verzeichnisses zuzugreifen. Übergeben wird der komplette

Pfad aus dem Request. Deshalb müssen wir das Präfix /files/ wieder entfernen.

Jetzt haben wir mit ein paar Zeilen Code unseren FileServer implementiert. Alle Dateien, die wir nun innerhalb des Dateiverzeichnisses ablegen, sind auch über den Server erreichbar.

Wir kompilieren also wieder den Server und rufen dann die URL *http://localhost:8001/files/style.css* auf. Die angelegte CSS-Datei wird nun ausgeliefert.

Wir können jetzt also weitere Dateien wie Bilder dort ablegen und über den Fileserver auch darauf zugreifen.

16.7 API bereitstellen

Eine weitere große Stärke von Go ist es, Daten über einen Webservice bereitzustellen. Da der JSON-Encoder mit einem io.Writer funktioniert, spielt es keine Rolle, wohin das JSON geschrieben wird. Das Schreiben von Daten in eine Datei erfolgt dabei genauso, wie wenn wir die Daten in einen HTTP-Response schreiben.

Für unser Beispiel soll unsere Schnittstelle alle Seiten über eine JSON-Schnittstelle ausliefern. Als Pfad definieren wir /api/.

Wir schreiben also wieder eine Funktion, die einen entsprechenden Handler erzeugt.

Listing 16–33
Implementierung der JSON-API

```
func makeAPIHandlerFunc() http.HandlerFunc{
    return func (w http.ResponseWriter, r *http.Request) {
        ps, err := loadPages(*flagSrcFolder)
        if err != nil {
            http.Error(w, err.Error(),
                http.StatusInternalServerError)
            return
        }
        enc := json.NewEncoder(w)
        err = enc.Encode(ps)
        if err != nil {
            fmt.Println("cannot encode pages to json")
        }
    }
}
```

In unserer Funktion laden wir zuerst alle Seiten mit loadPages(). Sollte es beim Laden der Daten zu einem Fehler kommen, melden wir einen Server-Error als Fehler. Anschließend erzeugen wir einen json.Encoder. Dafür übergeben wir als Input w. Dadurch wird das erzeugte JSON einfach in den `http.ResponseWriter` geschrieben und somit direkt über den Server ausgegeben. Als Letztes übergeben wir die Variable `ps` der Methode `Encode`. Mit diesen Anweisungen ist der Handler für die Bereitstellung eine JSON-Schnittstelle fertig.

Damit wir unsere API über den Server aufrufen können, müssen wir unseren Handler noch registrieren. Dafür benötigen wir noch eine zusätzliche Zeile unter `main()`.

Listing 16–34
Registrieren des API-Handlers

```
func main() {
    flag.Parse()
    http.HandleFunc("/page/", makePageHandlerFunc())
    http.HandleFunc("/api/", makeAPIHandlerFunc())
    // ...
}
```

Nun können wir unseren Server mit `go build` kompilieren und starten. Anschließend rufen wir die URL *http://localhost:8001/api/* auf. In unserem Browser werden nun alle Daten in einer Zeile ausgegeben.

Listing 16–35
JSON-Ausgabe

```
[{"Title":"lorem_ipsum.md","LastChange":"2019-11-28T16:42:39.4491811
+01:00","Content":"\u003ch2\u003eDer goblog ist super\u003c/
h2\u003e\n\n\u003cp\u003eLorem ipsum dolor amet biodiesel unicorn
hashtag kombucha beard, jianbing austin raclette pickled wayfarers
forage godard street art shabby chic retro.
...
```

Die Ausgabe ist gültiges JSON, aber nicht lesbar. Zusätzlich fällt uns auf, dass die HTML-Tags als `\u003ch2\u003e` dargestellt werden. Viel schöner wäre es, wenn unser JSON mit Umbrüchen und Einrückungen dargestellt würde. Außerdem wollen wir auch eine korrekte Darstellung der HTML-Tags. Dafür müssen wir unserem Encoder noch zwei weitere Optionen mitgeben.

Listing 16–36
Verbesserte JSON-Ausgabe

```
func makeAPIHandlerFunc() http.HandlerFunc{
    return func (w http.ResponseWriter, r *http.Request) {
        // ...
        enc := json.NewEncoder(w)
        enc.SetEscapeHTML(false)
        enc.SetIndent("","  ")
        err = enc.Encode(ps)
        if err != nil {
            fmt.Println("cannot encode pages to json")
        }
    }
}
```

Mit `enc.SetEscapeHTML(false)` erlauben wir HTML-Tags innerhalb unserer Daten. Die Einrückungen definieren wir mit der Methode `enc.SetIndent(""," ")`. Der Rest des Codes bleibt unverändert.

Mit den Änderungen kompilieren wir erneut unseren Server und rufen die API auf.

Listing 16–37
Formatierte JSON-Ausgabe

```
[
  {
    "Title": "lorem_ipsum.md",
    "LastChange": "2019-11-28T16:42:39.4491811+01:00",
    "Content": "<h2>Der goblog ist super</h2>\n\n<p>Lorem
     ... viral.</p>\n",
    "Comments": [
      {
        "name": "First Reader",
        "comment":
          "Hallo, wirklich ein super Blog. Immer nur weiter so!"
      }
    ]
  },
 ...
]
```

Jetzt ist unsere Ausgabe viel besser lesbar. Außerdem werden nun auch die HTML-Tags mit ausgegeben. Unser Blog verfügt nun über eine API, die durch andere Clients abgefragt oder mit JavaScript weiterverarbeitet werden kann.

16.8 Template nur einmal parsen

Ein weiterer noch nicht optimaler Punkt ist die Verarbeitung der Templates in der Funktion `renderPage()`. Denn wenn wir Templates verarbeiten, gibt es zwei Aufgaben: das Parsen und das Ausführen. Das Parsen ist dabei unabhängig von den Daten, die später eingefügt werden. Das heißt wir können diesen Teil von der tatsächlichen Ausführung des Templates trennen. Aus `renderPage` machen wir nun `parseFiles`, also analog wie auch im `template`-Paket.

```
func parseFiles(content string) (*template.Template, error) {
    return template.ParseFiles(
        filepath.Join(*flagTmplFolder, "base.tmpl.html"),
        filepath.Join(*flagTmplFolder, "header.tmpl.html"),
        filepath.Join(*flagTmplFolder, "footer.tmpl.html"),
```

```
        filepath.Join(*flagTmplFolder, "comment.tmpl.html"),
        filepath.Join(*flagTmplFolder, content),
    )
}
```

Und tatsächlich rufen wir in dieser Funktion jetzt nur noch `template.ParseFiles()` mit unseren Dateien auf. Der Rückgabewert ist dann ein geparstes Template, das wir direkt in unserem Handler ausführen können. Der Vorteil dabei ist, dass wir hier das Template als Closure nutzen können. Dadurch wird das Parsen nur einmal beim ersten Funktionsaufruf ausgeführt. Es steht aber dann später bei jeder Ausführung innerhalb des Handlers zur Verfügung.

Listing 16–38
Index-Handler mit Closure

```
func makeIndexHandlerFunc() http.HandlerFunc {
  tmpl, err := parseFiles("index.tmpl.html")
  if err != nil {
    panic("makeIndexHandlerFunc: kann index.tmpl.html nicht parsen")
  }
  return func(w http.ResponseWriter, r *http.Request) {
    ps, err := loadPages(*flagSrcFolder)
    if err != nil {
      fmt.Println(err)
    }
    err = tmpl.ExecuteTemplate(w, "base", ps)
    if err != nil {
      fmt.Println("execute index template: ",err)
    }
  }
}
```

Die Ausführung des Templates erfolgt dann innerhalb der `HandleFunc`.

Anschließend optimieren wir das Parsen der Templates auch bei unserem Page-Handler.

Listing 16–39
Page-Handler mit Closure

```
func makePageHandlerFunc() http.HandlerFunc {
    tmpl, err := parseFiles("page.tmpl.html")
    if err != nil {
        fmt.Println(err)
        panic("makePageHandderFunc: cannot parse files")
    }
    return func(w http.ResponseWriter, r *http.Request) {
        f := r.URL.Path[len("/page/"):]
        fpath := filepath.Join(*flagSrcFolder, f)
        p, err := loadPage(fpath)
```

```
        if err != nil {
            fmt.Println(err)
        }
        err = tmpl.ExecuteTemplate(w, "base", p)
        if err != nil {
            fmt.Println("exacute page template", err)
        }
    }
}
```

Durch diese Umstellung haben wir unseren Server noch ein wenig schneller gemacht, da das Parsen der Template-Dateien nur einmal bei Serverstart durchgeführt wird. Der Serverstart selbst wird dadurch natürlich geringfügig langsamer.

16.9 Nebenläufiger Job für den Index

Im letzten Kapitel haben wir das Parsen des Templates aus der Handler-Funktion herausgenommen. Wenn wir uns jetzt noch einma dasl Listing 16–38 ansehen, fällt uns eine weitere Optimierung auf. Wir könnten den Aufruf von `loadPages()` aus der zurückgelieferten `HandleFunc` herausnehmen. Dann würden die Seiten auch nur einmal bei Serverstart geladen werden.

Listing 16–40
Index-Handler mit Closure

```
func makeIndexHandlerFunc() http.HandlerFunc {
  tmpl, err := parseFiles("index.tmpl.html")
  if err != nil {
    panic("makeIndexHandlerFunc: kann index.tmpl.html nicht parsen")
    }
    ps, err := loadPages(*flagSrcFolder)
    if err != nil {
        fmt.Println(err)
    }
  return func(w http.ResponseWriter, r *http.Request) {
    err = tmpl.ExecuteTemplate(w, "base", ps)
    if err != nil {
      fmt.Println("execute index template: ",err)
    }
  }
}
```

Der Nachteil an dieser Lösung ist, dass wir jedes Mal, wenn wir eine neue Seite erstellen, den Server neu starten müssen, damit die neue Seite auch in den Index geladen wird. Hier wäre es besser, wenn wir den Index in regelmäßigen Abständen aktualisieren könnten.

Die einfachste Lösung dafür ist, dass wir den Funktionsaufruf in einen for-Loop schreiben. Am Ende jeder Iteration lassen wie die Programmausführung einfach eine bestimmte Zeit lang warten.

```
for{
    ps, err = loadPages(*flagSrcFolder)
    if err != nil {
        fmt.Println(err)
    }
    time.Sleep(30*time.Second)
}
```

Listing 16–41
Loop für das Laden der Seiten

Jedoch können wir den Loop nicht einfach so in unserer Funktion verwenden, da ja der Programmfluss in dieser Schleife hängen bleibt. Der Loop *blockiert* somit die Erzeugung des Handlers.

Die Lösung für blockierende Elemente sind Goroutinen, da diese aus dem normalen Programmfluss herausgenommen werden. Wir packen den Loop also einfach in eine Goroutine.

```
var ps Pages
go func(){
    for{
        ps, err = loadPages(*flagSrcFolder)
        if err != nil {
            fmt.Println(err)
        }
        fmt.Println("index loaded")
        time.Sleep(30*time.Second)
    }
}()
```

Listing 16–42
Loop innerhalb einer Goroutine

Da die Variable `ps` später auch in der Handler-Funktion gültig ist, müssen wir diese außerhalb der Goroutine definieren. Damit wir sehen, wann unser Index neu erzeugt wird, geben wir mit `fmt.Println("index loaded")` eine kurze Nachricht aus.

Jetzt können wir unseren Server erneut kompilieren und starten. Alle 30 Sekunden wird nun ein `index reloaded` ausgegeben. Durch die Umstellung haben wir erreicht, dass der Handler nicht bei jedem Indexaufruf die Seiten laden muss. Dadurch verkürzen wir die Antwortzeit des Servers. Aber wir stellen auch sicher, dass der Index regelmäßig neu erzeugt wird.

16.10 Ein paar kleine Verbesserungen

Unser kleiner Webserver läuft aktuell schon ganz gut, aber es gibt noch ein paar Punkte, die wir ein wenig verbessern können.

Flag für den Server-Port

Als Erstes starten wir unseren Server immer fest auf Port :8001. Hier fügen wir noch ein Flag hinzu, das uns erlaubt, auch einen anderen Port für den Webserver anzugeben.

Listing 16–43
Flag für den Port hinzugefügt

```
var (
    flagSrcFolder  = flag.String("src", "./seiten/",
        "blog folder")
    flagTmplFolder = flag.String("tmpl", "./templates/",
        "template folder")
    flagPort       = flag.String("port", ":8001",
        "port of the webserver")
)
```

Anschließend müssen wir dieses Flag auch unter `main()` hinzufügen.

Listing 16–44
Port-Flag beim Server berücksichtigen

```
func main() {
    flag.Parse()
    http.HandleFunc("/page/", makePageHandlerFunc())
    http.HandleFunc("/comment/", makeCommentHandlerFunc())
    http.HandleFunc("/", makeIndexHandlerFunc())
    fmt.Printf("Starte server auf Port %s", *flagPort)
    err := http.ListenAndServe(*flagPort, nil)
    if err != nil {
        fmt.Println("ListenAndServe: ", err)
    }
}
```

Bei dieser Gelegenheit geben wir gleich noch zusätzlich die Info aus, auf welchen Port der Server gestartet wird.

Data Race bei Kommentaren

Da unsere Blog-App so erfolgreich ist und unser Blog sehr beliebt, gibt es auch hunderte von Kommentaren. Jedoch passiert es hin und wieder, dass einzelne Kommentare nicht gespeichert werden. Dies liegt daran, dass Webanfragen parallel verarbeitet werden können. Genauer gesagt wird mit jedem Request eine eigene Goroutine gestartet, die dann den jeweiligen Handler ausführt. Dadurch kann es passieren, dass der gleiche Handler auch parallel läuft. Wenn nun zeitgleich zwei Personen unter der gleichen Seite einen Kommentar abschicken, kann es sein, dass nur ein Kommentar tatsächlich gespeichert wird. Die Ursache dafür ist, dass wir alle Kommentare einer Seite in einer Datei speichern. Damit nicht zwei oder mehr Anfragen gleichzeitig Kommentare hinzufügen können, verwenden wir `sync.Mutex`. Die zugehörige Variable deklarieren wir wieder als Closure. Anschließend setzten wir `mutex.Lock()` für den kritischen Teil.

Listing 16–45
Mutex innerhalb des Comment-Handlers

```
func makeCommentHandlerFunc() http.HandlerFunc {
    var mutex = &sync.Mutex{}
    return func(w http.ResponseWriter, r *http.Request) {
        // ...
        c := Comment{Name: name, Comment: comment}
        mutex.Lock()
        cs, err := loadComments(title)
        if err != nil {
            http.Error(w, err.Error(),
                http.StatusInternalServerError)
        }
        cs = append(cs, c)
        err = saveComments(title, cs)
        if err != nil {
            http.Error(w, err.Error(),
                http.StatusInternalServerError)
        }
        mutex.Unlock()
        http.Redirect(w, r, "/page/"+title, http.StatusFound)
    }
}
```

Sobald der Kommentar geschrieben wurde, rufen wir `mutex.Unlock()` auf. Nun ist sichergestellt, dass es in diesem Bereich zu keinen Konflikten mehr kommen kann.